中国不可移动文物保护研究·贵州系列

贵州省文物保护研究中心　策划

贵州

传统村落文化遗址保护与发展研究：铜仁遗珍

Protection and Development of Traditional Village Cultural Sites in Guizhou: Legacies in Tongren

唐秀成　洪涛　娄清　主编

同济大学出版社
TONGJI UNIVERSITY PRESS
·上海·

图书在版编目（CIP）数据

贵州传统村落文化遗址保护与发展研究：铜仁遗珍 / 唐秀成, 洪涛, 娄清主编 . -- 上海：同济大学出版社, 2024.12. -- （中国不可移动文物保护研究）. -- ISBN 978-7-5765-1461-2

Ⅰ . K878.34

中国国家版本馆 CIP 数据核字第 2024U8J570 号

中国不可移动文物保护研究·贵州系列

贵州传统村落文化遗址保护与发展研究：铜仁遗珍

唐秀成　洪涛　娄清　主编

出 品 人　金英伟
策划编辑　由爱华
责任编辑　朱笑黎
责任校对　徐逢乔
装帧设计　张　微

出版发行　同济大学出版社 www.tongjipress.com.cn
　　　　　（地址：上海市四平路 1239 号　邮编：200092　电话：021 - 65985622）
经　　销　全国各地新华书店
印　　刷　上海雅昌艺术印刷有限公司
开　　本　889mm×1194mm　1/16
印　　张　13.75
字　　数　292 000
版　　次　2024 年 12 月第 1 版
印　　次　2024 年 12 月第 1 次印刷
书　　号　ISBN 978-7-5765-1461-2
定　　价　168.00 元

本书若有印装质量问题，请向本社发行部调换
版权所有　侵权必究

丛书编委会

主　任　董　欣

委　员　石　斌　吴小华　杨　雪　唐秀成　杨雨燃

本书编委会

主　编　唐秀成　洪　涛　娄　清

编　委（以姓氏笔画为序）

王　进　邓义镔　石　斌　叶　洋　冉启超

付加凤　任透明　刘　映　李　健　杨　雪

杨传江　杨雨燃　杨柱学　何小花　何茂旭

余立勤　张　健　陈　会　陈　燕　赵三能

娄经伟　徐绍勇　徐艳慧　徐续莲　徐慧芳

翁泽坤　郭　伟　彭　银　覃　威　曾　幻

总序　立足田野调研，保存文物信息

贵州省文物保护研究中心（以下简称"文保中心"）长期关注贵州省域不可移动文物的田野调查及其相关研究，在完成繁重文物保护工程勘察设计和工程监理任务的基础上，长期坚持开展田野调查和研究工作。文保中心早期主要结合大型基本建设工程涉及的文物抢救保护工作开展文物调研，如乌江水系和沅江水系梯级电站建设的文物考古调查工作。2007年以后，持续参与5个年度的第三次全国不可移动文物普查工作，发现、考察和记录了大量重要文物。2011年，文保中心承担"贵州古代驿道线性文化遗产保护研究"任务后，又继续参与第七批全国重点文物保护单位"茶马古道"贵州省内遗存的现状调查及资料收集工作。2016年，为了调查、记录贵州地面不可移动文物影像资料，文保中心与安顺市文物局、贵州保利文物古建有限公司共同启动了"贵州传统建筑文化影像记忆工程"，该工程现仍在持续进行中。2018年以来，应地方政府邀请，文保中心每年都会就一镇、一乡乃至一村的文化遗产资源进行调查，先后完成德江县枫香溪镇、楠杆土家族乡和碧江区漾头镇茶园山村的调查任务。2020年以来，文保中心相继承担了贵州石窟寺和摩崖造像专项调查工作，以及贵州省长江流域文物资源调查工作。通过20多年辛勤的田野调查和资料整理，文保中心积累了大量不可移动文物资料，将这些调查资料整理刊布，不仅能够向社会展现贵州地面不可移动文物的主要概况，而且可以为文物保护和相关研究提供翔实的一手资料。正是基于这种考虑，2021年，在中国共产党成立100周年之际，文保中心决定对历次田野调查所获大量资料进行系统整理和科学总结，将相关成果编辑出版为"中国不可移动文物保护研究·贵州系列"丛书。

本系列丛书第一期计划出版5分册，包括《贵州省长江流域文物资源保护研究》《贵州石窟寺和摩崖造像保护研究》《贵州传统村落文化遗址保护与发展研究：铜仁遗珍》《三门塘刘氏宗祠保护研究》《黔路纪行：一个文物保护工作者的田野调查笔记》。这5分册基本反映了文保中心自成立以来，20多年5个发展阶段中调查记录贵州省不可移动文物的工作历程，也是文保中心在这个领域工作和研究成果的集中体现。

《贵州省长江流域文物资源保护研究》以第三次全国文物普查结果为基础，以长江经济带国家战略发展区域为调查范围，在田野调查基础上，全面总结贵州省长江流域相关文物资源的分布、保存、利用情况，该书通过对贵州省长江流域分布区域内极具代表性的史前文化、独具特色的洞穴文化、别具一格的山地建筑文化、辉煌百年的红色文化等贵州省长江文化中特色文物资源的梳理和研究，系统提炼长江文化的核心价值，明确贵州省在长江文化中的地位和特色，形成科学全面的研究体系，阐明其对长江文化的支撑和承载作用。

《贵州石窟寺和摩崖造像保护研究》全面记录了贵州现存的25处石窟寺和摩崖造像分布状况，阐述了石窟寺和摩崖造像地理位置、地质状况、历史沿革、石窟（造像）概况。同时，对石窟寺和摩崖造像外观特征、内部细节、所面临的风险以及可能导致损害的因素进行了深入分析。该书细致梳理了其保护管理和安全防范状况，汇总与分析了调查数据，揭示了保护工作的发展态势，探讨了调查成果与文物保护事业、经济社会发展之间的相互关系。基于这些分析，进一步提出了一系列具有针对性的保护规划建议，希望这些建议能够引起相关领域的关注和讨论，从而推动实际的保护工作。

《贵州传统村落文化遗址保护与发展研究：铜仁遗珍》是文保中心对铜仁市德江县枫香溪镇、楠杆土家族乡，碧江区漾头镇茶园山村三地开展文化遗产调查的工作成果梳理。通过对三地的不可移动文物与遗存现状、非物质文化遗产形态、特色产业发展路径及自然资源作详尽记录、访谈、采样，文保中心获海量第一手图文资料，经资料整理、考辨、分类、溯源、评析等，形成该书主体内容。在此基础上，该书亦对照当地文化遗产保护现实发展需要，为不可移动文物本体保护、修缮及展示利用，传统村落文化遗产保护与利用等，提供切实可行的文化遗产活化利用实施策略，并为构建多方协调、多层联动的文化遗产保护管理系统，形成示范带动、整体连贯的村落文化遗产展示利用体系，全面提升区域性文物本体保存水准，带来具有指导意义的参考文本。

《三门塘刘氏宗祠保护研究》以刘氏宗祠建筑为研究对象，从其赋存的自然环境条件、村落缘起、建筑群的形成、宗祠的建成等进行溯源分析梳理，厘清宗祠建成的历史背景。通过对建筑的选址理念、空间布局、形制样式、结构方式、装饰手法、艺术风格、文化内涵、使用功能、外形变化、载体价值等方面的剖析性研究，解析刘氏宗祠的建筑历史文化内涵和建筑价值。通过对建筑保存状况、修缮方案制定、工程实施过程、工程后效果等描述，展现宗祠保护工作的开展过程，分享保护成果。

《黔路纪行：一个文物保护工作者的田野调查笔记》是一个在贵州从事文物保护工作40年的从业者近5年的田野调查笔记，收录的主要是作者自2017—2022年参与贵州"茶马古道""龙场九驿""丝绸之路"南亚廊道的古代西部出海通道部分，以及长江流域文物资源等专项调查工作的内容。内容涉及文献研究、实地调查、碑文识读和考证，是作者在行走贵州各地进行田野调查的基础上，对贵州文化遗产资源的所见所闻及相关历史信息的真实记录。

本系列丛书对历次田野调查所获大量资料进行科学概括，综合反映文保中心田野调查工作的学术研究成果和新发现，不仅是文物保护、管理和研究的一项重要基础工作，也是文保中心专业技术人员与基层文物保护工作者通力协作的科学研究成果。本系列丛书的出版将为科学研究工作者提供重要的第一手材料，为政府部门进行文物保护、管理和研究的长远战略决策与政策法规制定提供有益参考，为贵州省国民经济建设部门规划、选址和设计提供可靠依据，以尽可能避免在生产过程中造成对文物的破坏。

期待本系列丛书能够得到读者广泛认可，也希望文保中心今后能继续立足田野调查，持续进行贵州省不可移动文物研究的深入探索，挖掘更多珍贵且详尽的文物信息，编写出版更多专题鲜明、内容丰富的不可移动文物研究专著，进一步推动文化遗产保护研究事业的发展。

是为序。

北京大学考古文博学院教授
泉州文化遗产研究院院长
三星堆研究院学术院长
2024年10月5日

前言

习近平总书记曾指出，"脱贫攻坚，取得了物质上的累累硕果，也取得了精神上的累累硕果"。脱贫攻坚精神赓续传承了中华民族伟大民族精神和时代精神的特质，树起了一座新的精神丰碑。

回顾五年过往，贵州省文物保护研究中心在贵州省委、贵州省人民政府的正确指引下，按贵州省文化和旅游厅科学部署，充分发挥自身优势，打好"文化扶贫"关键牌，全面摸底贵州文化和旅游系统帮扶点珍贵文化遗产资源，组织调查队伍，先后赴铜仁市德江县枫香溪镇（2018年）、德江县楠杆土家族乡（2019年、2020年）、碧江区漾头镇茶园山村（2020年）开展文化遗产资源调查工作。通过此项工作，厘清各地文化家底，一方面，为当地全面打赢脱贫攻坚战找准文化脱贫发力点；另一方面，在脱贫攻坚成果与乡村振兴有效衔接的过程中，进一步找寻乡村文化振兴突破口。

本书所梳理的三组不可移动文物田野调查成果是贵州省文物保护研究中心长期以来始终坚持积累的文化遗产调查成果的缩影。田野调查期间，受原始资料匮乏、访谈对象信息提供不全、不可移动文物本体残损严重等诸多因素影响，成果存在不尽如人意之处，但不可否认的是本书始终坚持原原本本地呈现田野调查最真实、最全面、最有价值的调查信息，以此反映田野调查成果之珍贵、调查工作之艰辛、调查意义之深远。

本书是贵州不可移动文物田野调查研究成果的体现，可引导人们从不可移动文物保护视域对铜仁文化进行深入了解和认知，深刻展现铜仁历史发展脉络、文化积淀过程及历史遗存的宝贵价值，亦可为推动乡村文化振兴教化培育、信息传递、提升认知、推动发展等功能的实现提供新思路。

目录

总序   005
前言   007

第一章　贵州传统村落文化遗产田野调查项目之缘起   011

第二章　枫香溪黔东特区革命委员会旧址保护展示利用研究   015
    一、枫香溪概况   016
      （一）人文与自然环境   016
      （二）历史沿革   017
    二、枫香溪文化遗产资源构成与分析   020
      （一）枫香溪文化遗产资源构成   020
      （二）枫香溪文化遗产资源分析   069
    三、枫香溪文化遗产的特点及价值   071
      （一）枫香溪文化遗产的特点   071
      （二）枫香溪文化遗产的价值   072
    四、枫香溪文化遗产保护展示利用建议   074
      （一）加强日常保养维护，建立德江文化遗产基础数据库   074
      （二）重视中国工农红军长征文化线路的整体研究   075
      （三）加大公布保护名录工作力度   075
      （四）"多规合一"前提下的有序开发   076
      （五）利用乡村振兴计划激活乡村传统建筑   076

第三章　贵州省德江楠杆土家族乡文化遗产资源研究   077
    一、德江楠杆土家族乡概述   078
      （一）德江楠杆土家族乡自然与人文环境   078
      （二）楠杆土家族乡历史沿革   080
    二、楠杆土家族乡文化遗产资源的类型及特点   083
      （一）楠杆土家族乡文化遗产资源类型   083
      （二）楠杆土家族乡文化遗产资源特点   085
    三、楠杆土家族乡文化遗产资源价值评估   091
      （一）见证贵州古代交通发展   091
      （二）见证重大历史事件   091
      （三）见证文化的传播与交流   091
      （四）具有典型的"耕读传家"农耕文化特征   092
      （五）体现丰富的文化内涵   092
      （六）展示因地制宜的建筑构造技术   092
    四、楠杆土家族乡文化遗产保护展示利用建议   093
      （一）加大公布保护名录力度，参与国家文化大数据体系建设   093

（二）科学统筹部门规划，合理制定发展思路　　094
　　（三）响应乡村振兴发展战略，力争早日形成乡村新时代面貌　　094
　　（四）建立生态博物馆，整体保护自然和文化遗产　　095

第四章　茶园山村传统村落保护与发展利用研究　　097
　一、茶园山村概述　　098
　　（一）茶园山村自然环境　　098
　　（二）茶园山村人文环境　　100
　二、茶园山村村落布局　　104
　　（一）茶园山组　　105
　　（二）大坪组　　106
　　（三）龙头组　　106
　　（四）老堰塘组　　107
　　（五）烂泥冲组　　108
　　（六）岩牛组　　108
　　（七）黄土坡组　　108
　三、茶园山村村落建筑　　110
　　（一）建筑形制特点　　110
　　（二）巷道院墙和门楼　　125
　　（三）泉井　　129
　　（四）蔡湾碾房遗址　　129
　　（五）金鳌山营盘　　130
　　（六）墓葬　　130
　　（七）观音庵　　131
　　（八）古道　　132
　　（九）建筑装饰特色　　133
　四、茶园山村村落保护　　134
　　（一）茶园山村文化遗产的价值　　134
　　（二）茶园山村文化遗产的现状　　135
　　（三）茶园山村文化遗产保护建议　　136
　五、茶园山村的发展与保护　　139
　　（一）茶园山村发展潜力　　139
　　（二）茶园山村发展方向　　139
　　（三）茶园山村村落保护与发展保障措施建议　　140

附录　　141
　附录一　楠杆土家族乡田野调查纪实　　142
　附录二　楠杆生漆割漆技艺调查实录　　160
　附录三　茶园山不可移动文物田野调查纪事　　162
　附录四　茶园山不可移动文物勘察与测绘手稿与拓片　　200

参考文献　　215
后记　　217

第一章

贵州传统村落文化遗产田野调查项目之缘起

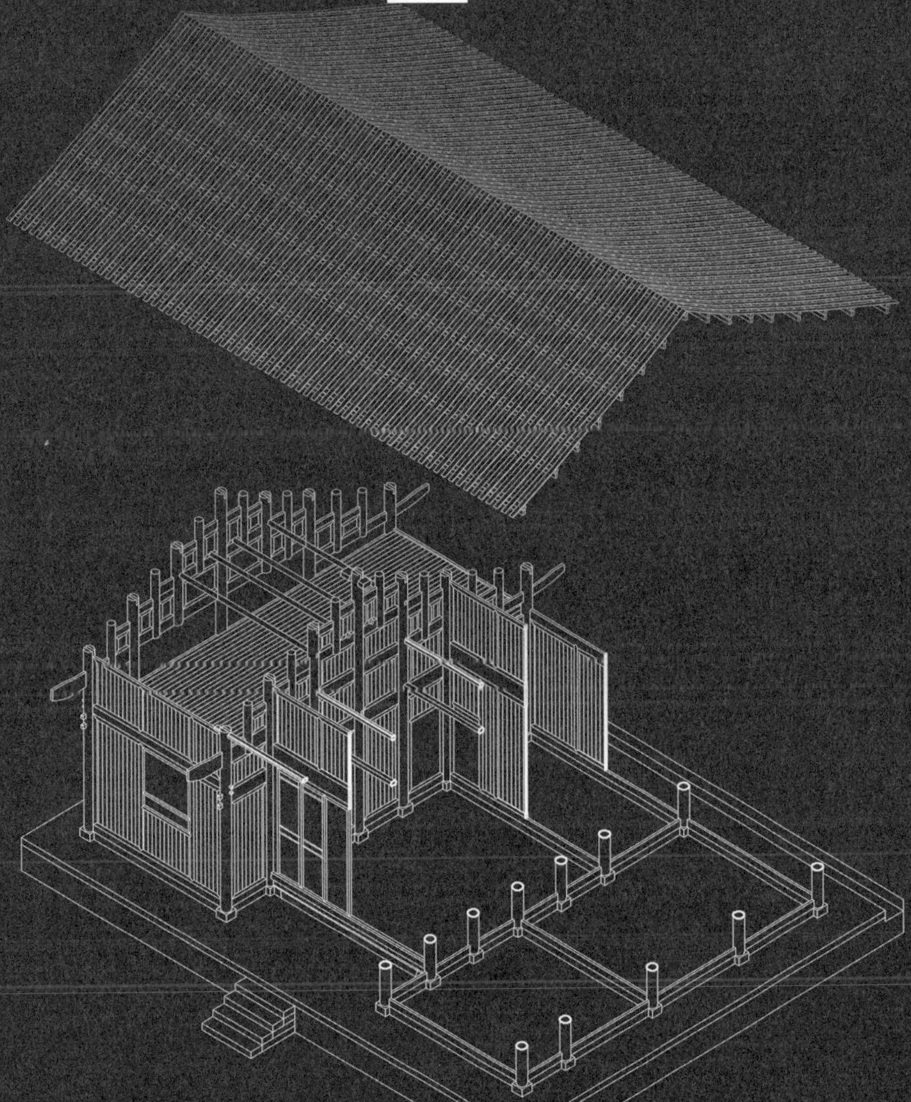

传统村落，通常称为"古村落"，是指那些拥有丰富的物质文化遗产和非物质文化遗产，具备显著的历史、文化、科学、艺术、社会和经济价值的村落。这些传统村落承载着中华传统文化的精髓，是农耕文明中不可再生的文化遗产。它们凝聚了中华民族的精神，成为维系华夏子孙文化认同的重要纽带。同时，它们保留了民族文化的多样性，是民族文化传承和发展的坚实基础。

2012年9月，传统村落保护和发展专家委员会在首次会议上决定，将"古村落"的习惯称谓更改为"传统村落"，以凸显其文明价值和传承的重要性。

2014年，中共中央一号文件明确提出"制定传统村落保护发展规划，抓紧把有历史文化等价值的传统村落和民居列入保护名录，切实加大投入和保护力度"。

2015年4月，《贵州省人民政府关于加强传统村落保护发展的指导意见》正式颁布实施。

同年6月，在贵州榕江召开"贵州传统村落与非物质文化遗产保护发展高峰论坛"，来自省内外的高等院校、科研院所的知名专家、学者通过学术交流达成《贵州传统村落与非物质文化遗产保护与发展·榕江共识》。

2017年8月，贵州省第十二届人民代表大会常务委员会通过《贵州省传统村落保护和发展条例》。

2018年10月，中共中央办公厅和国务院办公厅印发了《关于加强文物保护利用改革的若干意见》，提出了总体目标：到2025年，紧紧围绕走出一条符合我国国情的文物保护利用之路，文物依法保护水平显著提升，文物保护利用传承体系基本形成，文物安全形势明显好转，文物机构队伍更加优化，文物领域社会参与活力不断焕发，文物工作在坚定文化自信、推动中华文化走出去、促进经济社会发展中的重要作用进一步发挥，文物保护利用成果更多更好惠及人民群众，文物治理体系和治理能力现代化初步实现。

2019年6月6日，根据《住房城乡建设部办公厅关于做好第五批中国传统村落调查推荐工作的通知》（建办村〔2017〕52号）的要求，在各地推荐上报的基础上，经过传统村落保护和发展专家委员会的审查，并向社会公示后，住房和城乡建设部、文化和旅游部、国家文物局、财政部、自然资源部、农业农村部决定将北京市房山区佛子庄乡黑龙关村等2666个村落列入第五批中国传统村落名录并予以公布，至此全国已公布五批共6819个村落被列入中国传统村落名录。

同年8月，习近平总书记在甘肃省敦煌研究院主持召开座谈会时强调，要加强文物价值的挖掘和阐释，深入研究和大力弘扬中华优秀传统文化，更好地提炼、展示、传播文物所蕴含的精神标识、文化精髓和当代价值，讲述文物背后的故事，发挥其作为阵地的作用，展示中华民族的文化自信，铸牢中华民族共同体意识。

贵州，地处中国西南，东临湖南，南接广西，西靠云南，北与四川、重庆毗邻，是一个内陆山区农业省。全省境内山地遍布，拥有悠久的农耕文明历史。此外，贵州是一个多民族聚居的省份，主要少数民族包括苗族、布依族、侗族、土家族、彝族、仡佬族、水族、回族、白族、瑶族、壮族、畲族、毛南族、蒙古族、仫佬族、满族、羌族等。民族自治地区和民族乡的面积约占全省土地面积的68%。由于地形的复杂性和民族的多样性，加之华夏文化的熏陶和汉文化的深远影响，以及各种文化的相互渗透和影响，贵州形成了一个丰富多彩、多元一体的文化体系。传统村落是历史长河中逐渐形成、发展和传承的物质与非物质文化遗产的综合体现，是贵州各民族数千年来农耕生活智慧创造的源泉。这些村落分布广泛，民族文化特色鲜明，山地特色突出，传统建筑和文化遗产丰富而厚重，它们是贵州各族人民的精神家园，也是中华儿女的乡愁和多彩贵州的象征。自2012年中国启动中国传统村落名录保护制度以来，贵州省已有757个村寨被列入中国前六批中国传统村落名录，占全国总量的9.3%，数量位居中国前列。这些传统村落是中华农耕文明的重要承载者和宝贵基因库，它们规模宏大、内容丰富、价值巨大、保护完整，并且实现了活态传承，是传承千年、生生不息的文化瑰宝。在保护文化遗产的系统工程中，贵州省委和贵州省人民政府认真贯彻《文物保护法》等法律法规，多次举行专题会议，对文物保护、利用以及展示等工作的全面实施进行了周密的安排和部署。贵州省文化和旅游厅高度重视文化扶贫，对濒危文物资源实施了抢救性保护，规划利用文物遗址建设文化公园、生态公园、强化资源保护、申报规划立项、争取资金支持、编制保护利用规划、集聚各方专家智慧，深入挖掘一批文物，摸清一段历史，尽力再现古代贵州的完整发展历程，共同打造特色文化旅游产品及线路，让文物活起来，让游客走进来，丰富文化业态、增强文化自信。

文化扶贫是脱贫攻坚的重要组成部分，是打赢脱贫攻坚战、从根本上改变贫困地区落后状态、最终实现全面小康的重要保障之一。当前，贵州省脱贫攻坚已进入关键节点，深刻认识文化扶贫对贵州新时期脱贫攻坚的重要意义，将文化扶贫纳入全省大扶贫战略行动框架内统筹规划，形成大文化助推大扶贫的工作格局和强大合力，显得尤为重要。做好文化扶贫的基础是开展深入全面的实地调查，正如习近平总书记所指出的："调查研究是谋事之基、成事之道。没有调查，就没有发言权，更没有决策权。"

为了认真学习贯彻落实习近平总书记的指示要求，贵州省文物保护研究中心通过调查研究，找出问题并解决问题，使文化扶贫成为贵州省脱贫攻坚战中的一股重要力量，确保文化体制改革发展稳定各项任务的落实，使文化遗产真正惠及百姓、走进千家万户，体现文物保护工作者的责任与担当，在保护好文物的基础上，做好合理利用工作，通过进行专业性文化扶贫课题研究，拿出符合实际的研究成果指导实践，推动和促进贵州省文化扶贫的新发展。

响应中央和地方政策的号召，贵州省文物保护研究中心集结了专业力量，先后在2018年、2019年、2020年对枫香溪黔东特区革命委员会旧址、德江县楠杆土家族乡、茶园山村域内的不可移动文物和传统村落现状、非物质文化遗产形态、特色产业和自然资源进行了实地调查，获得了大量第一手图文资料。相关信息和素材经过核查、整理后形成了三份实地调查报告，这些报告构成了本书的主体部分（第二至第四章）。

枫香溪黔东特区革命委员会旧址是全国重点文物保护单位，包括黔东特区革命委员会旧址、德江县枫香溪会议会址和印江土家族苗族自治县木黄红二、六军团会师纪念馆，它们见证了红三军走出逆境、转危为安的历史，也是策应中央红军实现战略转移、取得长征胜利的历史见证。根据《贵州省文化厅关于印发〈贵州省文化厅大调研工作方案〉的通知》（黔文发〔2018〕3号）的部署，响应实施精准扶贫的要求，加大对深度贫困县和极贫乡村的支持力度，结合贵州省文物局德江县枫香溪镇文物助力扶贫工作计划，2018年3月贵州省文物保护研究中心组织专业技术人员，以黔东特区革命委员会旧址的保护、展示、利用为主题，对德江县枫香溪镇展开了专题调研。通过对枫香溪镇域内的不可移动文物和传统村落现状、非物质文化遗产形态、特色产业和自然资源进行调查记录，以"文化线路"理念和实践经验，贵州省文物保护研究中心对以黔东特区革命委员会旧址为重点的文物进行了归纳、整理，将其纳入"长征文化线路"，以期形成一个完整、动态的线性遗产体系。

在对枫香溪黔东特区革命委员会旧址的调查研究取得阶段性进展的基础上，贵州省文物保护研究中心（以下简称"文保中心"）积极响应贵州省文化和旅游厅、贵州省文物局关于加强文化大调研工作的重要部署，将贵州省文化和旅游厅脱贫攻坚帮扶对象德江县楠杆土家族乡的文化遗产资源调查研究纳入文保中心2019年度工作计划，并成立了调查组。调查组成立后，成员立即着手整理和总结先期已经获取的一些基础资料，并查阅了大量历史文献资料。2019年8月12日，文保中心组织以支部党员为主、全体职工共同参与的调研队伍，赴德江县楠杆土家族乡对全乡各村寨开展为期10天的文化遗产资源实地调研工作，该次调查范围涵盖了楠杆土家族乡所有社区和行政村。不仅对楠杆各村寨的古遗址、古墓葬、古建筑、石窟寺及石刻、近现代重要史迹及代表性建筑等类型丰富的不可移动文物进行了现状勘察、核实、登记，过程中，也对非物质文化遗产、农业产业线索展开了详尽调查。

其后，文保中心又应贵州师范大学教授王进博士于碧江区人民政府挂职副区长期间推荐，受碧江区人民政府委托对茶园山村文化遗产资源调展开调查。在2020年新冠疫情结束不久的小暑节气，文保中心专业技术人员一行于初伏进入茶园山进行调查，中伏前结束田野调查任务，历时10日。是年10月底调查报告初稿完成。2021年大暑，距离开茶园山刚满一年之际，文保中心两位副主任石斌和娄清，再度接受已经于2020年12月离任返校的王进博士邀请，就中央新闻纪录电影制片厂（集团）拟为茶园山拍摄纪录片事，奔赴碧江区进行座谈。在座谈会上，碧江区文旅局杨忠心局长提出，希望尽快帮助完成调查报告，以利茶园山保护规划工作的推进。返筑后两人即着手安排调查报告的修改和完善工作，参编人员闻令而动，正式报告终于该年立冬前完成。

三份报告经梳理后形成本书的第二至第四章，如实、详尽呈现枫香溪黔东特区革命委员会旧址、德江县楠杆土家族乡、茶园山村三地域内的文化遗产实况，并结合对相关文物保护现状和需求的深入分析，为文物本体和环境的保护修缮、全面提升文物的保存状况、构建协调联动的管理系统，以及形成整体连贯的展示利用体系，提出切实可行的意见建议，以期为当地未来开展红色旅游文化事业提供内涵支撑，为区域特色经济产业发展提供文化元素助力，为实现文化扶贫贡献专业支撑。

第二章

枫香溪黔东特区革命委员会旧址保护展示利用研究

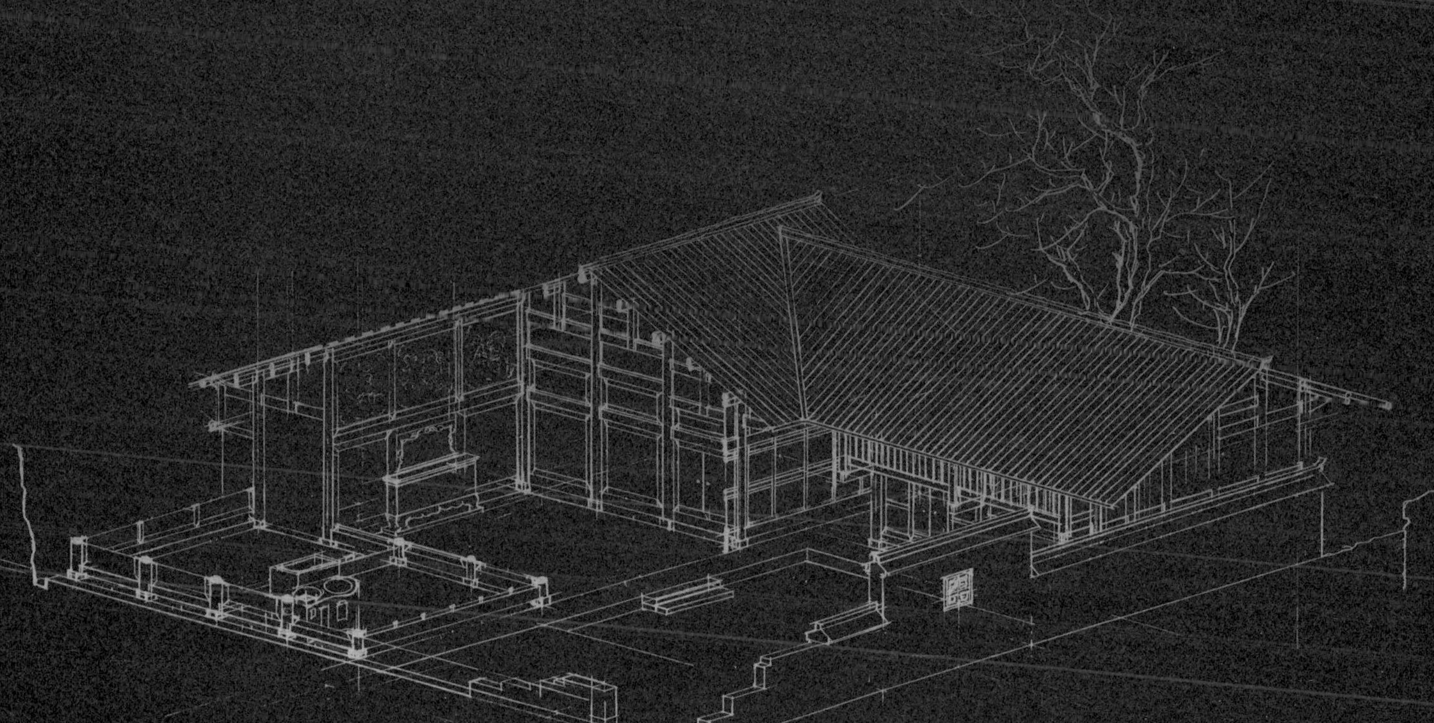

一、枫香溪概况

枫香溪镇位于贵州省铜仁市德江县东南部，东以冷水河为界，邻印江土家族苗族自治县，南以小溪河流为界，抵思南县凉水井镇，西连本县潮砥镇和长堡镇，北以毛家坝桥为界，接沿河土家族自治县谯家镇。镇政府所在地袁场社区东距县城48.5千米，全镇东西宽14.6千米，南北长21.6千米，国土总面积104.82平方千米。

（一）人文与自然环境

枫香溪镇地势平坦的坝子不多，星星点点，利于农耕，如毛家坝、丝茅坝、廖家坝、新龙坝、叶员坝、上坝、下坝之属。地形起伏的浅丘不少，弯弯曲曲，宜于人居，如洞湾、湾底下、张家湾、袁家湾、丁家湾、何家湾等。山环必定水绕，似冷水河的许多支流，如枫香溪、小溪沟、哈当溪、细沙溪、六井溪等。这些坝子、浅丘和溪流，交错分布在南北长21.6千米，东西宽14.6千米，由西南向东北斜行的枫溪山和枫香坪平行山梁之间，所谓"两山夹一谷"，被命名为枫溪山东麓的枫溪低中山槽谷区，海拔800～1200米，是德江县境乌江右岸的典型地貌。

如民国《德江县志》所载，"枫香溪山脉，自思南入境至潮砥东南二十里之关口槽以北火烧岩（在县东界），为小溪河流凿断，对岸自安牙铺起，经袁家湾、枫香溪至谯家铺，地势渐高，成高山平原，纵长百余里，横十余里，向东北斜行，直如绳墨。两缘山势隆起平行，中陷有河（即枫香溪河），谯家铺以下为沿属。此山两面皆断崖峭壁，自下视之屹然如堵。六井溪在其东麓，向西南流汇印江西入乌江"。

这片区域内，石灰岩地貌发育较好，基石裸露面积较大，岩溶洞穴分布较广，形成了如观音洞、癞子洞、黄家洞、野马洞、黑洞，以及天生桥、天坑等岩溶洞穴景观，其中一些岩溶洞穴曾作为附近村民躲避战乱的处所，被称为"躲兵洞"。出露地层面以中上志留系韩家店群页岩为主，以及下二叠系灰岩，上二叠系灰岩及底部煤页岩，下二叠系夜郎组及永宁镇组灰岩、砂页岩等。由于页岩具有薄页状或薄片层状的节理，既不透水（在地下水分布中往往成为隔水层），又易于开采，因此被当地村民广泛用于台地居住建筑后檐和两山围护墙，借此防潮，也有一定的阻燃作用。

这里年均气温为15.3℃，高于10℃的年总有效积温为4685℃，年日照时数921.6小时，年降水量1129.7毫米，无霜期280天。流经河流为乌江右岸二级支流冷水河及其支流，发源于沿河土家族自治县谯家镇耳当溪

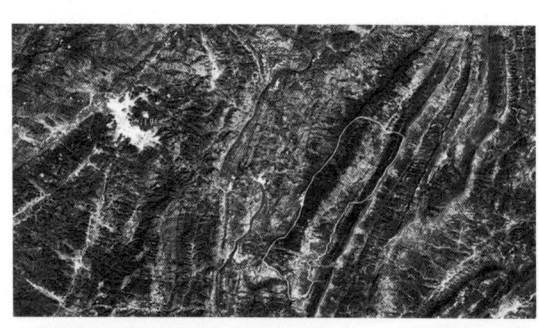

枫香溪及周边地形示意图
图片来源：贵州省地理信息公共服务平台

三尖角，流经枫香溪的河段称"枫香溪河"，过丝茅坝后称"冷水河"，冷水河是德江县与印江土家族苗族自治县界河。至大安桥下两河口，汇入印江河（古称"思邛水"或"印江"），后谓"小溪河"。小溪河初段为德江县与思南县界河，至潮砥两河口入乌江。支流短小，除沿河县境上源和印江县境一条支流外，其余皆从枫香溪、张家湾、袁场等地西来汇入。

区域内土壤主要为石灰石土类的黄色石灰土、大泥土和火石子土，枫香溪、袁场、张家湾等就属大泥土和火石子土，土层薄，露岩多，含钙质较多，呈中性或微碱性。虽地下岩溶发育，但地表水缺乏，故土多田少，石旮旯多，耕作困难。现植被稀疏、水土流失严重现象正逐步缓解，森林覆盖率达34.7%。适宜马尾松、葵花松、柏树、枫香树、乌桕、油桐树、漆树等生长，银杏树、紫荆树、楠木树等也有零星分布。

历史上，柏木是居住建筑的主要材料，清初，柏木和枫香木混用，以后枫香木使用渐多。作为枫香溪地名成因的枫香树，喜温暖湿润气候，性喜光，幼树稍耐阴，耐干旱瘠薄土壤，不耐水涝，多生于平地、村落附近，以及低山的次生林。木材稍坚硬，除用作传统建筑材料，还可制作家具及贵重商品的装箱，此外还有药用价值。故此，枫香溪对许多古树名木实施保护，如软坳村中元组古银杏树、长征村龙塘坝组紫荆树、龙坝村周家坝组古楠木树、上坝村的古柏树，以及保安村的古黄连木和古柏树，等等。

据文献记载，思南府所属，"土产寥寥，惟桐油、柏油、山漆及务川之朱砂、水银可以行远，产亦无多"。

枫香溪史上桐油、山漆所产确实不多，但柏油不算少。柏油，产自乌桕树，一种中国特有的经济树种，已有1400多年的栽培历史。种子外被之蜡质称为"柏蜡"，可提制"皮油"，供制高级香皂、蜡纸、蜡烛等。种仁榨取的油称"柏油"或"青油"，供油漆、油墨等用，假种皮（白色之蜡质层）为制蜡烛和肥皂的原料，经济价值极高。其木也是优良木材，坚硬，不翘不裂，纹理细致，可作车辆、家具和雕刻等用材。枫香溪人称乌桕树为"桊子树"，柏油为"桊油"，至今各村仍有分布。

（二）历史沿革

枫香溪镇域内历来地形不齐，属地交错，分属各县，所谓"华离、瓯脱"之地。

据文献记载，枫香溪镇秦属黔中郡，汉武帝时划入牂牁郡。元代，一部分属务川（治今沿河），一部分为思邛江长官司辖地，均隶于思州军民安抚司。

明初沿袭元制。洪武四年（1371），冉德元"以平服思南苗寇有功，当授宣抚司"，冉"辞谢，愿赐土田为子孙计"。初择居务川所属之新宅坝。死后"卜葬生水溪（今先联社区张家湾组生水溪）"。至三世祖长房冉才进分"河西一支"，二房冉才有"分河东一支"徙居张家湾，"历数百年传衍，益繁星罗棋布。当满清季年，登甲科，膺仕宦，富庶发煌，郁然蔚起不下数千百家"。

弘治七年（1494），废思邛江长官司、朗溪司设立印江县后，包括张家湾今先联社区及以南地带属印江县，以北则属蛮夷长官司，均隶思南府。这从现存墓葬铭刻的卜葬地名上得以印证。

明思南府有道路通往各县和长官司。其中东路就分别抵印江和沿河二司，称"太平关路"。过太平关北走土陀路到沿河司，东北走白水坡路到印江。印江又可往北走峡口寨路通沿河司。

在思南府各县和长官司还设有铺舍。其中，蛮夷长官司领地有距司治东北一百里的枫香铺（今枫香溪镇枫铺村），设司一名、兵一名。一百二十五里的谯家铺，设司一名、兵一名。二百里的茅田铺，设司一名、兵一名。印江县领地有距县治北二十里的小田铺，设司一名、兵二名。四十里的安牙铺（今枫香溪镇新坪村），设司一名、兵一名。六十五里的野猫铺（今枫香溪镇先联社区），设司一名、兵一名。上述铺递，"均于康熙以前奉裁"。

明万历年间，袁家湾邓氏入黔始祖邓天科，"从江西搬蜀，又由蜀至黔，苦于跋涉，遂家斯土"，三百年后"子孙繁昌，如瓜瓞之绵绵"。

清初裁减铺递时，枫香溪已有"铺民三十户"，袁家湾"铺民四十余户"，且已经开场设市，"墟市大小不等，五方聚集，每逢集期，沿集一二十里，村民摩肩交易"，其中枫香溪场期三、八日，细沙溪场期二、七日，袁家湾场期四、九日。

清道光二十一年（1841）废蛮夷长官司后，张家湾今先联社区以北地带划归务川（今沿河县城东岸）。至民国三年（1914）设置沿河县后，属沿河县。

至清道光年间，枫香溪镇域已成富庶之区。许多家族已是"田连阡陌，家列仓箱"。今长征村龙塘坝覃金理，虽然于咸同年间，在其"晚年遭世乱流离，迁徙未尝，为贼所惊"。但同治后其以年届七十之躯修青龙寺，"工费巨千，公既然以身任之，未尝募及四方"，普遍家法整严，"以务农攻书讲武为事，故能科第蝉联，人文虎变也"，更推崇"竭力耕耘，田连阡陌，尽积阴德，子孙满庭"。

清光绪六年（1880），移思南府安化县于大堡（今德江县城），光绪八年（1882）正式迁移。民国三年（1914）改安化县为德江县。

1934年5月，中国工农红军第三军从四川彭水西渡乌江进入贵州，于同年6月19日在枫香溪召开湘鄂西分局会议，决定建立黔东特区革命委员会。在黔东特区革命委员会领导下建立苏维埃政权。今枫香溪镇域内有枫香溪和张家湾2个区革命委员会，枫香溪、龙塘、上坝、下坝、叶元坝、丝茅坝、金盆水、张家湾、袁家湾乡9个苏维埃政府。在这片物阜民丰的土地上，红三军得到了补给和休整。

民国三十年（1941），省政府整理各县行政区域并处理插花地时，提出了改革和调整两套方案。其中，提出的改革方案是，涉及德江与沿河边界的，"自无溪河口对岸起，沿天然山脉经毛田坪向东南行，沿山脊至土门交印江，原界为沿、德新界线。所有乌江河流以东及界线以南之谯家铺、夹石、枫香溪等地，均改隶德江，而界线以北仍归沿河"。提出的调整方案是德江和沿河边界，"由毛家坝迤西龙洞沟，及迤东邱家寨之绵亘山脉横断，河流并由龙洞沟岩口山脉，直下黎家池，为两属天然界限。所有山脉以南，沿属之毛家坝、枫香溪、枫香铺、龙塘、杨井坪、徐家岩、黎家池、客店、冷家山等处应改隶德江，而山脉以北仍归沿河"；德江与印江边界，"以大罗坝河为德、印两属界线，所有河西印属之袁家湾、上坝、细沙溪等处，应改隶德江"。

印江与德江方面，在民国三十年（1941）12月11日实施方案时，"经第一、五区专署委员陈则之、刘晨光会同印江、德江代表陈尚廉、焦广华等依照方案勘划，商定协议书"，还"勘划界线，东以大罗坝西面之冷水河（即大罗河，亦名枫香溪河）北，自甘家屋基南面沟口起，南至大安桥外面两河口止，为印、德两县天然界线，所有冷水河以西印江河（即小溪河）以北原属印江之廖家坝、上坝、叶元坝、袁家湾、水吞牛、细沙溪、安牙铺等一带地区，完全拨归德江管辖"。

沿河与德江方面的枫香溪部分，在民国三十一年（1942）6月1日实施方案时，"经第五区专署委员李骏周会同沿河、德江代表张霖□（按：□为表示字迹不清或不识的字，后同）、□□□等依照方案勘划界线""沿河拨归德江枫香溪、泥池坝等地，东自印江界起，沿邱家寨绵亘山北至旧岩门直下，经毛家坝至转柏树过河，沿长安岭城墙顶一列山顶，上至打池沟上游，再上达青担岩西南行至猪转口下沿小牛鼻子，直下黄泥泉接杨家溪入后溪河，西至乌江，为天然界限。南面与西方，接德江由印江新拨入地区及原来边界所有上列范围以内之毛家坝、丁家湾、唐家湾、大湾、龙洞沟、核桃湾、院子、枫香铺、对香、枫香溪、丝毛坝、甘家、龙塘、徐家岩、杨井平、黎家池、万溪、潘家山、秀田坝、西流水、黑溪、马闲溪、大泽头、琉璃坝（即泥池坝）、红坳、牟家等地完全拨归德江管辖"。以上根据沿河意见，先按调整方案实施，改革部分暂缓，因此，"尚有乌江河东自无溪河口对岸起，沿山经土门，交印江县改革界线以南之谯家铺、夹石等地及泉口寺区改革界线以内之白羊平、大根坝、金家盖等地留为缓拨"。

至此，今枫香溪镇域所属在划归德江后形成。

1950年2月4日，德江县人民政府成立。1953年，袁场、上坝、枫溪设乡，属潮砥区。1956年，龙坝乡合并到枫溪乡，新塘乡合并到袁场乡。

1958年，人民公社化，袁场、上坝、枫溪作为生产管理区属潮砥公社。

1963年3月，免塘、保安、细沙、水吞牛、庄严、倒流水、寨上、袁场、兴界、平湾10个生产大队属袁场公社，枫溪、丝毛坝、龙泉、联合、机铺、洞湾6个生产大队属枫溪公社。两个公社均属潮砥区公所。

1992年2月13日，贵州省人民政府批复《德江县建镇并乡撤区方案》，撤销袁场土家族乡、张家湾土家族乡、枫溪土家族乡，合并建立枫香溪镇。

二、枫香溪文化遗产资源构成与分析

（一）枫香溪文化遗产资源构成

通过调查发现，枫香溪文化遗产资源数量众多，类型丰富，既包括以不可移动文物为代表的物质文化遗产，也包括以傩堂戏为代表的非物质文化遗产。调查登录的不可移动文物类别，包括除其他类以外的古遗址类、古墓葬类、古建筑类、石窟寺和石刻类、近现代重要史迹和代表性建筑类。其中，古遗址类中反映历史上交通和商贸发展的古道遗址、古墓葬类中反映当地丧葬习俗的生墓、古建筑类中反映各族群生存繁衍的宅第民居、近现代重要史迹和代表性建筑类中见证红三军转战黔东创建根据地的旧址，均具有代表性和典型性。

在调查总量超过170处的基础上，经过后期比较研究，最终确定将其中105处（含复查的28处）不可移动文物进行登记收录，并简介于后。简介按照不可移动文物的复查和新发现两部分排序。复查部分按照文物保护单位和第三次文物普查登录不可移动文物排序，其中文物保护单位根据公布时间进行排序。此次调查的新发现不可移动文物，按照不可移动文物古遗址、古墓葬、古建筑、石窟寺和石刻、近现代重要史迹和代表性建筑分类别依次排序。每个类别以不可移动文物产生的年代为序，无确切纪年的，排在有纪年的不可移动文物之后，同时期的按行政村由北向南依次排序。傩面具制作技艺及传承人列于最后。

1. 不可移动文物——复查部分

1）文物保护单位

（1）近现代重要史迹和代表性建筑

黔东特区革命委员会旧址（全国重点文物保护单位）

黔东特区革命委员会旧址包括地处枫香溪镇域内的中共中央湘鄂西分局枫香溪会议会址、中共中央湘鄂西分局枫香溪会议纪念碑、红三军七师师部旧址、红三军九师师部旧址、红三军政治部旧址、红三军保密局旧址、红三军参谋处旧址、红三军医院旧址等。

中共中央湘鄂西分局枫香溪会议会址位于枫溪社区洞青组。1934年6月19日，红三军进抵枫香溪时，军部住址设在该宅，当晚召开了中共湘鄂西中央分局会议，史称"枫香溪会议"。会上，贺龙提出建立黔东革命根据地主张，得到关向应的支持后，夏曦最终也同意该主张。会址又为红三军军部驻址。会址原为王焕奎和王焕思宅，建于清道光年间。坐东南向西北，占地面积约1500平方米，为二进一正两厢轴对称合院式布局，穿斗式木结构悬山青瓦顶建筑。至今尚存有"土地为农民而战""红军不拿群众一针一线""红军为土地归农民而战！"等红军标语。1981年，德江县人民政府公布为县级文物保护单位，1982年，贵州省人民政府公布为省级文物保护单位。

中共中央湘鄂西分局枫香溪会议纪念碑位于枫溪社区洞青组。中共德江县委员会、德江县革命委员会建成于1980年10月1日。同年，贵州省人民政府公布为省级文物保护单位。纪念碑坐西向东，三层台，占地面积约840平方米。纪念碑底座平面呈长方形，长3.27米、宽3.1米，通高10米。碑身正面竖向楷书阴刻"中共中央湘鄂西分局枫香溪会议纪念碑"，左右两侧镌刻毛主席语录"帝国主义时代的阶级斗争的经验告诉我们：工人阶级和劳动群众只有用枪杆子的力量才能战胜武装的资产阶级和地主；在这个意义上，我们可以说，整个世界只有用枪杆子才可能改造"和"红军所以艰难奋战而不溃散，'支部建在连上'是一个重要原因"。碑体背面镌刻枫香溪会议简介。

红三军七师师部旧址位于枫铺村砖墙组。1934年6月16日，红三军七师在卢冬生师长的率领下，奉令进驻该村，师部驻扎于一王姓宅院，该宅院建于清道光年间。现房主为王治孟、王治康。宅院坐北向南，略偏东南，占地面积620平方米，建筑面积198平方米，原为一正两厢轴对称合院式布局，中为庭院。现两厢不存。正房面阔七间，进深二间，为穿斗式木结构小青瓦顶建筑。

红三军九师师部旧址位于长征村光华组。1934年6月，红三军决定建立根据地后，红三军九师在师长钟炳然的率领下，奉令进驻龙塘坝一带，建立红色政权，领导农民打土豪、分田地，师部驻扎于覃炳阳宅。

该宅系戊戌科进士覃炳阳携眷属建于清光绪十一年（1885）。坐西北向东南，占地面积380平方米，建筑面积230平方米，为一正两厢双龙门轴对称合院式布局，中为庭院，四周空斗砖墙围护。正房面阔五间，左右厢楼各二间。左右龙门外各立"戊戌科举进士旭初覃炳阳竖"夹杆石一对。建筑为穿斗式木结构悬山青瓦顶。前后檐额枋和各榀屋架挑枋以上做编竹夹泥，前檐额枋下，堂屋大门为双开板门结合隔扇门，次间均为六合隔扇门，其中堂屋大

枫香溪会议会址[1]

枫香溪会议纪念碑

---

[1] 本书图片未注明来源的，均为本书编写团队自摄、自制、自绘图

门两侧和次间中间二扇"隔扇芯"做装饰，其余不做，可拆卸。堂屋香火处，上部为嵌入式神龛，装饰镂空雕花罩，下面置神厨柜，雕刻工艺精湛。香火上走马板墨书"福禄寿"三字。右梢间灶房内石水缸正面镌刻"清光绪十三年丁亥岁夏五月中浣旭初覃炳阳制"。水缸上部橱柜为嵌入式。

红三军政治部旧址位于枫溪社区洞青组。1934年6月19日，红三军进抵枫香溪时，政治部住址设在一王姓宅院。该宅建于清光绪年间。现房主为王明政。宅院坐东向西，略偏西北，原为一正两厢轴对称合院式布局。现存正房和左厢房，正房左面加耳房。正房面阔三间，通面阔13.6米，进深二间，通进深8.8米。为穿斗式木结构悬山青瓦顶建筑，保存较差。

红三军保密局旧址位于枫溪社区洞青组，紧邻枫香溪会议会址。1934年6月19日，红三军进抵枫香溪时，保密局住址设在王登形（音）宅。该宅原为江西临江府王氏兄弟徙居于此修建，始建于清嘉庆初。宅院坐东南向西北。占地面积265平方米，建筑两栋连排，一栋面阔三间，通面阔12.5米，进深二间，通进深10.8米；另一栋面阔三间，通面阔13.7米，进深二间，通进深7米。西南侧有朝门一间。为穿斗式木结构悬山青瓦顶建筑，整体保存情况一般。

红三军参谋处旧址位于枫溪社区洞青组。1934年6月19日，红三军进抵枫香溪时，参谋处住址设在该宅，地处政治部旧址北侧。为当年红三军讨论、研究军事活动的重要场所。该民宅建于清光绪年间。宅院坐东南向西北，一正一厢布局，平面呈曲尺形，占地面积225平方米。正房面阔三间，通面阔13米，进深二间，通进深8米。北侧原有偏厦，已拆除。地脚枋、柱脚长期受雨水溅湿；厢房三间，通面阔12米，进深一间，通进深5.7米。为穿斗式木结构悬山青瓦顶建筑。

红三军九师师部旧址正房外貌

红三军政治部旧址

红三军保密局旧址

红三军参谋处旧址

红三军医院旧址位于枫溪社区洞青组中心街。1934年6月,红三军到达枫香溪后,将红军医院设于"黑神庙"。该庙建于清光绪二十年(1894),坐东向西,占地面积1010平方米,建筑面积600平方米。有正殿三间,阁楼一间,后殿五间,厢房二间,周缭以墙。已经修缮。

枫香溪区革命委员会旧址

枫香溪区革命委员会旧址位于枫溪社区洞青组高街地。旧址原为王氏民宅,建于清咸丰、同治年间。

1934年下半年,红三军在黔东北的沿河、印江、德江一带开辟黔东特区革命根据地,其下建立17个区革命委员会、100多个乡苏维埃政府,入驻枫溪的枫香溪区革命委员会是其一。枫香溪区革命委员会建立于1934年6月26日,是特区最早建立的一个区革命委员会,由红三军地方工作队的李之兰、袁凤林和吴正清等协助成立;主席冉瑞仁,副主席王廷虎和王顺礼,秘书王显阳;组建了有36名队员的保卫队,队长王官寿、王帮俊,还设置了妇女组织,妇女主席程启翠;下辖枫香溪、龙塘和丝茅坝三个乡苏维埃政府。1980年,德江县革命委员会政府38号文件公布为县级文物保护单位。现为省级文物保护单位。

红三军医院旧址

枫香溪区革命委员会旧址

旧址坐东南向西北，占地面积约 270 平方米，建筑面积 116 平方米。面阔三间，通面阔 11.78 米，进深二间，通进深 6.4 米。前为庭院。北侧有牲畜圈三间。建筑为穿斗式木结构悬山青瓦顶。前后檐额枋和各榀屋架挑枋以上做编竹夹泥，前檐额枋下，堂屋大门为双开板门，次间有窗。建筑整体保存较差，屋面落瓦严重。房屋原山墙为高粱秆扎作，后因黄林准备结婚而重修为土坯墙，现已垮塌。装板缺失严重，堂屋内板壁多处留存"文革"标语，白色字。神龛较简易。西南侧开间内为厨房，东北侧前屋也为厨房，后屋为起居室。台明保存完整，台阶松动。院落部分被水泥砂浆覆盖，小部分石板仍存，石板规格较小。牲畜圈残损严重。现为黄林所有，无人居住。

张家湾区革命委员会旧址

张家湾区革命委员会旧址位于贵州省德江县枫香溪镇金盆水组，始建于清光绪年间。1934 年下半年，红三军在黔东北的沿河、印江、德江一带开辟黔东特区革命根据地，其下建立 17 个区革命委员会、100 多个乡苏维埃政府，入驻金盆水的张家湾区革命委员会就是其一。张家湾区苏维埃革命委员会建于 1934 年 7 月初，由红三军地方工作队的邓吉星、何金浦等协助建立，辖上坝、下坝、叶元坝（立阳坝）、袁家湾、金盆水和张家湾 6 个乡苏维埃政府。主席冉隆贵，副主席冉茂清、张炳帮，还组建了有 30 名队员的保卫队。1980 年，德江县革命委员会政府 38 号文件公布为县级文物保护单位，现为省级文物保护单位。

旧址坐东北向西南，占地面积约 625 平方米，建筑面积约 524 平方米。旧址一正两厢轴对称合院式布局，共两进。正房面阔五间，通面阔 21 米，进深二间，通进深 7 米。一进两厢各面阔二间，通面阔 7.5 米，西厢进深一间，通进深 4.8 米，东厢进深二间，通进深 7.2 米。

张家湾区革命委员会旧址

二进两厢各面阔二间，通面阔 7.5 米，各进深二间，通进深 5.8 米。建筑为穿斗式木结构悬山青瓦顶。建筑整体保存情况较差，除梁架结构保存基本完整，建筑房屋倾斜，屋面垮塌，部分瓦片残落，板壁缺失，门板缺失，院落长满杂草。现为私有。

枫香溪乡苏维埃政府遗址

枫香溪乡苏维埃政府遗址位于枫铺村中院子组。原为王化龙宅，始建于清乾隆年间。1934 年下半年，红三军在黔东北的沿河、印江、德江一带开辟黔东特区革命根据地，其下建立 17 个区革命委员会，100 多个乡苏维埃政府，入驻枫铺村王化龙宅的枫香溪乡苏维埃政府是其一。该乡苏维埃政府隶属于枫香溪区革命委员会，1934 年 6 月底成立，主席王廷虎，副主席王化龙，自卫队长王焕魁、王官秀，有自卫队员 32 人。1980 年，德江县革命委员会政府 38 号文件公布为县级文物保护单位。遗址坐北向南，略偏东南。建筑已被拆毁，仅存部分正房台明遗址，且保存情况较差。

枫香溪乡苏维埃政府遗址

丝茅坝乡苏维埃政府旧址

丝茅坝乡苏维埃政府旧址位于丝茅坝村正街中段东侧。旧址原为宋氏民宅，始建于清乾隆年间。1934 年下半年，红三军在黔东北的沿河、印江、德江一带开辟黔东特区革命根据地，其下建立 17 个区革命委员会、100 多个乡苏维埃政府，入驻丝茅坝宋宅的丝茅坝乡苏维埃政府是其一。该乡苏维埃政府隶属于枫香溪区革命委员会，1934 年 6 月底成立，主席宋兴堂，自卫队队长王治武，有自卫队员 32 人。1934 年 10 月 28 日，红二军、红六军团主力转移湘西。1980 年德江县革命委员会政府 38 号文件公布为县级文物保护单位。现为省级文物保护单位。

丝茅坝乡苏维埃政府旧址

旧址坐东南向西北，建筑面积 208 平方米。面阔四间，通面阔 18 米，进深二间，通进深 6.3 米。建筑为穿斗式木结构悬山青瓦顶。建筑整体保存情况一般。台明整体稳定。建筑缺乏日常保养维护，部分装板缺失。后檐墙改为砖墙。北梢间前檐外檐装修改为砖墙，山面加偏厦。建筑有虫蛀现象。现为宋氏后裔宋海军所有，无人居住。

龙塘乡苏维埃政府旧址

龙塘乡苏维埃政府旧址位于贵州省德江县枫香溪镇龙坝村对门组。1934 年下半年，红三军在黔东北的沿河、印江、德江一带开辟黔东特区革命根据地，其下建立17个区革命委员会、100多个乡苏维埃政府，入驻龙坝村的龙塘乡苏维埃政府是其一。该乡苏维埃政府隶属于枫香溪区革命委员会，1934年6月底成立，主席覃礼书，副主席王治恩、覃顺礼，自卫队组长覃月礼，有自卫队员30人。1980年，德江县革命委员会政府38号文件公布为县级文物保护单位，现为省级文物保护单位。

龙塘乡苏维埃政府旧址

旧址坐西向东，略偏东南。占地面积约340平方米，建筑面积275平方米。平面布局呈曲尺形，由正房和北厢楼组成，正房前为庭院。正房面阔三间，通面阔15.8米，进深二间，通进深7.7米。建筑为穿斗式木结构悬山青瓦顶。保存一般，基础保存较好，正房明间板壁、门和窗均是后期更换的。北厢保存较差，板壁全部遗失。现为私有。

张家湾乡苏维埃政府旧址

张家湾乡苏维埃政府旧址位于先联社区火石林组永乐堡，张家湾区革命委员会旧址前。旧址原为李氏民宅，始建于清乾隆年间。1934年下半年，红三军在黔东北的沿河、印江、德江一带开辟黔东特区革命根据地，其下建立17个区革命委员会、100多个乡苏维埃政府，入驻李宅的张家湾乡苏维埃政府是其一。该乡苏维埃政府隶属于张家湾区革命委员会，1934年7月成立，主席熊成云，有自卫队员30人。1980年德江县革命委员会政府38号文件公布为县级文物保护单位。现为省级文物保护单位。

张家湾乡苏维埃政府旧址

旧址坐东北向西南，占地面积约324平方米，建筑面积约280平方米。一正两厢轴对称布局。正房面阔三间，左右厢楼面阔二间，建筑为穿斗式木结构悬山青瓦顶。建筑整体保存情况一般，台明整体稳定；建筑缺乏日常保养维护，屋面漏雨，瓦面下滑；竹夹泥泥块剥落；部分门板缺失；两侧厢房二楼部分栏杆、楼板和装板缺失。存有"柱史重新"等匾额3块、木抱对1对、神龛等。现堆放杂物，空置。

金盆水乡苏维埃政府旧址

金盆水乡苏维埃政府遗址位于贵州省铜仁市德江县枫香溪镇金盆水组。1934年下半年，红三军在黔东北的沿河、印江、德江一带开辟黔东特区革命根据地，其下建立17个区革命委员、100 多个乡苏维埃政府，入驻金盆水的金盆水乡苏维埃政府是其一。该乡苏维埃政府隶属于张家湾区革命委员会，1934 年 7 月成立，主席刘世昌，自卫队队长吕文清，有自卫队队员 32 人。金盆水乡苏维埃政府是龙塘游击大队活动地点。1980 年，德江县革命委员会政府 38 号文件公布为县级文物保护单位，现为省级文物保护单位。乡政府原办公房拆除后未再建房，产权为私有。

金盆水乡苏维埃政府旧址

上坝乡苏维埃政府旧址

上坝乡苏维埃政府遗址位于贵州省德江县枫香溪镇上坝村窝坨组。1934 年下半年，红三军在黔东北的沿河、印江、德江一带开辟黔东特区革命根据地，其下建立 17 个区革命委员会、100 多个乡苏维埃政府，入驻上坝村冉宅的上坝乡苏维埃政府是其一。该乡苏维埃政府隶属于张家湾区革命委员会，1934 年 7 月成立，主席冉启贵，自卫队队长冉隆梅，有自卫队员 32 人。1959 年至 1960 年用作乡镇府食堂。1980 年，德江县革命委员政府 38 号文件公布为县级文物保护单位，现为省级文物保护单位。

乡政府原办公房已拆除，产权所有人冉启福在原址上新建砖房一幢，后又加盖一层，房基包括院坝总面积约 300 余平方米。

下坝乡苏维埃政府旧址

下坝乡苏维埃政府遗址位于贵州省德江县枫香溪镇双坝村下坝组。1934 年下半年，红三军在黔东北的沿河、印江、德江一带开辟黔东特区革命根据地，其下建立 17 个区革命委员会、100 多个乡苏维埃政府，入驻下坝的下坝乡苏维埃政府是其一。该乡苏维埃政府隶属于张家湾区革命委员会，1934 年 7 月成立，主席冉隆怀，有自卫队员 32 人。1980 年，德江县革命委员会政府 38 号文件公布为县级文物保护单位，现为省级文物保护单位。

乡政府原办公房已拆除，产权所有人在原址地基上新建砖房一幢，地基面积约 110 平方米。

叶元坝乡苏维埃政府旧址

叶元坝乡苏维埃政府旧址位于双坝村叶元坝组下寨坝子北侧山麓。旧址原为民宅，始建于清道光年间。1934 年下半年，红三军在黔东北的沿河、印江、德江一带开辟黔东特区革命根据地，其下建立 17 个区革命委员会、100 多个乡苏维埃政府，入驻双坝的叶元坝乡苏维埃政府是其一。该乡苏维

叶元坝乡苏维埃政府旧址

埃政府隶属于张家湾区革命委员会，1934年7月成立，主席雷应高，有自卫队员30人。1980年，德江县革命委员会政府38号文件公布为县级文物保护单位。为待批省级文物保护单位。

旧址坐北向南，建筑面积约150平方米。面阔四间，通面阔18.8米，进深二间，通进深7.8米。左侧梢间前檐装板后退二个步架，装板前面作为通道使用。建筑为穿斗式木结构悬山青瓦顶。前后檐额枋和各榀屋架挑枋以上做编竹夹泥，前檐额枋下，堂屋大门为双开板门结合隔扇门，次间均为六合隔扇门，其中"隔扇芯"不做装饰，可拆卸，仅绦环板有装饰。后檐额枋下木装板外加石板围护。建筑整体保存情况一般，缺少日常保养。现仍居住。

袁家湾乡苏维埃政府旧址

袁家湾乡苏维埃政府旧址位于袁场社区中街北段东侧。旧址原为颍川堂陈氏民宅，始建于清乾隆年间。1934年下半年，红三军在黔东北的沿河、印江、德江一带开辟黔东特区革命根据地，其下建立17个区革命委员会、100多个乡苏维埃政府，入驻陈宅的袁家湾乡苏维埃政府是其一。该乡苏维埃政府隶属于张家湾区革命委员会，1934年7月成立，主席邓朝洪，有自卫队员34人。1980年，

袁家湾乡苏维埃政府旧址

德江县革命委员会政府38号文件公布为县级文物保护单位。为待批省级文物保护单位。

旧址坐东南向西北，占地面积约240平方米。面阔四间，通面阔22米，进深二间，通进深7.2米，建筑面积158平方米。今右梢间不存。建筑为穿斗式木结构悬山青瓦顶。2018年初发生过火情，现仅台明整体保存较好；堂屋因火情导致板壁损毁，后金檩下隔断联系枋与檩间编竹夹泥走马板上"积善堂"三字与隔断上香火保存较好；左次间与左梢间因火情损坏严重；建筑屋面整体残损严重。现为陈氏后裔陈世超所有，无人居住。

（2）古墓葬

冉德元墓（县级文物保护单位）

冉德元墓位于先联社区张家湾组生水溪。冉德元，明洪武四年（1371）"以平服思南苗寇有功，当提宣抚司"，冉"辞谢，愿赐土田为子孙计"。初择居务川所属之新宅坝。死后"卜葬生水溪"。该墓葬建于明代，具体年代不详。民国十一年（1922）3月重修，2011年再修。墓坐西北向东南。土封石围，平面呈长方形。占地面积50平方米，建筑面积35平方米。墓碑为六柱五门五楼牌楼式，高4米，宽5.2米，与墓围同宽。墓葬建筑整体保存较好。

碑文：

贵州印江县治地名生水溪结穴。

清已丑恩科举人，大挑□等，特授水城厅儒学正堂，十六世孙，文质袭麻兔司长官冉银涛撰。

原冉氏，自宋守忠。（二）九传至如豹，分居铜鼓潭。德元其后洞也，淳祐（洪武）四年，以平服思南苗寇有功，当授宣抚司。祖辞谢，愿赐土田为子孙计。初卜居婺属之新宅坝，河东、西皆其业焉。祖殁，卜葬生水溪。至三世祖，长才进分河西一支、次祖才有分河东一支，历数百年，传衍益繁，星罗棋布。当满清季年，登甲科，膺仕宦，富庶发煌，郁然蔚起，不下数千百家。崇善、炳隣、继贤等，爰集绅耆，商竖碑碣，遂考其绩。传曰：别子为祖，继别为宗，知此为吾乡之始祖。由是而有大宗，有小宗，各具家乘，可循次而数也，将有待于后为谱牒者。是为叙。

民国十一年三月清明节

冉德元墓

注：（ ）内文字为补刻，疑对原刻文字进行纠错。

2）第三次文物普查登录不可移动文物

（1）古墓葬

田湾石室墓

田湾石室墓位于长征村田湾组，为第三次全国文物普查新发现。该墓葬建于明代，具体建筑年代不详。墓葬坐西向东，平面布局疑似八边形，占地面积42平方米，墓葬面积9.6平方米，左右及后面为堆土。墓葬看面现三边，分三室。每角纵向安立柱，看面窄，进深宽。柱上置门额，再上为石檐。柱间装双开墓门。墓顶封土。墓宽为3.2米，高为2.3米。墓葬建筑整体保存较差。2008年文物普查发现时，中间墓门已经被打开，墓室被盗扰。现墓葬外部雕刻风化较10年前更为严重。墓旁有碑记2通，字迹模糊难辨。无后人挂青。

田湾石室墓

冉广灿夫妇合葬墓

冉广灿夫妇合葬墓位于上坝村与先联社区张家湾接合部，墓后有近20株挂牌保护的古柏树，该墓为2008年第三次全国文物普查新发现。墓建于清光绪五年（1879）荷月朔十日（六月初十），1948年扩修墓园。墓葬坐西南向东北，墓园占地面积约40平方米，西北侧设墓门。墓葬建筑面积12平方米，土封石围，平面呈长方形。墓碑为四柱三门三楼牌楼式，宽2.7米，高3.6米，与墓围平齐。墓前设拜台、香火盆。墓园前有女儿墙。墓门为石库门，门上有屋盖。墓园外有墓表1对。墓葬建筑整体保存较好。为上坝村冉氏后裔所有，仍然挂青。

碑志文：

大清光绪正年荷月朔十日建。

盖闻碑者悲也，悲乎生前赫赫，没则无光之尽□也，亲□灿翁大人，幼即孝□，老益精严。孺人为三槐氏之淑媛，警鸡鸣辁，鹿车内外勤俭，故□□人之□□益盛，当兵燹屡经之余，富户家业凋零，翁独洁身远祸保全无虞，非利德□□蔺璧何以归赵。令嗣六人皆拔萃之英，长正杰，次正伟（印江县学廪生），三正魁（己未科举人），四正仕，五正德（思南学廪生），六正伦。孙十余人，长瑞松（丁卯科举人），次瑞梅（务川学廪生），其余悉桂馥，兰森皆由翁，家法整严，以务农攻书讲武为事，故能科第蝉联，人文虎变也。生女四，俱适名门，兹者年过古稀，而精神矍铄，远近之士莫不仰，月旦以消雀角之争，及令嗣□与人解纷，翁必□其人直□论，恐其徇私凌人，生平之保泰，积德可见一班（按："斑"）。今翁与亲婆思□□□□死，□同穴，爰卜吉地于东郊，经营寿藏数月而功竣，嘱晚作文□志之，□□□所□睹者叙其梗概，使后之人抚片石而念遗徽，以绳祖武于不壁□□。

□生于嘉庆戊辰年七月初十日寅时，妣生于丙寅年冬月十九未时。印江学增广生员姻愚姪孙善继□

优行廪生年愚姪陈□□

碑记文：

冉氏重修祖茔略记。

公讳广灿，世居德东之上坝，少业儒以咸同之□□□□与德，配王夫人，克勤克俭，积寸累铢，家渐小康，□□乡里欺凌，公则忍让不较，故终化险为夷，家□□子六人，游泮者二，登虎榜者一。孙十九人中□□者二，采芹者一，自孙银涛先生由乡魁赴朝考授水城□□□正堂，后继承簪缨者较前益盛，今甫六世□□□逾二丁，人世系之繁为吾德冠。公于前清丁亥年七月十三日卒，夫人于前清吉年吉月吉日卒，合葬于□□□上坝之东。现以孙支畅茂，倡导扩修，索记于予□□□□婿也，追怀遗爱，不能已于言者，然公之生平已□□前碑，予不敏乃略其详，而志其简以表公之盛德。□□孙等之孝，思云耳爰为之铭，铭曰：□□相庄凤盟同穴，世代相承，文谟武烈。

第一届国民大会候补代表德江县参议员孙婿张钟愈顿首撰姻晚生王治坤敬书

中华民国三十七年岁在戊子季春月十二日谷旦

覃仁泽夫妇合葬墓

覃仁泽夫妇合葬墓位于长征村龙坝组，为第三次全国文物普查新发现。该墓葬建于民国八年（1919），坐西北向东南，墓葬土封石围，平面布局呈长方形，墓园占地面积128平方米。墓园设墓门，墓门为四柱三门五楼牌楼式，左右墙上镶嵌碑记。墓碑同为四柱三门五楼牌楼式，高 3.6 米，宽 3.4 米。墓葬建筑整体保存较好。现为长征村覃氏后裔所有，仍然挂青。

覃仁泽夫妇合葬墓

碑文：

先公春三暨母氏冉孺人行状

公派仁讳泽，字春三，生道光己酉年四月十八日未时，系出江西赵氏。幼而歧嶷，不伍侪辈，伴先伯左文公读书迅堡。文公性鲁被，□斡亡去。公特稚甚，虽雨雪不废读。教之缀文，联对恒成句，师大奇之，以为项橐、甘罗复出。会白巾乱作，遐迩风从，公随先王父母暨先伯父母等辗转避祸于花果园、黄家堡之间。虽饔飧靡济，刁斗频惊，而牛背马蹄未尝与古先遗训斯须去目。旋以居徒骨艰，徇祖志，从祖舅安交泰公嗣先祖第榜公，先王母罗孺人抚如已出。公亦问省有道。辛未冬，先母冉孺人来归，朝夕待堂上如礼。方谓晨昏有恃，得一志读书，而先祖忽瀚异志，迫令别居废读。方未离学之先，公旧与古为徒，焉知穑事？至是而学稼□半亩之田，学道仅片立之壁，无取傭（按：佣）□□马长置□田而舌耕焉。母夫人亦□□夜□含辛茹苦，齿积近卅年，衣食始稍□充裕。我辈之克锦衣玉食，用应无虚者，皆公及孺人勤俭之所致也。悲夫！有仰事之资而无可事之人，拥显亲之空名而无养亲之实际，承所惠而昧所自来，为人子者□应如是乎？爰节其行略，以志不忘焉耳。

五等嘉禾章历任大关盘县翁洞等处厘金总办知大定镇远县事定黔军东路指挥部参谋长

三男梦松跪述

前清思南府学文生王建虞谨书

覃公春三暨冉孺人墓志铭

善不足不足以芳名，德不足不足以昌后。有思文之粒民，而后有昌发之继志；有边氓之输赈而后开奕禩之候封。自来世禄之家，鲜不由于先世之积德累行所致者。世伯春三公，以髫龄之年，当璅尾流离之际，其见于行状者不再赘。其涉身也一以劝，其与人也一以和，其处尊属也一以恭。闻有恶声以相加，未闻反颜以相报。伯母冉孺人，其行谊尤为人所不可及。于翁姑则承颜望色，恒长跪以乞霁威；于里党则万贷以施，恒自薄以周人急。人莫困于姑婶难与，孺人则餍其所欲，慰白发俾无闲言；莫苦于耄老难安，孺人则恣其□□□黄童以博亲笑。缘斯盛德，式昌厥后。或力虞田仓，千箱万；或泛陶舟操奇计，益刺史定冀州之萑符，智安庶类，策士陈长沙之硕画，气夺群雄。所谓明德之后，必有达人者非欤？哲嗣静清筠，束发交也。本孝思之诚，为识莹之的。佳城落成，丐铭于筠。虽不谓文，谨缀巅末而为文叙。

铭曰：山之辉兮，中有璞欤；川之媚兮，中有璧欤。含宏光大，善庆饫居。于人日完，于福日齐。望义门之宅，见明明者之有知。呜呼！足以风世，足以启愚。

六等嘉禾章，历知施秉、广顺县事，贵州省长署秘书官，世愚姪杜熙筠谨撰

七等嘉禾章，历知安南、定番、天柱、铜仁等县事，世愚姪聂瑞麟谨书
民国十一年壬戌岁春王月中浣谷旦

（2）古建筑

三孔桥

三孔桥位于枫铺村坳上组，俗称"三洞桥"，当地人集资修建于清末。西北东南向跨枫香溪。该桥为三孔石拱桥，长30米，宽3.3米，高6米。西北桥头设踏步12级，东南6级。桥面两侧为拦马石。西北桥头立建桥碑记1通。建筑整体保存较好。

火烧桥

火烧桥位于长征村下官坪组龙塘往来张家湾古道上，该桥为第三次全国文物普查新发现。该桥建于清代，具体建筑年代不详。桥东北西南向跨小溪，两头连接古道。该桥为单孔石拱桥，长8米，宽2.9米，高7米。桥面两侧有拦马石，中间石板铺墁。村民生产生活依旧在使用。建筑整体保存较好。

火烧桥

小溪沟文昌阁

小溪沟文昌阁位于先联社区小溪沟组小溪沟古道旁。该建筑为第三次全国文物普查新发现。小溪沟刘氏族人始建于清康熙年间，光绪年间重修，1995年再修。坐东向西，基础平面呈方形。塔身平面正六边形，底边边长1.1米。实为底方八层楼阁式六角攒尖顶砖石结构塔。基础为石砌，平面底边边长1.4米，高2米。塔基正面上半部分别地浮雕"鲤鱼跃龙门"图。

三孔桥

小溪沟文昌阁

塔身边长和层高均逐层递减。通高20余米。塔身正面均开拱形塔门，其中底层塔门上墨书"文昌阁"，两侧墨书对联一副。该建筑为小溪沟刘氏后裔所有。建筑整体保存较好。

叶元坝双阁

叶元坝双阁位于双坝村叶元坝组。该组建筑为第三次全国文物普查新发现。双阁为东西相距10米的2座文昌阁。平面均呈正六边形。边长分别为1.6米、1.25米。分别建于清同治十三年（1874）和光绪十七年（1891）。近年维修。一座为五层六角攒尖顶砖石结构，通高13米，各层分别安置"土地祠、梓潼阁、观音阁、魁星阁"。一座为三层六角攒尖顶砖石结构，通高12米，各层分别安置"赤帝宫、文昌宫"等。塔基均为料石基础。多灰塑造型和彩绘图样。建筑整体保存较好。

叶元坝双阁

玉皇阁

玉皇阁位于上坝村上坝组，南面80余米为上坝村村委会。该建筑为第三次全国文物普查新发现，建于清光绪年间，2015年重修，坐西北向东南。由玉皇阁三间和左右厢房组成轴对称布局。原玉皇阁正殿面阔三间，明间抬升为三层穿斗式木结构歇山顶楼阁。明间前檐通过连廊连接门楼。门楼平面六边形，六柱一门三楼穿斗式木结构牌楼。厢房面阔二间，穿斗式木结构悬山青瓦顶。建筑

玉皇阁

整体保存较差。阁楼结构重修时改为钢筋混凝土结构，但仍保留大殿和门楼原有结构和构件。左右厢房完全改变。存修建碑记3通7块。

2. 不可移动文物——新发现

1）古遗址

三孔桥古道遗址

三孔桥古道遗址位于枫铺村上寨三孔桥东侧至枫溪社区中心街。古道至迟形成于明代，为思南府蛮夷司管理的枫溪铺至细沙铺路段。道路西北东南向分布于山岭沟谷间，全长约1.5千米。古道遗址北段毛石铺墁路面较多，中段和南段多为沙土路面，中心街段段已经水泥砂浆硬化。路面宽0.8～1.5米，中心街道宽达3米。北段和中段结合部设有卡子门。卡子门始建于清光绪年间，现存为民国年间遗构。南面墙上立底方四角攒尖顶纪念碑一座。古道遗址保存较差。因"村村通""组组通"充分改善交通，村民出行极为便利，古道逐渐失去使用功能，路段被植物覆盖。现偶为村民生产生活使用。

三孔桥古道遗址

坪湾古道遗址

坪湾古道遗址位于坪湾村南303省道U形弯道之间。坪湾古道是印江连接沿河祐溪长官司所必经，地处安牙铺和野猫铺之间，至迟于明代就是印江北路重要通道。清道光后仍保留安牙铺。古道遗址南北向分布，残长不足250米。现存古道遗址中段平缓路段为沙土路面，其余为毛石铺墁路面。古道遗址现存状况较好，坪湾村民到袁场赶场使用。

铜鼓衙古道遗址

铜鼓衙古道遗址位于坪湾村西铜鼓衙北，是水德江蛮夷长官司经楠木（今潮砥）、官寨，分行印江县陆路所经，至迟于明代就是思南东北路重要通道之一。古道遗址东西向分布，长700米。现存古道沿铜鼓衙北侧沟谷，路段为沙土路面，宽1～2米。古道已经废弃，现存状况较差。

大湾沟古道遗址

大湾沟古道遗址位于丝茅坝村大湾沟枫香溪河左岸台地上狭长坝子。古道至迟形成于明代，是水德江蛮夷长官司管辖的枫香溪地方与印江县相联系的陆路通道。古道遗址东北西南向分布，长800多米，北经枫溪可抵务川（今沿河），南过黄土可达印江。现存古道沿铜鼓

坪湾古道遗址

铜鼓衙古道遗址

衙北侧沟谷，全路段为沙土路面，宽1米许。古道遗址现存状况较差，但当地村民生产生活仍然在使用。

小溪沟古道遗址

小溪沟古道遗址位于先联社区金盆水东小溪沟组，过冷水河进入印江杉树乡黄土村。古道至迟形成于明代，清代已经发展为沟通思南府蛮夷司与印江县的主要商道之一。古道遗址西北东南向分布，古道在小溪沟组路段为溪流右岸，出小溪沟组至冷水河路段分布在溪流左岸。现存路段长约800米，东南段近200米改造为公路。路面以石板铺墁为主，部分利用山体岩石，道宽1.2～1.8米。古道遗址整体保存较好，村民生产生活仍在继续使用。

哈当溪古道遗址

哈当溪古道遗址位于兴界村东与印江交界，西起袁家湾，东南越哈当溪抵印江界。古道连接袁家湾与今印江新宅村，自明代设场开市以来，为哈当溪东岸各寨村民赶场所必经。哈当溪古道遗址为西北东南走向，现存长度1800米许，道宽1.5～2米。古道遗址路面均为块石铺墁，其中哈当溪水井以西路段局部被乡村公路覆盖。位于哈当溪古道岔路口东侧有哈当溪水井，系一天然泉井，水质良好，泉眼处以毛石垒砌。与印江交界处有哈当溪桥，初为木桥，始建年代不详。今桥建于1968年，南北向横跨哈当溪，单孔石拱桥，长15米，宽3.4米，桥面距水面约14米。桥面两侧用条石铺墁，中间为沙土夯实。桥两侧拦马石高0.465米，厚

大湾沟古道遗址

小溪沟古道遗址

哈当溪古道遗址

新坪古道遗址

0.2 米，与桥同长。古道遗址仍为印江新宅村村民往来袁场的主要通道，也是兴界村民耕作所必经。古道、桥梁和泉井均保存较好。

新坪古道遗址

新坪古道遗址位于新坪村东南至冷水河。古道至迟形成于明代，是水德江蛮夷长官司管辖的枫香溪地方经安牙铺和印江县相联系的陆路通道。古道遗址西北东南向分布，现存古道遗址长 900 多米。现存古道遗址沿铜鼓衙北侧沟谷，全路段为沙土路面，宽 1 米许。

坳上水碾遗址

坳上水碾遗址位于枫铺村坳上组，三孔桥西南 160 余米河流左岸。水碾始建于明末清初。现存遗址为清道光年间遗构。遗址上部碾盘平面呈圆形，槽心直径 2.4 米。人工挖掘的导水明渠东南西北向分布。渠上砌筑弧形拱券，净跨 2.2 米，矢高 0.8 米。券中部开口，用于安装立轴。券顶夯土填实后置碾盘。碾槽东北有石板铺设踏步，便于检修。遗址保存状况较差；立轴和水轮已经不存，导流明渠已经壅塞；碾盘和碾轮尚存，已经废弃。

小溪沟造纸作坊遗址

小溪沟造纸作坊遗址位于先联社区小溪沟组村寨东南隅，临龙井。作坊始建于清代，具体建筑年代不详。西北东南向分布于龙井东北面，占地面积约 80 平方米。遗址为生产皮纸

坳上水碾遗址

小溪沟造纸作坊遗址

关隘遗址

和草纸的造纸作坊遗存，现存相邻的2个平面呈圆形的池子，每个直径2.4米，深1.2米许，用于浸泡造纸原料。遗址整体保存较差。

关隘遗址

关隘遗址位于先联社区新龙坝通往小溪沟古道山梁坳口上。关隘始建于清代，具体建筑年代不详。西北东南向跨道建筑于两山之间，道上设隘门。关隘以毛石干摆垒砌，顶部最长处近40米。关墙基础部分厚度4.2米，顶部厚度3.2米。因年久失修，西北段墙体逐渐坍塌。近年修建通村公路时关隘门洞亦毁，现仅存门洞西南段墙体。墙体整体保存一般。

四河庙遗址

四河庙遗址位于枫铺村龙门组白虎山西麓一天然岩溶洞穴前，寺周山环水绕。寺庙建于清光绪年间，具体建筑年代不详。因河流流经白虎山一段称"四河"而得名。1934年后，一苏姓红军的母亲曾在此庙修行。庙坐东向西，略偏北。岩溶洞穴前遗存二级建筑台明遗址。建筑台明遗址为毛石垒砌，残宽约7米，残高不足1.5米。二层台明后有石板铺设小道连通洞穴。洞口以料石封堵，中留门洞。遗址保存状况较差。现无人使用，闲置。

四河庙遗址

2）古墓葬

邓天科夫妇合葬墓

邓天科夫妇合葬墓位于袁场社区政府街南段西侧汽车维修中心南，该墓葬建于明末清初。清同治四年（1865）立碑。墓园占地面积约140平方米，平面呈梯形，东北宽约12米，西南宽约8米。墓坐东北向西南，位于墓园东侧。墓为石室墓，面宽5.2米，高1.6米。由东南向西北排列四室，东南向起第二室门口立墓碑，其余三室均以块石封堵。墓葬建筑整体保存一般。为袁场邓姓所有，仍然挂青。另有《邓姓合场公议碑序》碑1通，高1.68米，宽0.9米，厚0.1米。碑额文字2行，首行横向剔地阳刻行楷"贻厥孙谋"4字，次行横向阴刻楷书"发祥阴阳风水"6字。碑首竖向阴刻楷书"邓姓合场公议碑序"8字。碑文凡13行，满行18字。"合族全场公立"于"大清光绪十三年季春中浣"。

墓碑高1.2米，宽0.8米。

中部竖向楷书阴刻"明故始祖考妣处士邓公讳婆天科罗氏老大孺人之墓位"。

碑首竖向阴刻楷书，内容记邓氏始祖入黔定居、择地修建墓园情况，凡4行，满行40字。文记"祖自前明万历间从江西搬蜀，又由蜀至黔，苦于跋涉，遂家斯土，图念年迈，因修石椁以为寿墓。厥后清明交际，乱兵过境，墓门因之一厂，迄今三百年矣。子孙繁昌，如瓜瓞之绵绵，食旧德服先畴者何，莫非我祖在天之灵所默庇哉，爰集支裔，重镌墓志，永垂后世，以示本源之不忘云尔"。"四围古柏十五株，乃前人手植培补风水，已经载志理宜护蓄，如有剃伐者子孙不昌"。

碑右识"印邑庠生邻亲陈利川沐手敬书"，立于"大清同治四年岁次乙丑姑洗月寒食节谷旦"。

《邓姓合场公议碑序》碑文：

从来风水之灵秀，荫夫一姓之子孙，亦关乎一方之人才，我祖基坟院内柏树蓊郁，既以培阴，并可以培阳，所谓阴阳风水，一举而两得者，良有以也。但树在，固众人之福。倘再被风雨

邓天科夫妇合葬墓

击折枝干却与异姓无涉，仍归邓姓。生基作办，柏材抵价，以培补院罗，故刊此序，以示有所专属之意云尔。

一议，此是阴阳风水，关系甚重，永宜培植，不准在院内挖土搬石；

一议，后世子孙如有豪强擅卖者，凭众处治，决不徇情容隐；

一议，有人剃伐义枝，以及堆柴草、包（按：苞）谷、高粱杆（按：秆）等，项罚钱一千二百文，以修近市古路。

覃希贤墓

覃希贤墓位于长征村黄金槽与冷水河之间山梁上覃氏家族卜葬地四共田。该墓葬建于清乾隆四十五年（1780），时为贵州思南府蛮夷司治地。墓园占地面积约80平方米。覃希贤墓地处墓园西侧，坐西向东。墓土封石围，呈圆丘形，直径2.8米，高1.4米。现覃氏后裔覃佩礼藏。为长征村覃氏后裔所有，仍然挂青，墓葬建筑整体保存一般。另覃氏后人留存有"名登天阙"匾，木质，长1.9米，宽0.63米。横向楷书线刻"名登天阙"4字，款识分别为"钦命"李，"乾隆"希贤。

冉金夫妇和冉权夫妇合葬墓

冉金夫妇和冉权夫妇合葬墓位于上坝村鹤上岭。二墓均坐东北向西南，左右并列，平面均呈长方形，占地面积共约80平方米。冉金墓面宽4.35米，进深3.84米，建筑面积16.70平方米。冉权墓面宽3.60米，进深3.84米，建筑面积13.82平方米。二墓之间有高0.5米石砌隔墙，墙头立碑记1通。墓前有拜台，台前砌筑女儿墙，两端置圆雕石兽。

冉金子孙于清道光三年（1823）为其夫妇所建生墓。冉金生于乾隆十一年（1746），农历丙寅年六月十一寅时，时年77岁，妻简氏生于乾隆十六年（1751）农历辛未年十二月十四辰时，时年72岁。冉金夫妇合葬墓，土封石围，墓碑为四柱三门三楼牌楼式，与墓围平齐。正楼碑额横向楷书阴刻"钟灵毓秀"4字，碑文记墓主人姓氏名讳、尽孝人姓名、撰书者和建墓时间，左右边楼碑额分别剔地浮雕"加官进禄""天官赐福"图，碑文分别记墓主人生辰八字和墓葬坐向。

冉权子孙于清道光八年（1828）为其夫妇所建生墓。冉权生于乾隆十九年（1754），农历甲戌年五月二十一辰时，时年74岁，妻邓氏生于乾隆三十七年（1772），农历壬辰年八月十七午时，时年56岁。墓葬整体保存较好。冉权夫妇合葬墓，土封石围，墓碑为四柱三门三楼牌楼式，与墓围平齐。正楼碑额横向楷书阴刻"百代流芳"4字，碑文记墓主人姓氏名讳、尽孝人姓名、撰书者和建墓时间，左边楼碑文记墓主人生辰八字和墓葬坐向，右边楼碑文镌刻生员周作宾为墓主人所题碑序。二墓之间隔墙前立李天锡所题碑记。

李天锡所题碑文：

公天性浑厚，负质淳朴。生平敦孝友，睦宗族，勤俭持家，义方垂训，望族之伟人也。其母简氏，四德兼备，佐夫子而有贤德，治内有道，和熊丸以教子孙，陶欧之懿范犹有存焉。

令嗣君广周身列胶庠，素有贤名，即其教也。余阅人多矣，求如公之处善循理者，百不得一焉。问有守成先绪田产富有者，谁乎？曰：惟冉公。问有克昌后嗣既富方谷者，谁乎？曰：惟冉公。不宁推是昔年饥馑，荐臻出陈济窘，不图重利，慷慨好施也，谁则有之？抑且让畔让争，豪强见而生感，同心同德，偕老因之齐眉，卓哉。其人视宦达锦衣辈尤愈也，夫人岂必荣名为高也。志在山林，鸡豚之养足，理义之教兴，本之茂者其实遂，膏之沃者其光华，由此而楚黄拜紫玉汝花封，当在指顾间也。今者，令嗣君兴修寿藏，鸠工庀材，求记于余，因嘉其能，思罔极也，为记之。

敕授修职郎候补直隶分州年家眷弟李天锡拜题

周作宾所题碑文：

公生平，谨厚人也，亦英敏人也。端方出自性成，有典有则，忠诚由于习惯，不吝不骄。处己待人之间，向温而恭也，兴家制产之力，向勤且俭也。以故田连阡陌，致富若有奇书，户拥缥缃，创业非同小可，此其可见此也。然而古来有为之人，内助亦与有力焉。邓孺人之适字于公也，鸡鸣戒旦，乡党中所称颂者也。熊丸家训，子侄辈所常佩服者也，是以启后多矣。兰桂腾芳，由此而藻耀天廷，楚黄冢土，岂不赫赫于生后而紫诰重封也哉。爰就其所习见习闻者刻之石，以志不朽耳。是以为序。

□戊子年建丑月（按：即清道光八年，1828年，夏历12月）印邑生员周作宾拜题

罗宽夫妇合葬墓

罗宽夫妇合葬墓位于庄严村西北隅，东南距离罗氏老宅30米。墓建于清道光十六年（1836）二月十九。墓园坐西北向东南，占地面积约44平方米，墓葬建筑面积13.69平方米。墓葬平面呈方形，3.7米见方。墓前2.8米为高0.8米拜台台明，有五级踏步。拜台面宽6.7米，深6.5米。墓土封石围。墓碑嵌于二根立柱间，柱上为额枋，枋上部为尖状剑头形，与墓围平齐，墓围高1.4米。墓碑镌刻墓主人姓氏名讳、生卒年月、孝子贤孙姓名和立碑时间。

蔡兴荣夫妇合葬墓

蔡兴荣夫妇合葬墓位于寨上村上蔡组南侧小菌肯地中，该墓建于清道光二十二年（1842）孟冬月下浣之良。墓园坐西向东，平面呈长方形，墓前为耕土。墓土封石围。墓碑为二柱单门单楼牌楼式，与墓围平齐。墓碑镌刻墓主人姓氏名讳、孝子贤孙姓名、归属地和立碑时间。墓葬整体保存较好。屋盖局部风化。额枋（定盘枋）上绘有"双凤朝阳"图，碑额横向楷书阴刻"流芳百世"4字，额

蔡兴荣夫妇合葬墓

下竖向楷书阴刻2行"辛山乙向"4字。楼柱浮雕抱对，竖向阴刻楷书"正地依绿野；继世应黄封"。现为寨上蔡氏后裔所有，仍然挂青。

陈明科夫妇合葬墓

陈明科夫妇合葬墓位于坪湾村洪湾组303省道与560县道交会处南面160多米处，山间坝子西侧台地上。该墓建于清道光二十三年（1843）癸卯岁十一月。墓园坐北向南，略偏西南，占地面积约20平方米，建筑面积13.5平方米，平面呈长方形，墓面宽3米，进深4.5米。墓前为耕土。墓土封石围。墓碑嵌于二根立柱间，柱上为额枋，置于与墓围南缘平齐。墓碑立柱两侧墓围石檐和额枋置石雕屋盖形成牌楼式。墓碑镌刻墓主人姓氏名讳、生卒年月、孝子贤孙姓名和立碑时间。墓葬整体保存较好。屋盖局部风化，正楼檐口近翼角浮雕线盒处、右边楼檐口勾头与封檐板浮雕卷草纹间局部破损。额枋柱头剔地浮雕"福""寿"纹和横向楷书阴刻"克昌厥后"，保存较好。立柱浮雕抱对竖向阴刻楷书"德昭颍水千秋仰；芝毓碑台百世昌"，文字局部风化，柱身局部破损。

蔡相明夫妇合葬墓

蔡相明夫妇合葬墓位于寨上村上蔡组西侧山麓东南隅，北侧临民宅。该墓建于清咸丰三年（1853）秋八月上浣之良。墓园坐东北向西南，平面呈长方形，墓前为耕土，土封石围。墓碑为二柱单门单楼牌楼式，与墓围平齐。墓碑镌刻墓主人姓氏名讳、孝子贤孙姓名、归属地和立碑时间。墓葬整体保存较好，屋盖局部风化。额枋（定盘枋）上绘有"双凤朝阳"图，碑额横向楷书阴刻"万古佳城"4字，额下竖向楷书阴刻2行"乾山巽向"4字。楼柱浮雕抱对，竖向阴刻楷书"虎距龙蟠绕；牛眠马鬣封"。现为寨上蔡氏后裔所有，仍然挂青。

潘大举墓

潘大举墓位于细沙村大寨组。该墓建于清咸丰八年（1858）。墓园坐东向西，略偏西北，占地面积约20平方米，建筑面积约16.4平方米，平面呈圆形，直径4.57米。墓前有墓碑。墓土封石围。墓碑左右有立柱，柱上为碑帽，墓碑与碑帽间有"声名永播"4字横匾，周围

陈明科夫妇合葬墓

蔡相明夫妇合葬墓

剔地浮雕卷草纹。墓碑镌刻墓主人姓氏名讳、生卒年月、孝子玄孙名讳,以及卜葬地和建墓时间。墓葬总体保存一般,墓围石部分佚失。现为潘氏后人所有。

潘大举墓

王清臣夫妇合葬墓

王清臣夫妇合葬墓位于长征村老地名龙塘沟边,通村公路呈 S 形绕行墓葬前后。该墓葬建于清同治八年(1869)二月下浣。墓园占地面积约 80 平方米。覃希贤墓地处墓园西侧,坐西向东。墓土封石围,平面呈长方形。墓碑为四柱三门牌楼式,左右置抱鼓石。为长征村王氏后裔所有,仍然挂青。墓葬建筑整体保存一般,碑刻文字风化较严重。

碑文:

王君清臣者,□之内侄也,生于府属之龙塘。其先父习巫医业,活人甚多,因以致富。清臣继而达之,诸求者日不暇给,家亦田是岂饶□谓无他途之道者也。传其父遗之以诗书文字,□□清臣之遵而如之者,不□以光大其门庭哉!初娶覃氏,生子一名金红,女□姑□□□□元姑□□□。再娶庹氏,生子一名金龙。迄今已五十岁□□□寿□□□娶之庹氏合墓□宅之古偏嘱予为序略□数言□见其□忘先业云。

愚侄甫印江县学优行廪生陈利川撰

潘正珍夫妇合葬墓

潘正珍夫妇合葬墓位于细沙村大寨组东 300 余米通村公路南侧坎脚。该墓建于清光绪五年(1879)岁次己卯孟冬月上浣大吉之良。墓园坐北向南,略偏东南,占地面积约 36 平方米,建筑面积 16.84 平方米,平面略呈长方形,墓面宽 4.01 米,进深 4.2 米。墓土封石围。墓碑为四柱三门三楼八字牌楼式,边楼立柱外沿与墓围平齐,楼柱间无定盘枋或额枋。正楼中间墓碑镌刻墓主人姓氏名讳、孝子贤孙姓名,墓碑与楼间横向楷书阴刻"声名远播"4 字,周围剔地浮雕卷草纹。左右边楼分别镌刻潘正珍和安老孺人碑铭和碑记。墓葬整体保存一般,墓碑整体风化较重。现由潘氏后人祭奠、挂青。

潘正珍碑志文:

原命生于戊午年二月初一辰时建生,大限亡于丙寅年八月初三日戌时本宅告终。从来世人不知三生因果之故,徒就目前不满之端,以为定评九泉人安能自为表白,使非发微阐幽,何以洞悉生平,而表彰地下哉?以予所闻,潘君正珍者,生出富家而毫无骄侈,一,浑素之善人也,友于兄弟而事周全;一,宗族之吉人也,至其有子不终而□□,身经百折而不回;又一,识时达务,乐天知命之完人也,具□品行节概而没没焉。返璞归真,安知今生之缺陷,非储来世之福,贻□

潘正珍夫妇合葬墓

杨秀学夫妇合葬墓

况乎。二女欲光门楣，束手而无策，数侄倍增屋色，竭力而有名，再迁古穴，坐享佳城，亦可谓死且不朽矣。兹当石樟告成，托予为志，余故略述言理，以定来生之报，以增泉壤之光云尔。

潘妻安氏碑志文：

原命生于戊午年三月二十一日辰时瑞生于安家坝生长人氏。

从来贞静之人受福独厚，温柔之质享寿必高。吾观于潘府安老孺人益可□矣。而孺人系出名家，早娴内，则和顺之德可风，终温且惠，孝敬之心周闻。素履无□，谏夫则柔声下气，不闻诟谇之言。有事则推己及人，绝无苛刻之意。克勤克俭，真贤内之伟人，利物利人，诚闺中之杰出者。虽生子成群，莫娱老眼。而堂侄奉养，默眷天心。现今年届八旬，独享富寿康宁之乐，谁谓身亲□子莫遂洗□孝养之心哉。虽然吾见子孙蛰蛰者□无荒烟蔓草之悲，曷若卷发皤皤者，犹有黄泉白首之爱。彼潘翁久故，寿藏一新，百岁后地下相逢，尤共享冥冥之福于无穷矣。特记之碑云。

杨秀学夫妇合葬墓

杨秀学夫妇合葬墓位于倒流水村西安家岩小岩门。该墓建于清光绪六年（1880）孟冬月望二之良谷旦。坐西向东，略偏东北。平面呈长方形，墓前为耕土。墓土封石围。墓碑为四柱三门三楼牌楼式，与墓围平齐。正楼中间墓碑镌刻墓主人姓氏名讳、孝子贤孙姓名。左右边楼镌刻墓志和立碑时间。墓葬整体保存一般，墓碑整体风化较重。现由杨氏后人祭奠、挂青。

碑志：

从来朝廷以宗庙之修，草野以祖茔之砌，木本水源之理。无论先王庶士所宜共讲也矣。予所闻杨府秀孝（按：同"学"），双福者。柔声下气，不闻垢谇之言，推己及人，决无苛刻之意。竭力耕耘，田连阡陌，尽积阴德，子孙满庭。其生平之事，亦可谓声名远播者也。今面后兆子孙蛰蛰者，尽孝道以光门楣，休亲心以培屋色，卜云其吉，坐享佳城，共乐宜□之福于无穷矣。兹当石郭告成，托予为志。故略□言理以定□坐之报，以增泉壤之光□尔。

卜葬地名：小岩门。

龙飞光绪六年岁在庚辰孟冬月望二之良谷旦

王黄氏墓

王黄氏墓位于洞湾村唐家湾组。该墓建于清光绪九年（1883）十一月上浣。坐东北向西南，占地面积约 36 平方米，建筑面积 16.88 平方米。平面呈长方形，墓面宽 3.88 米，进深 4.35 米。墓土封石围，墓碑与墓围平齐，左右加立柱，柱头安定盘枋，枋上置四坡顶屋盖翼角起翘。墓碑与定盘枋间为碑序。立柱下部饰柱础，上部剔地浮雕抱对，竖向阴刻楷书"代子克家昭日月；替夫立业天冰霜"对联。墓碑镌刻墓葬坐向、墓主人与孝子玄孙姓氏名讳、墓主人生卒年月及建墓时间等。墓葬整体保存较好。现由王氏后人祭奠、挂青。

碑文：

且夫，守不坚者不足存妇道，节不固者不能立女规，此古孀妇所以有柏舟之誓，冰雪之吟也，今我堂祖婆则可与之伍焉。忆自有家，而后不数年而兵戈乱作，家业之倾覆难堪，不数年而配偶云亡，儿女之成行未见，且不数年而椿萱递失，高堂之养葬维艰，苟非一诚不易、百折不回，不将为之累乎，此以见婆之守坚节固也，迄今□十有九，官骸尚健，举动忧能，衣丰食足，子孝孙贤，此又婆之□□德而宜有是福也。然而，潇潇秋□，芝草终摧，发发寒风松柯递□。遍观物理得识人情，于是经营寿藏，勒石铭碑，功成之日，求序于予，予不能序，又不能文，惟是问访其一方之父老，以志一世之大节云尔。

堂孙王道平撰

冉珍瑄夫妇合葬墓

冉珍瑄夫妇合葬墓位于上坝村县道路北。该墓建于清光绪十一年（1885）。坐西北向东南。占地面积约 33 平方米，建筑面积 18.48 平方米。墓葬平面呈长方形，面宽 4.2 米，进深 4.4 米。周围长方形院墙。墓土封石围，墓碑为四柱三门三楼牌楼式，与墓围平齐。墓院石板铺设，院墙高 0.6 米。墓葬整体保存较好。现由冉氏后人祭奠、挂青。

冉珍瑄夫妇合葬墓

碑文：

婺邑隘三甲，冉姓烟火数百家，巨族也。道光时身列学校，文字精□者，惟际亨老夫子一人，咸丰间，教匪猖狂，先生卒，而百里内几无儒生。姻翁慨然，遂以书香为己任。建塾捐资，倡四方以延师课读，龙泉张时重先生逃难来斯，翁不以寒贱视之，致敬尽礼，课子三年，洎夫李少坡先生书院告成，又遣子负笈其中，次嗣遂为婺邑庠生。由是鼓舞振兴冉族之衣冠者，济济然数十人矣。长嗣君娴于弓马，尚应童试。诸孙辈头角峥峥，皆命从学，只此一端，已见其志识之远大，至于田连阡陌，家列仓箱，与人排难解纷无不敬服，此则翁之余事也。命配田孺人，于归时父母俱没，翁尚幼，孺人摒当家政，和惠精明。生女二，长适任，早亡。

次适肖，悉称贤淑，皆孺人之教也。翁念其勤劳，生同室而死同穴，功成告竣而为之誌云。

吏部候选儒学正堂姻晚陈利川拜撰
吏部候选儒学正堂姻晚陈星辉拜题

王学仕夫妇合葬墓

王学仕夫妇合葬墓位于洞湾村。墓建于清光绪十六年（1890）左右，碑立于光绪十九年（1893）。墓园坐西北向东南，占地面积约 30 平方米，建筑面积 18 平方米，平面呈长方形，墓面宽 4.2 米，进深 4.5 米。墓土封石围，墓碑为四柱三门三楼牌楼式，与墓围平齐。牌楼式墓碑的中柱和边柱前不做抱鼓石。墓葬整体保存较好。现由王氏后人祭奠、挂青。

碑文：

盖闻寿藏起自姚崇墓铭修原传葬勒石铭碑之制，由来久矣。予今窃为效之，自叙生平。大清道光丁亥年九月十三日卯时建生。予生鲁钝，惟业耕耘。遭白巾之乱而家业无存，平治后，始执农业，虽非富有而家食无虞。然治外必须治内相助，妻汪氏，生清道光己丑年三月初十日巳时赋生，成性温柔勤俭，谨守以为内助，而家道从此兴也。然人生不过数十载，我已古稀将至，妻曾六十有余，存阳之日既长，归阴之路宜计。于是请堪舆妙手布穴于斯，庶几，谷则异室，死则同穴。生前相敬克效却缺之风，没后相依不抱韩冯之痛。刻石成文，何虑年湮代远。登□拜读无烦，口志心碑合工灵□成一家，天地与之久长，自一日以至千秋，富贵□能绵远矣。是也，为序。

潘安登墓

潘安登墓位于细沙村水井湾组。该墓建于光绪十六年（1890）冬月十八日中浣。墓园坐西北向东南，占地面积约 24 平方米，建筑面积 17.34 平方米，平面呈长方形，墓面宽 4.18 米，进深 4.15 米。墓地葬于农田一侧，东南侧为小学校园。墓土封石围，墓碑为四柱三门三楼牌楼式，与墓围平齐。止楼墓碑镌刻墓主人姓氏名讳，左右次楼墓碑镌刻墓主人出生及生平事。墓葬整体保存一般，碑刻风化现象普遍。现为潘氏人所有。

王学仕夫妇合葬墓

潘安登墓

碑文：

贵州思南府蛮夷司治地名祠堂坝葬

从来阴阳和而后雨泽降，夫妇和而后家道成。揆情度务自有范围，不过之规。想安登，先配于安生荣富，燕誉未获百年，后娶于陈生荣启，龙光长荷一世浅深随分成家以光前代甘苦共受，创业以启后人，而且鸠工以播芳名，方幸渊源之可□马□以□姓时莫□□□□甲弗□□□□□□。

印江县内地细沙溪座于水井坝生长人氏，原命生于戊戌年九月二十一亥时建生。安氏，原命生于己丑年七月初一寅时赋生。陈氏，原命生于丙午年八月初八己（按：应为"巳"）时赋生。

大清光绪十六年冬月十八日中浣

王昌图墓

王昌图墓位于水吞牛村坟山堡王氏家族墓地，东距303省道170余米，西距通往水井湾乡道130余米。墓主生卒年不详。墓葬由王氏后裔十三、十四、十五世阖族捐资重建，碑于清光绪二十三年（1897）农历十一月二十三戊申期竖立。墓葬坐西向东，占地面积约12平方米。墓地周边为耕土。墓土封石围，呈圆丘形。墓碑左右有立柱，置碑帽。碑高1.4米，宽0.8米。碑额题"永垂不朽"4

王昌图墓

字。碑文除镌刻墓主人姓氏名讳，还包括族属徙居水吞牛并发展过程。墓葬整体保存一般。墓碑有风化现象。现为王氏家族所有，仍然挂青。

据墓碑记载，墓地所在，历为思南府印江县管辖之水推牛（今称"水吞牛"）。王氏始祖王用珠曾"署理四川长寿县"，于明正德四年（1509）徙居"安牙铺"，并于嘉靖五年（1526）"得买张源福业地，名龙居水。官路下为界，东至小河马鞍桥，沿岩岗直上龙居水山，横穿过后山官□逾乱石□北至官路为界，以官路直下，南至水推牛为界，沿洼直下，南至石踏头为界"。二世祖王俊为"抚州府□□县教谕"。三世祖王兴江，四世祖王加明，五世祖王应试。六世祖王登庸为贡生，其在"永历四年（按：1650年，即清顺治七年），得买潘□桂山土"，订立契约，明确四至范围，其中"上抵官路"，明确了坟山堡临近"官路"。所生三子，长子昌图、次子昌嗣、三子昌绪。七世祖即墓主人王昌图。八世王秉，生王均、王宗、王敬三子。九世王均生王典、王纪，王宗生王刚、王英、王配。直至十五世。墓葬由十三、十四、十五世后裔阖族捐资修建。

王氏家族墓群

王氏家族墓群位于软坳村杨家寨组西斑竹坨洼地北、西、南三面台地上。墓群共十几所，其中清光绪年间的3所墓均土封石围，平面呈长方形。墓碑为四柱三门三楼牌楼式，与墓围平齐。部分牌楼式墓碑的边柱前不做抱鼓石，而做石狮1对，如王正奎夫妇合葬墓。王正奎

王氏家族墓

夫妇合葬墓建于清光绪二十五年（1899）。墓葬整体保存较好。

李茂条夫妇合葬墓

李茂条夫妇合葬墓位于新坪村团山。该墓建于清光绪二十九年（1903）。墓园坐西北向东南，占地面积约30平方米，建筑面积20平方米，平面呈长方形，墓面宽4.1米，进深4.8米。墓前为平台。墓土封石围，墓碑为四柱三门四楼牌楼式，中柱和边柱前不做抱鼓石，边柱两侧带抱鼓石。正楼定盘枋上为屋盖，再上为重楼，通高4.8米。墓碑嵌于牌楼正楼内壁，镌刻墓主人姓氏名讳。左右边楼分别镌刻墓主人居住地、生卒年月和孝子贤孙、书丹人姓名。牌楼整体雕刻精美。墓葬整体保存较好。

陈天伦夫妇合葬墓

陈天伦夫妇合葬墓位于坪湾村洪湾组303省道与560县道交会处东南面，山间坝子西北台地边缘。该墓于"光绪三十四年岁次戊申花月二十一日吉旦建立"，即1908年3月23日（农历二月二十一日）。墓园坐东北向西南，占地面积约30平方米，建筑面积24平方米，平面呈长方形，墓面宽4.1米，进深4.8米。墓前为平台。墓上封石围，墓碑为四柱三门三楼牌楼式，无抱鼓石。墓碑位于牌楼正楼楼柱之间，镌刻墓主人姓氏名讳。左边楼柱间镌刻墓主人生平序文，右边楼柱间镌刻墓主人生卒年月和孝子贤孙姓名和立碑时间。墓葬整体保存一般。

李茂条夫妇合葬墓　　　　　　　　　　陈天伦夫妇合葬墓

墓主人生平序文：

窃谓莫为之前，虽美弗彰；莫为之后，虽盛弗传。我从堂叔，讳天伦，宏开曾祖之长孙，其斌公之嫡子也。乃如之人，倜傥性生，快言快语，常为人排难解纷，任劳任怨。尤能贸易经营，亿则屡中，躬身勤俭，铢积寸累，随获家致小康。一子四女，婚嫁及时，已了子平之愿。正宜鹤算长绵，筹添海屋，享清闲福，定然问安点颔，以乐天年。无何，花甲将周，修短有数，遂长盖一棺，英雄瞑目而仙逝焉。德配张儒人，喟然叹曰："生既同室，死宜同穴。"期虽未逾二载，不昔巨费，鸠工急召，马鬣崇封。不特壮阳世之观瞻，实足为阴间之安乐佳城，坚固万古千秋。庶几后世子孙，向泉台而肃将拜跪耳谨序。

丙申岁进士候选儒学正堂从堂侄陈尹东拜撰

唐欲仁夫妇合葬墓

唐欲仁夫妇合葬墓位于洞湾村唐家湾组。该墓建于清光绪年间。墓园坐东北向西南，占地面积约36平方米，建筑面积16.88平方米，平面呈长方形，墓面宽3.88米，进深4.35米。墓前设拜台，有水塘。墓土封石围，墓碑为四柱三门三楼牌楼式，与墓围平齐。牌楼式墓碑的中柱和边柱前不做抱鼓石，而做大小石狮各1对。碑前置石香炉。墓葬整体保存较好。现由唐氏后人祭奠、挂青。

熊德乾夫妇合葬墓

熊德乾夫妇合葬墓位于细沙村香树湾。该墓建于民国二十七年（1938）。墓园坐东北向西南，占地面积约20平方米，建筑面积12平方米，平面布局为前方后圆，在当地较少见。墓面宽3.45米，进深3.7米。墓前设拜台。墓土封石围，墓碑为四柱三门三楼牌楼式，与墓围平齐。正楼墓碑镌刻墓主人姓氏名讳，次楼墓碑镌刻墓主人出生时间、孝子玄孙姓氏名讳。墓葬整体保存一般。现由熊氏后人祭奠、挂青。

碑记：

大汉民国贵州思南府印江县治地名香树湾吉地

穴惟我德乾翁元配程老安人夫妇祥和而创此佳城，百年之后，同归于居焉，牛眠□吉凤兆呈祥衍科甲于云仍，绵富贵于瓜瓞，斯尽美尽善之致矣，故垂为碑记云。

大汉民国十七年三月十一日

3）古建筑

杨柳井

杨柳井位于枫溪社区西南，四面坡北麓。至迟于明代就作为枫香溪村民饮用水源地之一。据民国《德江县志》记载，"杨柳井，在枫香溪场下，广约一亩。井中浮土有杨柳十余株，牵动一株，株株俱动"。该井为泉井，旁有步道连接软坳和枫香溪。周围砌有圆形池子和护栏，直径 26.8 米。泉井和古道整体保存较好。

唐永能宅

唐永能宅位于洞湾村唐家湾组，始建于清乾隆年间，光绪年间重修。宅院坐西北向东南，占地面积约 220 平方米，建筑面积 150 平方米。正房三间带左厢楼二间，建筑平面呈曲尺形布局，中为庭院，厢楼楼层前檐设挑廊。建筑为穿斗式木结构悬山青瓦顶。堂屋额枋上部走马板墨书"余庆堂"3 字。堂屋香火上部走马板墨书"积善堂"3 字，"善"字脱落。建筑整体保存一般。建筑材料以柏木和椿木为主，室内柱间装板局部被拆除。隔扇门窗的"隔扇芯"不做装饰，可拆卸。被认定为危房，无人居住。

杨柳井

唐永尧宅

唐永尧宅位于洞湾村唐家湾组，始建于清乾隆年间，光绪年间重修。宅院坐西北向东南，占地面积约 345 平方米，建筑面积 286 平方米。一正两厢带庭院布局。正房面阔三间，通面阔 12.95 米，进深二间，通进深 6.84 米。左右厢楼均面阔一间，向后延伸形成正房偏厦，楼层前设挑廊。建筑为穿斗式木结构悬山青瓦顶。柱间装板局部被拆除。庭院石板已经改为水泥砂浆。有石碓、石磨、太平缸等。虽经常有人打扫，还需加强日常保养维护。建筑整体保存较好。现闲置，无人居住。

王焕儒宅

王焕儒宅位于枫溪社区中心街北段西侧，黑神庙西。枫香溪至迟于清代就已经开场设市，场期一、六日或三、八日不等。该建筑始建于清乾隆年间，光绪年间重修。宅院坐西向东，占地面积约 420 平方米，建筑面积 380 平方米。建筑一排六间，南北向两侧均有东西向巷道，东高西低。住户多为王姓，其中王焕儒宅居住于由北向南第二间，是枫香溪现在仅存的传统

唐永能宅　　　　　　　　　　　　　　　唐永尧宅

商住建筑，前铺后宅。穿斗式木结构悬山青瓦顶建筑，中柱以前至檐柱4个步架之间不做任何隔断，以供赶场时摆摊设点用，可避风雨日晒。大门、额枋和走马板置于中柱间。中柱以后9个步架做居住用，前后分隔2间。后檐为挑楼，楼下为牲畜圈。建筑整体保存一般。部分穿枋拔榫、断裂。因中心街路面抬升，建筑北面二间被迫改造，檐口退进时将挑檐枋锯断。屋面瓦件局部滑落。现为王焕儒所有。

王焕儒宅

陈氏三合院

陈氏三合院位于坪湾村洪湾组303省道与560县道交会处东面，山间坝子北侧台地上。颍川堂陈氏徙居洪湾后始建于清乾隆年间。宅院坐北向南，略偏西南。占地面积430平方米，建筑面积258平方米。一正两厢轴对称三合院布局。正房五间，通面阔22.4米，通进深6.2米。梢间前左右厢楼各二间，楼层前檐为挑楼。建筑为穿斗式木结构悬山青瓦顶。前后檐额枋和各榀屋架挑檐枋以下为木板墙，前后檐额枋以上走马板和各榀屋架挑檐枋以上为编竹夹泥墙。隔扇门窗的"隔扇芯"不做装饰，可拆卸。堂屋置柜式神龛。建筑后檐包括正房山面下部为石板围护。建筑整体保存较好。材料为柏木。右厢楼向外扩建一间，砖混结构，一楼一底。庭院石板铺墁。庭院石板横向齐缝，纵向错缝，破碎较严重。

陈氏"书香世第"

陈氏"书香世第"位于袁场社区中街北段东侧。颍川堂陈氏始建于清乾隆年间，清末维修，20世纪80年代局部扩建后呈现有规模。建筑坐南向北，占地面积约340平方米，面阔七间，通面阔28.8米，进深二间，通进深7.2米，建筑面积228平方米。建筑为穿斗式木结构悬山青瓦顶，围护材料包括木板、石板和编竹夹泥。右山墙下部和右尽间下部槛墙为石板围护。

陈氏三合院

陈氏"书香世第"

王立祥宅

右尽间外新增耳房，建筑后部有烤烟房。建筑整体保存较好，装修雕刻较为精美。现为陈氏后裔两兄弟共同所有，堂屋共用。

王立祥宅

王立祥宅位于水吞牛村香树组303省道与冷水河间狮子岩西北斜坡台地上，门牌编号94号，建筑后为通村公路。据现场调查，该建筑为王氏十二世王立祥所建，建于清嘉庆五年（1800）。后世多有修缮。因两侧建筑残损严重，5年前部分拆除。坐西南向东北，占地面积约630平方米，建筑面积约440平方米。一正两厢轴对称合院式布局。正房面阔七间，进深二间。左侧厢房为入口，外设八字门墙。右侧厢楼前檐做挑楼。建筑为穿斗式木结构悬山青瓦顶。建筑整体保存较差。正房堂屋，房门为双开板门，左右为隔扇门，"隔扇芯"雕花。其余房间隔扇门窗"隔扇芯"不做装饰可拆卸。堂屋香火处置嵌入式神龛，装浅浮雕花罩。前后檐额枋和各榀屋架挑檐枋以下为木板墙，前后檐额枋以上走马板和各榀屋架挑檐枋以上为编竹夹泥墙。因年久失修，木板不同程度糟朽，竹夹泥封护部分残损。前檐挑枋局部下垂，加斜撑支撑。后檐及山面围护石板保存较好。左厢楼入口西南与正房连接处拆除，八字门已无存，东北一间保存，台明与踏步保存较好，但外檐围护的空斗墙存在多处裂隙，局部裂隙贯通。右厢楼仅存一间，做柴棚使用。庭院原铺墁石板零星残存，多辟作菜地。为王立祥后代所有。除一间有人居住，其余空置。

王氏民宅

王氏民宅位于枫溪社区癞子洞东南百余米，南侧为通村公路，始建于清道光年间。宅院坐东南向西北，占地面积400余平方米，建筑面积220平方米。共2栋，前后平行排列于高差近2米不同台地上。前为正房，面阔三间，现存堂屋和左次间，面阔均3.8米。进深2间，通进深7.2米。后为粮仓、柴棚和牲畜圈，面阔五间，开间2～3米。正房

王氏民宅

影壁

金盆水水井

前为庭院，石板铺墁。建筑为穿斗式木结构悬山青瓦顶。正房右次间拆除后改建为三层砖混结构建筑。后檐用于围护的石板保存完好。庭院西南角被通村公路占用。建筑整体保存一般，现为王氏后人所有。

影壁

影壁位于枫溪社区癞子洞东南，王氏民宅西南，东北侧为通村公路，始建于清道光年间。影壁坐西南向东北，为原王氏三合院组成部分。合院两厢已经拆除，正房已经改建。影壁东北残存部分庭院铺地石。影壁为青砖空斗墙，立面呈凸字形，中间突出部分置漏窗，高 0.76 米，宽 0.68 米。残长 10 余米，墙帽覆盖小青瓦，做瓦脊。影壁整体保存一般。东南侧墙体较残破，局部倒塌。

金盆水水井

金盆水水井位于先联社区金盆水组，金盆水乡苏维埃政府旧址东南隅，建于清道光九年（1829），1999 年维修。井为泉井，占地面积约 25 平方米。泉眼在山体西麓，低于地表 3～5 米。泉眼上开凿岩石，料石砌筑井口。为便于取水，修筑九级踏步，以供上下。井边分别立清道光九年（1829）修造水井碑记和 1999 年维修水井碑记各 1 通。现已基本无人使用。水井整体保存较好。

刘彪宅

刘彪宅位于先联社区小溪沟组东南，古道东北侧台地上，建于清道光年间。宅院坐西北向东南，占地面积约 432 平方米，建筑面积 348 平方米，为一正两厢轴对称合院式布局，中为庭院。正房面阔七间，通面阔 32 米，进深二间，通进深 8.6 米。两厢楼各一间。建筑为穿斗式木结构悬山青瓦顶，正房两山面均装披檐。正房外檐装修与室内隔断

刘彪宅

均采用下部木装，上部编竹夹泥手法，其中堂屋大门与香火上部编竹夹泥走马板分别墨书"积善堂""较□第"，字迹模糊。正房与厢楼房门均为双开板门。左次间和左梢间前檐柱间均改为红砖砌筑。左厢楼与正房梢间结合部为主要出入口，右厢楼为次要出入口，二厢楼后檐装板均改为红砖砌筑。台明保存完好，用料硕大，仅堂屋前阶条石，单块长度几与开间同。建筑整体保存较好。

陈氏老宅

陈氏老宅位于坪湾村洪湾组303省道与560县道交会处东南面，山间坝子西北台地上。颍川堂陈氏徙居洪湾后建于清道光年间。宅院坐西北向东南，占地面积约360平方米，建筑面积198平方米。正房五间，通面阔18.6米，通进深7.2米。正房前为庭院，右梢间前置牲畜圈一间二层。建筑为穿斗式木结构悬山青瓦顶。前后檐额枋和各榀屋架挑檐枋以下为木板墙，前后檐额枋以上走马板和各榀屋架挑檐枋以上为编竹夹泥墙。隔扇门窗的"隔扇芯"不做装饰，可拆卸。堂屋置柜式神龛。后檐和山面下部为石板围护。建筑整体保存一般。左梢间前檐装修已经拆除，左次间和左梢间后檐改为砖墙围护。庭院左次间和左梢间前辟为菜地和进出通道，铺地石板不存。现为李华英所有。

王自诚宅

王自诚宅位于软坳村杨家寨组向东凸出的南北向第四级台地上，门牌编号308号。至迟建于清道光年间，已经居住5代人。屋主王自诚生于1941年。宅院坐西向东，略偏东南，占地面积约170平方米，建筑面积82平方米。面阔四间，通面阔12.8米，进深二间，通进深6.2米，左次间外搭偏厦。建筑为穿斗式木结构悬山青瓦顶。前后檐额枋和各榀屋架挑檐枋以下为木板墙，前后檐额枋以上走马板和各榀屋架挑檐枋以上为编竹夹泥墙。隔扇门窗的"隔扇芯"不做装饰，可拆卸。堂屋香火处设嵌入式神龛，有镂空书条纹龛罩。建筑整体保存一般。左次间外檐隔扇门窗改为水泥空心砖，上部编竹夹泥墙，泥层脱落较多。室内三合土地面保存较好，室外右次间铺地石板不存。现为王自诚所有，仍然居住于内。

陈氏老宅　　　　　　　　　　王自诚宅

罗氏老宅

王太强宅

罗氏老宅

罗氏老宅位于庄严村杉树坨东坝子边缘台地上，建于清同治年间。村寨建筑整体东北西南向依等高线垂直布局，罗氏老宅地势较高，西北距罗宽夫妇合葬墓30米。宅院坐西北向东南，占地面积约1000平方米，建筑面积630平方米。原建筑为一正两厢轴对称三合院布局。正房面阔七间，进深二间。现正房东北梢间、尽间与左厢楼不存。右厢楼四间，前檐楼层设挑廊。厢楼南侧设朝门。建筑为穿斗式木结构悬山青瓦顶。建筑柱网构架用枫香木，虫蛀严重，梁枋用柏木。前后檐额枋和各榀屋架挑檐枋以上做编竹夹泥，以下除门窗外装木板，材料为松木。外檐装修上，门窗用料为柏木，其中隔扇门窗的"隔扇芯"有的做装饰，有的不做装饰但可拆卸。正房与厢楼之间做"马屁股"，其中正房后檐外侧下部安装的围护石板毁坏严重，右厢楼后檐用土坯和青砖结合的空斗墙损坏和酥碱严重。正房"禄位高升"脊饰局部残损。屋面瓦件脱落，檩椽糟朽严重。院落东南高约2米的影壁墙已经倒塌。庭院铺墁石板，横向齐缝，纵向错缝。现为罗氏后裔罗兴伦和罗兴正所有，建筑整体保存很差。

王太强宅

王太强宅位于洞湾村洞沟组，建于清光绪年间。宅院坐西向东，占地面积约600平方米，建筑面积220平方米。一正两厢带朝门轴对称合院式布局，三面以清水空斗墙围护。正房面阔三间，通面阔15.2米，进深二间，通进深7.5米。左右厢楼各二间，厢楼楼层前檐设挑廊。建筑为穿斗式木结构悬山青瓦顶。建筑整体保存一般。建筑原有2个朝门，今不存。清水空斗墙残缺，左右厢楼均被改造，室内柱间装板局部被拆除。隔扇门窗的"隔扇芯"不做装饰，可拆卸。尚存红军标语。无人居住。

王氏"余庆堂"宅

王氏"余庆堂"宅位于枫铺村天井组南，王治夏宅北，门牌编号11号。现存建筑建于清光绪年间。宅院坐北向南，略偏东南，占地面积400余平方米，建筑面积约300平方米。由正房和左厢楼组成，建筑平面布局呈曲尺形。正房面阔五间，通面阔18.8米，进深二间，通进深7.8米。正房前为庭院。建筑为穿斗式木结构悬山青瓦顶。前檐额枋以上做编竹夹泥

王氏"余庆堂"宅

王治夏宅

走马板，明间走马板上墨书"余庆堂"3字。外檐装修上，堂屋为双开板门带隔扇门。堂屋大门门簪和连楹有雕饰，隔扇门的"隔扇芯"不做装饰，可拆卸，仅有堂屋隔扇门上部二抹头间的绦环板为透雕。堂屋香火处设神龛。左次间最左边的隔扇门扇中间上部抹头以下开门，室内铺楼板。左厢楼前加建厨房，东南延伸建牲畜圈。庭院石板铺墁，横向齐缝，纵向错缝，前临台地边缘有石护栏一道。建筑整体保存较好，现仍为王氏后人居住。

王治夏宅

王治夏宅位于枫铺村天井组南，北为王氏"余庆堂"宅，修建于清光绪年间。宅院坐北向南，略偏东南，占地面积400余平方米，建筑面积约300平方米，由正房和左厢楼组成，建筑平面布局呈曲尺形。正房面阔五间，通面阔23.89米，进深二间，通进深8米。正房前为庭院。建筑为穿斗式木结构悬山青瓦顶。建筑整体保存较差，柱子、装板虫蛀和糟朽较重。前檐额枋以上做编竹夹泥走马板。外檐装修上，堂屋装修拆除。次间隔扇门的"隔扇芯"不做装饰，可拆卸。堂屋香火处设神龛。正房后檐以大块料石砌筑三层，上部装板，现左次间和梢间改为砖墙。左厢楼保存较好。庭院石板铺墁，横向齐缝，纵向错缝，前临台地边缘石护栏残缺。正房明间堂屋和右次间前加建砖混结构平房二间。太平缸一口，置于左厢楼前。现为王氏后裔王大兵、王时洪所有。

昌坨王宅

昌坨王宅位于软坳村昌坨组西北东南向山梁台地上，台地等高线东北西南向，建筑东南百米处为树林。该建筑建于清光绪年间。宅院坐西向东，略偏东南。占地面积约360平方米，建筑面积约195平方米，由正房和右厢楼组成，平面布局呈曲尺形。正房面阔五间，通面阔18.6米，进深二间，通进深7.8米右厢楼面阔两间，通面阔7米，进深一间，

昌坨王宅

通进深 4.2 米。建筑为穿斗式木结构悬山青瓦顶，右厢楼后檐搭接单坡牲口棚，右厢楼与正房结合做"马屁股"。后檐正房与右厢楼后檐均有石板围护。前后檐额枋和各榀屋架挑檐枋以下除门窗外装木板，上部空敞。外檐装修上，隔扇门窗的"隔扇芯"不做装饰，可拆卸。正房后檐外侧下部安装的围护石板毁坏严重。屋面瓦件脱落，檩椽糟朽严重。庭院铺墁石板，横向齐缝，纵向错缝。石板外东南部分为菜地。建筑整体保存较差。

冉光婵宅

冉光婵宅位于软坳村丁家湾组，与王安恋宅、王安荣和王治来宅东北西南向沿台地等高线一字排开，冉宅地处最北侧，建筑左紧邻东西向上下通道，右邻王安恋宅。建筑始建年代不详，现存建筑为清光绪年间重修。宅院坐西向东，占地面积 168 平方米，建筑面积 95 平方米，面阔三间，通面阔 13.6 米，其中明间 4.8 米，进深两间，通进深 7 米。建筑为穿斗式木结构悬山青瓦顶。建筑整体保存一般。台明保存完好。民居建筑用料以枫香木为主。外檐额枋以上未做装修。隔扇门窗的"隔扇芯"不做装饰，可拆卸。山面悬山挑出部位屋面瓦件部分缺失，导致椽皮局部糟朽。现无人居住，为冉光婵所有。

王安恋宅

王安恋宅位于软坳村丁家湾组。与冉光婵宅、王安荣和王治来宅东北西南向沿台地等高线一字排开，该宅位居中间，建筑左毗冉光婵宅，右邻王安荣和王治来宅。建筑始建年代不详，现存建筑为清光绪年间重修。宅院坐西向东，占地面积 166.5 平方米，建筑面积 108.8 平方米，面阔四间，通面阔 17 米，其中堂屋开间 4.5 米，进深两间，通进深 6.4 米。建筑为穿斗式木结构悬山青瓦顶。建筑整体保存一般，台明保存完好。民居建筑用料以枫香木为主。外檐额枋以上未做装修。隔扇门窗的"隔扇芯"不做装饰，可拆卸。现无人居住，为王安恋所有。

王安强宅

王安强宅位于软坳村丁家湾组，地处王安荣、王治来宅下一个台地南侧。建筑始建年代不详，现存建筑为清光绪年间重修。宅院坐西向东，占地面积 198 平方米，建筑面积 150 平方米，面阔四间，通面阔 18 米，其中堂屋 4.8 米，进深两间，通进深 8.35 米。建筑

冉光婵宅

王安恋宅

王安强宅

王安荣、王治来宅

为穿斗式木结构悬山青瓦顶。建筑整体保存很差，仅台明保存较好。民居建筑用料以枫香木为主，柱枋结构稳定，分隔空间的隔断装板许多不存。后檐仅存40%围护石板。屋面大面积瓦件残破脱落，导致檩子、椽皮严重糟朽。现无人居住，分别为王安强和王治强、王时浪所有。

王安荣、王治来宅

王安荣、王治来宅位于软坳村丁家湾组，与冉光婵宅、王安恋宅东北西南向沿台地等高线一字排开，该宅位居右，建筑左邻王安恋宅。建筑始建年代不详，现存建筑为清光绪年间重修。宅院坐西向东，占地面积144.5平方米，建筑面积93.8平方米，面阔三间，通面阔13.4米，其中明间4.7米，进深两间，通进深7米。建筑为穿斗式木结构悬山青瓦顶。建筑整体保存一般，台明保存较好，阶条石局部松动。民居建筑用料以枫香木为主。前檐外檐额枋以上未做装修，后檐以石板围护，石板高1.8米，宽1～1.2米。隔扇门窗的"隔扇芯"不做装饰，可拆卸。屋面保存较好。现无人居住，分别为王安荣和王治来所有。

王时林宅

王时林宅位于软坳村小湾组，始建年代不详，现存建筑为清光绪年间重修。宅院坐西南向东北，占地面积约450平方米，建筑面积375平方米，平面布局呈曲尺形，正房带右厢。正房面阔三间，通面阔13.8米，进深二间，通进深7.2米。右厢楼面阔一间，向后延伸形成正房偏厦，楼层前设挑廊。建筑为穿斗式木结构悬山青瓦顶。庭院石板铺地保留，石板外侧为水泥砂浆地面。堂屋

王时林宅

香火为嵌入式壁龛，龛口装镂空雕花罩。隔扇门窗的"隔扇芯"不做装饰，可拆卸。右厢楼山面上部做编竹夹泥墙。建筑整体保存较好。正房前后檐额枋以上均未做装修。前

檐金柱虫蛀严重。间装板局部被拆除。虽经常有人打扫，还需加强日常保养维护。现为王时林居住。

王时尧宅

王时尧宅位于软坳村丁家湾组，始建年代不详，现存建筑为清光绪年间重修。宅院坐西向东，建筑面积180平方米。面阔四间，通面阔16.5米，进深两间，通进深7.5米。建筑为穿斗式木结构悬山青瓦顶。建筑前为通道。后檐墙为俗称"干打垒"的土坯砖。建筑整体保存较差。民居建筑用料以枫香木为主，装修简陋，其中右次间外檐木装修改为单砖墙（标砖）门带窗。因屋面瓦件残破、缺失较多，导致檩子糟朽严重。现无人居住，为王时尧所有。

王顺兵宅

王顺兵宅位于软坳村杨家寨组向东凸出的南北向第五级台地北段上，门牌编号299和298号。建筑始建年代不详，现存建筑为清光绪年间。宅院坐西向东，略偏东北，占地面积约432平方米，建筑面积300平方米。由正房和右厢楼组成，平面呈曲尺形。正房现存建筑面阔五间，通面阔约20.86米，进深二间，通进深7.8米。右厢楼面阔三间，通面阔12.4米，进深一间，通进深4.8米。庭院东侧有牲口棚三间，通面阔10.6米，进深4米。分户后堂屋分别设于正房北侧第一间和南侧第二间。建筑为穿斗式木结构悬山青瓦顶。前后檐额枋和各榀屋架挑檐枋以下为木板墙，前后檐额枋以上走马板和各榀屋架挑檐枋以上为编竹夹泥墙。南侧堂屋走马板上墨书"积善堂"3字，中间为双开板门，两侧为双开隔扇门，做"隔扇芯"。其余隔扇门窗的"隔扇芯"不做装饰，可拆卸。右厢楼楼层外檐挑出做挑楼，底层西侧二间住人，东侧一间为牲畜圈。建筑整体保存较好，局部装修雕刻较为精美。原建筑为六开间，两间堂屋，北侧被后期拆除一间，现存建筑为五开间。建筑左侧厢楼位置已经改造，现有砖混结构建筑一栋二间。正房北侧堂屋外铺地石板不存。现为王氏后裔王顺兵、王顺享两兄弟共同所有，仍居住于内。

王时尧宅

王顺兵宅

宋云美宅

宋云美宅位于丝茅坝村大湾沟组，始建于清光绪年间。宅院坐东南向西北，占地面积约234平方米，建筑面积188平方米。正房四间带左厢楼一间，建筑平面呈曲尺形布局，中为庭院。通面阔13.7米，通进深6.8米。建筑为穿斗式木结构悬山青瓦顶。厢楼楼层山面和后檐设挑廊。隔扇门窗的"隔扇芯"不做装饰，可拆卸。建筑整体保存较好。

蔡氏民宅

蔡氏民宅位于寨上村上蔡组西侧台地上，建于清光绪年间。宅院坐西向东，占地面积约220平方米，建筑面积198平方米。面阔五间，进深二间。原建筑南北梢间已经改建为砖混结构。建筑为穿斗式木结构悬山青瓦顶。隔扇门窗的"隔扇芯"不做装饰，可拆卸。建筑整体保存一般。现为蔡氏后裔蔡云文和蔡云贵所有。

小溪沟龙井

小溪沟龙井位于先联社区小溪沟组村寨东南隅，东北为小溪沟造纸作坊。该井始建于清代，具体建筑年代不详。由泉眼开始，西南东北向分布，占地面积约60平方米。龙井泉眼在小溪沟山体北麓，砌石遮挡保护。泉眼北侧8米许为饮用水水池。饮用水池以北依次排列3个盥洗池，分别洗菜、洗衣、洗农具。整体保存较好，村民共用共有。

杨正周宅

杨正周宅位于倒流水村西安家岩北麓，始建于清代，具体建筑年代不详。宅院坐南向北，占地面积280余平方米，建筑面积160平方米。正房三间带左右偏厦，通面阔18米，进深二间，通进深6.8米。前为庭院和菜地，东北约40米处有水塘。建筑为穿斗式木结构悬山青瓦顶。外檐装修上，堂屋为双开板门带隔扇门，板门站枋上有腰门痕迹。堂屋大门门簪和连楹有雕饰，左右隔扇门与二次间中间的"隔扇芯"做装饰，其余不做。堂屋香火处，上部为嵌入式神龛，有镂空花罩。下部装神柜，局部雕花。堂屋西侧南北向安放"寿材"。有石碓、石磨、太平缸、神龛等。现为"弘农郡"杨氏后裔杨正周所有，仍居住于内，但由于房主年龄较大，日常保养维护不够。建筑整体保存一般。

宋云美宅

蔡氏民宅

小溪沟龙井

杨正周宅

崔家桥

崔家桥位于丝茅坝村二郎岩寨，通村公路西，建于清代，具体建筑年代不详。桥南北向跨二郎岩沟，西北桥头有香樟树一株，树西立土地庙。该桥为单孔石拱桥，总长 5.8 米，其中桥面长 3.35 米，宽 2.4 米。孔跨 3 米。桥南北路段已经水泥砂浆硬化，桥南北设踏步以供上下，南面存踏步四级，长 1.35 米，北侧存踏步三级，长 1.1 米，均与桥同宽。桥面石质护栏用水泥砂浆罩面。另有桥头土地。桥梁整体保存较好。

王志明宅

王志明宅位于水吞牛村香树组 303 省道与冷水河间狮子岩西北斜坡台地上，门牌编号 126 号，建筑前为通村公路。建筑始建于清代，具体建筑年代不详。王志明父重建于 20 世纪 70 年代。宅院坐西南向东北，占地面积约 400 平方米，建筑面积约 240 平方米。正房面阔五间，通面阔 18.6 米，进深二间，通进深 7.2 米。正房前为庭院，左梢间前置牲畜圈一间二层。建筑为穿斗式木结构悬山青瓦顶。因前檐出檐较深远，挑檐枋下装斜撑。前后檐额枋和各榀屋架挑檐枋以下为木板墙，以上为编竹夹泥封护。隔扇门窗的"隔扇芯"不做装饰，可拆卸。堂屋置嵌入墙式神龛。台明部分以规整条石、不规整碎石混为堆砌。堂屋前设四级踏步。建筑整体保存一般。编竹夹泥走马板缺失，仅左梢间屋架挑檐枋以上及房屋两山面保存完整。庭院原有空间改变，铺地石板不存，现为菜地及一条沿建筑前通过的水泥砂浆路面。房屋现已失去生活居住功能，用于堆放杂物。

崔家桥

王志明宅

官山井

坨理井

官山井

官山井位于庄严村南隅官山天生桥旁，至迟于清代作为庄严村民饮用水源地之一，1970年重修井池和道路。该井为泉井，泉眼在天生桥下，有南北向步道与村寨相连。井池为石砌。有《路井碑记》碑1通。石灰岩石质，方首，高1米，宽0.6米，厚0.09米。碑额横向剔地阳刻楷书"路井碑记"4字。碑文竖向行书阴刻，凡7行，满行28字。记当地群众因"坎虚而路狭隘，井不坚而水亦□"，而募捐善款，"鸠工凿石，改泥路为石梯，改泥井为石井"之事。附记首事人等姓名，立于1970年。

坨理井

坨理井位于庄严村赵家山，至迟建于清代，是庄严村民饮用水源地之一。该井为泉井，泉眼在古道旁。周围有枫香树、南木树数株。井池为石砌，泉井和道路整体保存较好，现仍为村民所用。

新龙坝文昌阁

新龙坝文昌阁位于先联社区新龙坝组东北，为"富贵绵长，人文蔚起"，根据"风水家"堪舆，由"宗祠会""轿子会"和冉姓（仅有一何姓）合众捐资，选择"两山环列，一水中流"之地，于民国五年（1916）农历"丙辰暮春令节，爰集同人，攻金、攻石，功成告竣，计经数月不已，于诸景中更添一文笔"，以期"士农工商，两寨诸人家"能够"名题雁塔"。建筑坐东北向西南，占

新龙坝文昌阁

地面积8.64平方米，建筑面积4.41平方米。基础平面呈方形，边长2.1米。建筑为三层楼阁式砖石结构歇山青筒瓦顶。一层供奉财神，二层供奉文昌帝君，三层供奉仓颉。基础石砌，高1.56米。楼阁一、二层平面为六边形，三层平面为方形。一层高1.72米，以上逐层递减。

各层正面设塔门。一层塔门左右有八字墙，镶嵌砂岩质修建功德碑记。修建功德碑记由"前清石阡府学增生"冉继贤撰文并书丹。石匠为覃喻义。建筑整体保存较好。彩绘大多淡化，阁内墨书壁题保存基本完好，修建功德碑记风化剥蚀较严重。

4）石窟寺和石刻

冉氏护林碑

冉氏护林碑位于兴界村东哈当溪古道遗址东段南侧山崖前，为记冉氏房内合族商议为护蓄山林，不准砍伐事，于清咸丰六年（1856）立碑"以谨后人"。碑为四棱碑，由碑身和碑帽组成，无碑座。石灰岩石质，碑身平面呈方形，0.3 米见方，高 1.6 米。碑帽为四角攒尖顶形式，翼角起翘，平面尺寸为 0.53 米 ×0.55 米，因宝顶不存，残高 0.24 米。碑文镌刻于碑阳和左右两侧。除四角攒尖顶宝顶遗失不存，其余保存较好，部分文字风化。

额题"万古流传"4 字，横向分布于碑阳和左右两侧。

碑阳，凡 6 行，满行 20 字，竖向楷书阴刻"从来山土不归界而山土何以耕树木不护蓄而树木不成林今为柴山土之树木坎伐甚多难以长成因而房内商议立此石碑以谨后人不拘大小概不准坎伐日后如有坎伐清明众会必罚钱五千以修祖墓自今以后存心护蓄以垂碑记使后裔万古流传千载如故方幸耳"。

文后识"冉广湖清明股子贴是三房冉恩仁四人"。

碑左，共 1 行，竖向楷书阴刻"长房冉崇德二房冉广玘三房冉成仁冉正贤敬立"；碑右，凡 5 行，竖向楷书阴刻冉氏参与商议者共计 18 人，立碑时间为"咸丰六年五月十五日"。

川主庙竖立神像功德碑

川主庙竖立神像功德碑位于枫铺村坳上组西南隅台地上，东南距三孔桥 300 余米。碑立于清光绪十年（1884）"辛巳（按：巳）岁十二月二十一"捐款碑刻，系当地王氏族为川主

冉氏护林碑　　　　　　　　　　川主庙竖立神像功德碑

庙竖立神像捐钱所立。川主庙始建年代不详，咸同后修复，20世纪60年代后拆毁。石灰石质，方首无座。高0.95米，宽0.6米，厚0.1米。额题"永垂不朽"4字，横向楷书阴刻。碑文竖向楷书阴刻，共15行。首题"今将王立富竖立神像等助钱各名开列"，共列王氏四代族内捐钱男女人等数十人。整体保存较好，局部风化。

议定条约碑

议定条约碑位于上坝村东哈当溪古道遗址东段南侧山崖前，303省道近上坝村S形弯道西北侧路坎脚。碑立于民国十八年（1929），为方首碑，无碑帽和碑座，石灰岩石质。额题"永垂不朽"4字，横向楷书阴刻。碑文竖向楷书阴刻，凡20行，满行36字。整体保存一般，部分文字风化。额题"永垂不朽"4字，横向楷书阴刻。

碑文：

盖闻牛放桃林，马归华山，古往今来未常闻矣。此地有涂姓产业，乏嗣无人，地名五处复转十人，忆业当年，当出赎，取无钱，贻留至今，始有众银崇元、崇宝，掌放多年，伯（按：百）有余阡（按：千）。众议赎成，大家齐称，将业退全推出。龙亨、崇涛正直理行，寻山踩石，请匠工人，约众磨碑垂载，名铭"议定条约"，毋许乱为，永作放牛之山，不准卖当、并贴、开垦，理为倘有不遵条约，革出他方，房外人列十人名载后，垂留千古，行是为序。

立出复约屋基、水田、山土、木林、荒山文契人：涂世禄、涂显忠。今因堂祖得买冉广来之业地，名大岩硎、小岩硎、坟坨、丝茅堡、大坡共五处，受念一股，涂占华乏嗣无人，清理房下堂孙，涂世禄、涂显忠今因凭中出，复卖约与冉瑞纲、冉瑞璋、瑞明、瑞考、瑞锡、瑞和、瑞□、瑞杰、瑞汉、瑞锟十人名下，比日面议，价值随市，铜钱二百千文。前后账目，当价在内正入手，领明无欠。自复之后，其屋基、水田、山土、木林、荒山，认从冉姓十人上庄管理栽种，随过粮一合交广来，合柱内完纳，干帮铜钱三百文。以下涂姓房内诸族人等，毋得言讲，如有言讲，自有涂世禄、涂显忠一面承担。至于加补书画一并在内，其有水源，系是沟内水灌救，今恐人心不古，

议定条约碑

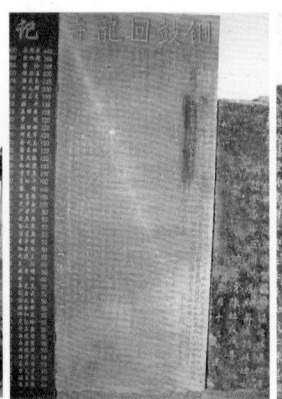

总管庙碑

立复约一纸，付与冉姓十人子孙，世代永远管理执掌，存据。

光绪三年正月二十八日立出复约文字人涂世禄、显忠。凭见复中人涂显贵。代笔涂宗发。

第一条，此业除田土外，永作放牛马之山，永世不准更改；二、毋许卖当、并贴、开垦，若不遵示，永不准入会；三、凡掌会人，十人轮流，排年分班，以准二人掌理。毋许透漏吞食，倘有私吞公项，革出房外；四、公立清明一会，永不准另立，如后世子孙造分另立者，凭众罚落；五、每年办会日，虽二人办理，必相商合办。至吃会，以寨内男女合食，毋许寨外人混饮。

初理首士冉崇涛、隆亨。大清例进士冉汉源撰，民国毕业冉家隆书，石匠隆光曙

民国十八年正月二十二日吉旦立

总管庙碑

总管庙碑位于坪湾村河家湾铜鼓衙，临村道，均为方首碑，石灰岩石质。内容分别记载自1989年，历1993年、2012年、2015年、2016年修建总管庙事由和功德。另有1通记载2008年修路功德事。碑共7通。其中，5通置于新建的砖混结构总管庙西次间内，4通并列，1通独立。另2通分别置于总管庙外东侧树脚和楼上。

5）近现代重要史迹和代表性建筑

枫铺营盘遗址

枫铺营盘遗址位于枫铺村坳上组西南山顶。营盘为白号军建于清咸同年间，平面略呈圆形，不规则。遗址占地面积近1.5万平方米，利用山顶台地设内外两重营墙，其中外营墙周长400余米，内营墙周长220余米。从遗址保存情况看，营门设于营盘东侧。营墙以毛石干摆垒砌，残高0.4～1.2米。因长期闲置，后期村民多利用坡地和营墙石料改造为梯田进行耕作，导致营盘遗址越发不完整，现状保存较差。现以种植核桃树为主。

四面坡营盘遗址

四面坡营盘遗址位于枫溪社区西南隅四面坡，东北麓有杨柳井。营盘系当地村民建于清咸同年间。外墙平面布局因损毁严重不清晰。内墙略呈方形，占地面积2200多平方米。遗

枫铺营盘遗址

四面坡营盘遗址

址处于山顶，利用山顶台地，设内外两重屯墙，四周仅北侧留有入口。里层营盘内地势较平缓，墙体均以毛石垒砌，残高 0.6～1.2 米。营盘墙体大多遗失不存，整体保存较差。除被村民用作耕土外，遗址东南还架设有中国移动通信基站。

野马阡营盘遗址

野马阡营盘遗址位于先联社区新龙坝野马阡山顶，西麓为 560 县道。遗址建于清咸同年间。野马阡西北侧山势陡峻，西南侧山势较缓，西北高东南低。遗址平面布局呈西北东南向不规则葫芦形，占地面积约 3500 平方米。营盘共有四层，最高为瞭望台，西北和东南各有入口。依山就势，选择四层台地分别砌筑营墙，每层设有门。主入口位于地势较缓的东南端，便于村民上山，也是防御的重要部位。现存营墙残长一共不足 100 米，残高 1.5～2.2 米。遗址整体保存较差。

洪湾营盘遗址

洪湾营盘遗址位于坪湾村洪湾组 303 省道与 560 县道交会处东 250 米山上。营盘系当地村民建于清咸同年间。平面布局呈不规则椭圆形，东西长，南北短，遗址占地面积 5600 多平方米。遗址处于山顶，四周仅西侧偏北留有入口。营盘内地势较平缓，利用山顶二层台地，设内外两重屯墙，均以毛石垒砌，残高 0.6～1.8 米。除被村民用作耕土外，遗址内还架设有中国移动通信基站。营盘墙体大多遗失不存，整体保存较差。

野马阡营盘遗址

洪湾营盘遗址

袁场营盘遗址

洞湾土高炉

袁场营盘遗址

袁场营盘遗址位于袁场社区北 303 省道东。营盘系当地村民建于清咸同年间。遗址平面布局呈不规则椭圆形，东北西南向长，西北东南向短，占地面积 2500 多平方米。遗址处于山顶，有上下二级台地。营盘因村民耕作扰动，西南向所设入口具体位置不清。营盘内利用山顶二层台地，设内外两重屯墙，均以毛石垒砌，残高 0.4～1.2 米。营盘墙体大多遗失不存，整体保存较差。

洞湾土高炉

洞湾土高炉位于洞湾村唐家湾组西面山坡上。1958 年左右，枫香溪及周边地区在山坡农田里修建土高炉，作为炼钢铁的场所，洞湾土高炉是枫香溪周边地区仅存的一座。土高炉外围直径 3.2 米，内壁直径 1.8 米，立面呈圆锥体形，残高 4 米。以黏土掺合碎石夯筑。底部火坑筑 0.7 米高炉台。土高炉炉体已经局部坍塌，炉面和炉壁风雨剥蚀严重，整体保存较差。

粮仓

粮仓位于枫溪社区四面坡东麓，西北距杨柳井 150 米，建于 1958 年人民公社时期，共两栋，一栋坐东北向西南，一栋坐东南向西北，平面布局呈曲尺形。粮仓占地面积 3300 平方米，建筑面积 782 平方米。粮仓之间院中有直径 5.8 米蓄水池 1 个。东北一栋为木结构桁架四坡青瓦顶，面阔十间。东南一栋为砖木结构桁架悬山青瓦顶，面阔八间。建筑整体保存完好。院内北端新建一栋一楼一底砖混结构建筑，对原有风貌产生一定影响。现为县粮食部门管理使用。

粮仓

3. 非物质文化遗产名录

傩面具制作工艺

傩面具，作为傩戏造型艺术的核心，是这一古老戏剧形式中最为关键和典型的道具。演员佩戴傩戏面具，这一行为是傩戏区别于其他戏剧形式的显著特征。德江傩戏面具承载着土家族及其他当地民族古老的神祇崇拜，随着傩堂戏人物的诞生而出现，其艺术造型直观地反映了当地民族民俗生活的艺术观念。傩戏面具的种类繁多，根据戏剧人物角色的不同，共有56种，而由于地域风情的差异，不同傩艺班子的面具造型各具特色，展现出独特的整体风格和艺术造型，使得德江傩面具的艺术形态千变万化、丰富多彩。据初步统计，这56种面具人物拥有超过160种不同的艺术造型，它们是民间艺人数百年来艺术积累的结晶，共同塑造了德江傩文化和民族文化独有的艺术特色。傩面具的制作工艺主要分布在枫香溪长征村、沙溪后坝村、合兴龙溪村、青龙街道等地。

傩面具的制作工艺流程复杂，涉及20多道工序，主要使用的材料是当地的柏杨树和酸枣。工艺流程包括：选料、采料、下料、开坯、放线、粗开脸、粗雕刻、粗打磨、细打磨、刮灰、上白底色、底色打磨、上底颜色、文开脸、描脸谱、熬制桐油或生漆（土漆）、上底油、上面油、上亮油，最后进行晾干，并栽上胡子或眉毛。每个工序中还包含许多不同的细节操作和技艺方法。雕刻工艺包括平雕、浅浮雕、深浮雕、镂空等，而仪式方面则有"祭鲁班祖师、传承祖师、业师、开光点相"等。在传承方面，有一套严格的拜师和收徒仪式。

自20世纪80年代起，德江傩堂戏这一珍贵的历史文化遗产得到了挖掘和抢救，傩面具的雕刻制作也随之恢复和发展。2007年5月，傩面具制作工艺被列入第二批省级非物质文化遗产名录。傩面具制作技艺的传承人王国华，来自枫香溪镇长征村，从事傩面具雕刻和傩戏演出近30年，是祖辈第六代传承人，于2012年成为省级非物质文化遗产傩面具制作技艺的传承人。王国华师傅在2010年曾将傩面具制作工艺带到法国、比利时、荷兰参加展览展示，并接受过央视记者的采访，傩面具制作工艺也在央视多个频道播放过。他还在八一爱民小学、铜仁学院讲授傩面具雕刻知识，目前拥有7名徒弟。师徒们不仅雕刻傩面具，还雕刻历史人物形象、动植物、庙宇装修装饰构件等。成品面具主要通过网络销售，销售范围遍及全国各地，并提供客户定制服务，许多人会购买面具作为装饰品。这不仅解决了就业问题，更使得傩面具制作技艺得以传承和发扬。

土家刺绣

土家刺绣是土家族民间传统刺绣工艺之一，主要流行于德江县土家族聚居区，以枫香溪镇长征村为典型代表。土家族的绣花技艺，首先使用毛笔在布料上勾勒出图案，随后依照所绘花样以丝线进行细致的刺绣。完成后的绣品，丝线覆盖了底样，使得图案微微凸起，呈现出一种立体的美感。为了确保绣花的品质，通常需要将底布处理得更为厚实，可通过添加纸衬或布衬来使底布变得硬挺且平整。这些精美的绣花作品，多体现在姑娘们的绣花鞋、枕套、挎包、裙子、童帽、荷包以及服装的花边、角花、胸花等装饰上。

土家刺绣在色彩搭配上独具匠心，偏好使用青色、蓝色、大红色和纯白色等作为底布色彩，图案的绣线通常采用浅色调，或者与之相反，底布采用浅色而绣线则选用深色，这种对比使得绣品既质朴又逼真，色彩鲜艳而生动，强烈的对比效果给人带来喜悦和吉庆的美感。土家刺绣的图案多取自然元素，如花卉、草木、昆虫、鱼类、鸟类、兽类、竹子、树木等，或者绣制"龙凤呈祥""凤穿牡丹""鲤鱼跳龙门""鸳鸯戏水""喜鹊闹梅""鹭鸶踩莲""仙鹤松涛""寿桃仙翁"等传统吉祥图案。

土家族刺绣不仅记录了枫香溪土家族人民的生活、文化和历史，还蕴含了其生活哲理、信仰和审美心理，展现了鲜明的民族特色。它是枫香溪土家族文化不可或缺的一部分，具有重要的保护和传承价值。为了保护和传承这一珍贵的传统文化，2019年6月，土家刺绣被列入第五批省级非物质文化遗产名录。

枫香溪小麦饼制作技艺

德江枫香溪小麦饼，源自贵州省德江县枫香溪镇枫溪社区。这种饼以小麦为主原料，辅以红糖、白糖、麦芽糖、青糖水和红棘果，通过发酵、包糖、烤制三大步骤，共九道精细工序制作而成。其制作工艺沿袭了传统的手工制饼方法，产品介于饼干与面包之间，拥有独特的质感和风味，亦便于携带。人们通常称之为麦饼，其以清脆的口感、金黄的外观和光亮的色泽，以及香甜的滋味而受到喜爱。1934年，贺龙将军率领的红三军驻扎枫香溪时，与当地居民建立了深厚的鱼水之情。小麦饼因其美味和便携性，成为红三军的重要口粮。在告别之际，红三军收到了大量小麦饼作为礼物，小麦饼因此在德江地区广为人知，并声名远扬。在德江人心中，小麦饼既是革命时期军民勇于牺牲、艰苦奋斗精神的见证，也是传承革命精神的文化遗产。如今，它已成为节日庆典、亲朋好友相聚时不可或缺的礼品。2024年4月，枫香溪小麦饼制作技艺被列入市级非物质文化遗产名录。

神（甜）酒曲

神（甜）酒曲，源自德江县枫香溪镇枫溪社区的谭氏家族，是一份传承了200多年的民间秘方。至今，谭仕芬女士作为第五代传人，继续守护着这一宝贵的遗产。

俗话说，"八月中秋吃饼子，九月重阳造曲子"，但谭氏酒曲的制作最佳时期是在春末至秋初，即3月至9月。这一时期气候温和，湿度适宜，具备制作酒曲的理想条件。此外，此时间段能够采集到最完整、新鲜的中药材。谭氏酒曲，曾被誉为"神曲"，由大米面粉和三十多种中草药精心研制而成。在过去，除了用于酿造甜酒和酒，它还被广泛用于治疗人类和牲畜的多种疾病，如腹痛、消化不良、腹泻等，效果显著。1934年，红军抵达枫香溪时，谭氏家族便常以酒曲作为药品赠予他们。在本地，几乎家家户户都使用这种酒曲来酿酒。2020年5月，神（甜）酒曲被列入县级非物质文化遗产名录。

（二）枫香溪文化遗产资源分析

1. 枫香溪文化遗产资源的分布

枫香溪文化遗产资源调查范围以1934年红三军在今枫香溪一带的活动区域为主，重点放在当时的交通沿线附近。调查发现，枫香溪文化遗产资源广泛分布于枫香溪镇21个社区和行政村。虽经后期比较研究，仅将复查的28处（含全国重点文物保护单位黔东特区革命委员会旧址8处）不可移动文物、新发现的77处不可移动文物，共计105处进行登记收录，分布于18个社区和行政村，登记收录数占实际调查数的60%，占行政区划总数的85.7%。

枫香溪镇新发现和复查不可移动文物分布统计

序号	名称	古遗址	古墓葬	古建筑	石窟寺和石刻	近现代重要史迹和代表性建筑	其他	合计
1	袁场社区	—	1	1	—	1（1）	—	3（1）
2	枫溪社区	—	—	4	—	2（7）	—	6（7）
3	先联社区	3	（1）	4（1）	—	1（3）	—	8（5）
4	洞湾村	—	3	3	—	1	—	7
5	枫铺村	3	—	2（1）	1	1（2）	—	7（3）
6	软坳村	—	1	9	—	—	—	10
7	龙泉村	—	—	—	—	—	—	0
8	龙坝村	—	—	—	—	—	—	0
9	长征村	—	2（2）	（1）	—	（2）	—	2（5）
10	丝茅坝村	1	—	2	—	（1）	—	3（1）
11	上坝村	—	2（1）	（1）	1	（1）	—	3（3）
12	双坝村	—	—	（1）	—	（2）	—	（3）
13	坪湾村	2	2	2	1	1	—	8
14	兴界村	1	—	—	1	—	—	2
15	倒流水村	—	1	1	—	—	—	2
16	寨上村	—	2	1	—	—	—	3
17	水吞牛村	—	1	2	—	—	—	3
18	庄严村	—	1	3	—	—	—	4
19	细沙村	—	4	—	—	—	—	4
20	保安村	—	—	—	—	—	—	0

续表

序号	名称	古遗址	古墓葬	古建筑	石窟寺和石刻	近现代重要史迹和代表性建筑	其他	合计
21	新坪村	1	1	—	—	—	—	2
合计：105处		11	21（4）	34（5）	4	7（19）	—	77（28）

注：括弧内为复查不可移动文物数。

2. 枫香溪文化遗产资源的类别

在105处不可移动文物中，古遗址类11处，占总数的10.5%；古墓葬25处（其中复查4处），占总数的23.8%；古建筑39处（其中复查5处），占总数的37.1%；石窟寺和石刻4处，占总数的3.8%；近现代重要史迹和代表性建筑26处（其中复查19处），占总数的24.8%。

古遗址类中反映历史上交通和商贸发展的古道遗址有7处，占遗址类总数11处的64%。

古建筑类中以反映各族群生存繁衍的宅第民居所占最多，共26处，占古建筑类的66.7%。加上见证红三军转战黔东创建根据地的17处利用宅第民居开展革命活动的旧址，一共43处，占总数105处的40.95%。说明该类不可移动文物藏量丰富，只是闲置房屋较多，缺乏日常保养维护。

三、枫香溪文化遗产的特点及价值

（一）枫香溪文化遗产的特点

1. 具有典型的因地制宜和就地取材特点的建筑构造技术

在传统村落布局上，枫香溪镇的先民们为了避免占用耕地，方便从事农耕活动，因地制宜地择居在宽阔平坦的槽谷谷地边缘和低地地区的缓坡地带，但坝子等平地上的分布极少。坡度上，以分布在5°～15°的缓坡为主，其次分布在15°～25°的中坡上。随着海拔的升高，农村居民点个数和用地面积都呈现出递减的趋势。朝向上，为获得更多日照时间，集中分布在向阳的槽谷谷地偏西的坡上，沿等高线垂直分布，顺台地依次排列。不向阳的槽谷谷地偏东的坡上分布很少，且多分布在槽谷谷底，集聚规模小，呈现出散珠状分散型的分布形态。

而在开设场市的枫香溪、袁场、细沙溪以及诸如小溪沟等道路沿线，建筑则倾向于沿道路分布，居住者以商户为主，商住合一，手工业者为辅，体现出"通道经济"或"马路经济"的特征。在道路交通条件极大改善今天，这种现象愈发普遍。

枫香溪镇传统建筑布局，正房开间以三五间为主，最多者七间（一般是因为与厢楼连接而为）。有的一侧建有厢楼，平面布局呈曲尺形。有的左右两侧建有厢楼，形成一正两厢轴对称合院式布局。建筑为穿斗式木结构悬山青瓦顶。前后檐额枋和各榀屋架挑檐枋以下为木板墙，前后檐额枋以上走马板和各榀屋架挑檐枋以上为编竹夹泥墙。堂屋大门普遍为六合门，中间多为双开实木板门，或也有做腰门的。大门两侧和次、梢间一般为隔扇门，隔扇门窗的"隔扇芯"大多不做装饰，装板，可拆卸。"隔扇芯"做装饰的普遍是殷实人家，一般只在六抹头隔扇门的上绦环板以镂空的蝠形"福在眼前"图案略为表现。举凡中绦环板上有浮雕吉祥图案或纹饰的，隔扇芯也会做装饰。堂屋大门和香火上部的编竹夹泥走马板上喜墨书房屋主人郡望或堂号，如"三槐堂""较□第"等，更多的是"积善堂"或"余庆堂"，甚至有大门上是"积善堂"，而香火上是"余庆堂"的。厢楼多一楼一底，各二间，楼层前檐为挑楼，装栏杆或栏板。庭院石板铺墁。

枫香溪镇传统建筑的材料选择以木、竹、石为主，砖瓦为辅。调查发现，历史上，柏木是居住建筑的主要材料，清初柏木和枫香木混用，以后枫香木使用渐多。洞湾村唐家湾组唐永能宅、坪湾村洪湾组陈氏三合院，现存建筑均建于清乾隆年间，前者建筑材料以柏木和椿木混用为主，后者材料为柏木。竹主要用作编竹夹泥的骨架，此风盛行于乌江流域及以北广大地区。以竹篾编成骨架嵌于柱枋间，两侧或用草筋泥挤压找平，或用牛粪挤压抹平，干后用石灰浆粉白。通常前后檐额枋和每榀屋架挑枋以上均做编竹夹泥。石材用于建筑四周的保坎和建筑本体基础的台明砌筑，以及庭院铺地等。与其他地区迥异的是对页岩的充分利用，普遍在建筑后檐和两山墙木结构外围，增设一道略高于周边台地或土埂的石板围护墙，借此隔水和防潮。至于砖瓦之材，整个枫香溪镇鲜见空斗墙，更别说高大的封火墙。只是极少数富庶之家使用，且山墙高不过挑檐枋，院墙高不过八尺。估计与当地缺乏黏土有关，小青瓦倒是普遍使用。

枫香溪镇传统村落，作为农耕民族定居的场所，是在特定的地理环境和社会经济背景中，人类活动与自然、社会经济相互作用的综合结果，其分布受自然环境、生产环境和社会环境的共同影响，因地制宜，就地取材成为必然。留存下来的建筑遗存，表现出典型的因地制宜和就地取材的建筑构造技术。

2. 具有丰富的文化内涵

据史料记载，唐代姚崇自筑寿藏于万安山，预作寿终之墓。枫香溪镇和乌江流域及以北地区，一直保持一种始自唐代的习俗，建生基墓，俗称"生坟"。就如王学仕夫妇合葬墓碑文所言："盖闻寿藏起自姚崇，墓铭修原传葬勒石铭碑之制，由来久矣。予今窃为效之，自叙生平"，以期"合工灵□成一家，天地与之久长，自一日以至千秋，富贵□能绵远矣"。筑造目的主要是期望能够催官、增寿、求子和招财。由于种"生基墓"花费不菲，各地历来多是富庶或官宦人家为之，而在枫香溪镇，自古以来似乎是一种普遍现象，足见该区域经济繁荣、物阜民丰。

墓葬形式，清代以前遗存为石室墓，如田湾石室墓，至迟葬于明代，现墓门已经被打开，墓室被盗扰，无后人挂青。又如邓天科夫妇合葬墓，据碑文记载："祖自前明万历间从江西搬蜀，又由蜀至黔，苦于跋涉，遂家斯土，图念年迈，因修石椁以为寿墓。厥后清明交际，乱兵过境，墓门因之一厂，迄今三百年矣。子孙繁昌，如瓜瓞之绵绵，食旧德服先畴者何，莫非我祖在天之灵所默庇哉，爰集支裔，重镌墓志，永垂后世，以示本源之不忘云尔。"至今有后人挂青，墓葬形式未变。变化的如冉德元墓，葬于明代，民国十一年（1922）三月重修时改变为圆丘形封土，墓碑为四柱三门三楼牌楼式。后再改为土封石围，平面呈长方形，墓碑为六柱五门五楼牌楼式。牌楼式墓碑是清以后出现的十分普遍的形式，由简至繁，从乾嘉时期仅以立柱加屋盖的仿牌楼到道光以后逐渐形成真正的石牌楼。建造工艺，充分运用浮雕、透雕、圆雕等技法，以高浮雕和透雕为主，内容以蟠龙、云纹、蝙蝠、卷草、花卉、人物等组成丰富的寓意吉祥的图案，多出典故，造型生动，雕刻精美。墓碑所记，内容丰富，除镌刻墓主人姓氏名讳、生卒时间、孝子玄孙姓氏名讳外，翔实的卜葬地名为厘清明清属地交错的枫香溪镇域提供了史证依据，弥补了文献记载的不足，具有证史和补史价值。至于碑文、碑序、碑志、碑记之属，虽文体不同，但无一不向后人记述先人们历经迁徙、定居、战乱、生存、发展的艰辛和人丁兴旺、田连阡陌、小康富庶的欣慰。

事实上，一座座墓葬，就是一部部卷帙浩繁的石头书，一卷卷内涵丰富的文化史，一幅幅生动活泼的风情画，以丰富的文化内涵，为人们留下值得探究的枫香溪的历史记忆。

（二）枫香溪文化遗产的价值

1. 具有典型的"耕读传家"的农耕文化特征

"耕读传家"，耕田可以事稼穑，丰五谷，养家糊口，以立性命。读书可以知诗书，达礼义，修身养性，以立高德。这不仅是理想的家庭生存繁衍的模式，还是可资炫耀的家族光宗耀祖的祈盼。从保留下来的墓葬碑刻中，表现自强不息、尊老爱幼、吃苦耐劳、勤俭节约、邻里相帮等文化传统和核心价值理念的故事，俯拾皆是。赞誉躬耕之人，有"常为人排难解纷，任劳任怨"者，有"躬身勤俭，铢积寸累，随获家致小康"者，有"予生鲁钝，惟业耕耘，虽非富有而家食无虞"者，还有"处己待人之间，向温而恭也，兴家制产之力，向勤且俭也。以故田连阡陌，致富若有奇书，户拥缥缃，创业非同小可"者。仰慕读书之人，除了"以立高德"，更为了"衍科甲于云仍，绵富贵于瓜瓞"。较有代表性的人物如冉珍瑄，他"建塾捐资，倡四方以延师课读"，其长子"娴于弓马，尚应童试"，次子"为婺邑庠生"，且"诸孙辈头角峥峥，皆命从学，只此一端，已见其志识之远大"。为了"士农工商"各种出身的人能够"名题雁塔"，考取功名，修建文昌阁之风盛行。时至今日，仍有修建者。至清道光年间，枫香溪镇域已成富庶之区。许多家族已是"田连阡陌，家列仓箱"。

留存至今的"书香门第""较书第""积善堂""余庆堂"等民居和各式墓葬，具有典型的"耕读传家"的农耕文化特征。

2. 见证重大历史事件和重要历史人物的活动

虽偏居一隅，但物阜民丰的枫香溪，客观上为红三军到来后的革命活动创造了地理优越和储备充裕的条件。

彼时红三军被迫转战川黔边，于1934年6月19日进抵枫香溪，召开了中共湘鄂西中央分局会议，史称"枫香溪会议"。

枫香溪会议是中共湘鄂西中央分局一次重要的会议，会议作出建立黔东革命根据地的重要决策，给红三军的发展指明了方向，成为红三军从挫折走向胜利的转折点。枫香溪会议后，红三军创建了黔东革命根据地，迅速开展各级苏维埃政权的建设工作，到1934年9月，苏区范围扩大了近一倍，已拥有印江、德江、沿河、松桃、石阡、江口及四川酉阳县地域，纵横200里，人口10万人以上，建立了17个区革命委员会、100多个乡苏维埃政府。今枫香溪镇域内有枫香溪和张家湾2个区革命委员会，枫香溪、龙塘、上坝、下坝、叶元坝、丝茅坝、金盆水、张家湾、袁家湾乡9个苏维埃政府。1934年10月24日，贺龙、关向应、夏曦领导的红三军与任弼时、肖克、王震率领的红六军团在木黄胜利会师。党中央特致电祝贺，并决定红三军恢复红二军团的番号，并由红二军团总部兼二、六军团总指挥部，统一指挥两军团行动。1935年11月，按照中央指示，红二、六军团开始长征。

黔东革命根据地为红二军团和红六军团木黄会师奠定了基础，为中国革命及中国工农红军长征作出了重大贡献。黔东特区革命委员会旧址与区乡苏维埃政权旧址一道，见证了云贵高原上的第一块红色革命根据地——黔东革命根据地的创立、发展等重大历史事件和重要历史人物的活动，在中共党史和中国工农红军长征史上有着突出的历史地位和作用。

四、枫香溪文化遗产保护展示利用建议

不可否认，长期以来，以黔东特区革命委员会旧址为代表的近现代重要史迹和代表性建筑，经过当地30多年的不断努力，已得到较为妥善的保护。10年前的第三次全国文物普查工作，又将古墓葬和古建筑纳入文物保护的视野，这是值得肯定的。但是，通过这次调查，我们深刻认识到，枫香溪镇的文化遗产，特别是不可移动文物，其类型和数量远比我们之前想象的要丰富和厚重得多。

文化底蕴厚重的枫香溪镇，文化遗产总体分布范围广，局部分布密集，类型丰富，数量众多。随着新一轮乡村振兴建设的发展，交通路网的全面改善，客观上会对文化遗产依附的历史环境和空间产生极大影响。

中央全面深化改革委员会第三次会议审议通过了《关于加强文物保护利用改革的若干意见》，会议指出，加强文物保护利用改革，对于我国文化遗产保护传承具有重要意义。要把确保文物安全放在首要位置，聚集文物保护的重点难点问题，加强制度设计和精准管理，注意盘活文物资源，在保护中发展，在发展中保护。2018年7月，贵州省政府办公厅印发了《关于加强文物安全工作的实施意见》（黔府办发〔2018〕25号），要求各相关单位严格建立文物安全责任，落实政府主体责任，强化部门监管责任等系列重点任务。

为此，我们就枫香溪镇文化遗产的保护和利用提出以下建议。

（一）加强日常保养维护，建立德江文化遗产基础数据库

枫香溪镇的文化遗产因受气候变化、环境污染、风化腐蚀及人们的无知等自然和人为因素的影响，同时也面临城市化进程和基础设施建设对其整体性的破坏威胁，极易损毁、消失。

在文物保护工作中，应克服重项目轻保养的惯性思维。对现有文物保护单位，应根据国家文物局2015年颁发的《古建筑保养维护规程》，贯彻日常、定期和专项巡查制度，定期进行屋面维护、简易修整补配、简易支顶加固、疏通水道、庭院整理等经常性的小修保养，维持建筑的良好状态。对文物本体现状残损和糟朽面过大，小修保养和抢险加固已经无法整体解决安全隐患的文物保护单位，特别是列入黔东特区革命委员会旧址文物清单的，应立即按程序启动文物保护修缮工程。

利用此次调研所获，启动建立德江文化遗产基础数据库工作。通过对枫香溪镇文化遗产基础数据的全面调查、整理、建立档案，为枫香溪镇文化遗产的保护和利用提供科学参考，为新的遗产保护与管理体系的形成提供重要借鉴。为生态与文化保护、休闲游憩、审美启智与教育提供重要资源，形成文化基础设施，服务于社会。当条件允许或成熟时，可委托专业技术队伍，对数据库中重要且结构复杂的文物保护单位或不可移动文物，实施"BIM"（即"建筑信息模型"）建模，通过数字信息仿真模拟建筑物所具有的真实信息，使其具

有可视化、协调性、模拟性、优化性和可出图性五大特点。若历史信息充分完备，可从 BIM 建模上升到 HIM（即"历史信息模型"）建模，将历史建筑物的数据、大数据放在模型中，从而更好地保存历史建筑物的原貌。

（二）重视中国工农红军长征文化线路的整体研究

相关资料指出，黔东革命根据地为红二军团和红六军团木黄会师奠定了基础，为中国革命及中国工农红军长征作出了重大贡献，并且在中共党史和中国工农红军长征史上有着突出的历史地位和作用。长征文化线路是围绕中国共产党领导的红军长征这一中国近代重大历史事件，以三支主力红军和红二十五军行军路线为基础，经过其后 80 多年持续回忆和纪念，对长征精神的继承弘扬得以强化和升华，从而形成的文化线路。它记录了长征的历史进程和在此期间革命思想、文化在沿途的传播，是长征精神最主要的载体，是新中国国家记忆的重要组成部分。

建议地方政府，重视中国工农红军长征文化线路的整体研究，委托党史研究部门和专家，就枫香溪镇、德江县，继而统筹协调周边县市，对现有遗存进行梳理和研究。例如，三孔桥古道遗址、大湾沟古道遗址、小溪沟古道遗址、坪湾古道遗址、铜鼓衙古道遗址、哈当溪古道遗址、新坪古道遗址等已经调查过的古道遗址，调查时，当地群众对当年红军经过小溪沟一带印象深刻，甚至描述为"彻夜不止"。因此，证明这些古道是否为红三军东出迎接红六军团所经十分重要，应在此基础上进一步调查、核实，总结出与这些古道遗址相关的历史线路上的核心故事。只有对见证长征史实的相关文物和线路经过认定，才能为进入中国工农红军长征文化线路提供理论支撑，纳入长征文化线路的范畴，为以后线路的保护、展示以及利用奠定基础。

（三）加大公布保护名录工作力度

枫香溪镇目前有全国重点文物保护单位 1 处，县级文物保护单位 12 处，其中，除 1 处为古墓葬外，均为近现代重要史迹及代表性建筑。另有枫溪村 1 处被列入传统村落名单。单从文物保护单位数量上看，与省内所有乡镇相比不算少，甚至排位会显著靠前，但与已经发现的文化遗产藏量相比，明显偏少。

建议地方政府，根据此次调研成果，召集专门会议，听取专家意见，根据国家文物局印发的《不可移动文物认定导则（试行）》，对调查结果中可认定为不可移动文物的文化遗产资源，作出认定书面决定后向社会公布。在此基础上，考虑到枫香溪镇文化遗产真实性和完整性，特别是稀缺性，在整体保护的前提下，枫香溪镇或将出现云贵高原第一块红色革命根据地上的待批省级文物保护单位，包括枫香溪和张家湾 2 个区革命委员会，枫香溪、龙塘、上坝、下坝、叶元坝、丝茅坝、金盆水、张家湾、袁家湾乡 9 个苏维埃政府（参照"黔东特区革命委员会旧址"模式，将德江县内和其他邻县一并纳入），可借助即将启动的第八批全国重点文物保护单位申报工作之机，以"黔东革命根据地苏维埃政权旧址"名义，启动申报工作。

建议地方政府，由住房和城乡建设局牵头，文化广电旅游体育局协助，在此次调查登录的不可移动文物基础上，研究推荐申报国家级或省级历史文化名镇名村可能性，并积极争取。

（四）"多规合一"前提下的有序开发

2018年1月《中共中央 国务院关于实施乡村振兴战略的意见》发布，该意见为中国特色社会主义乡村振兴道路怎么走明确指出了方向，指出必须坚持人与自然和谐共生，走乡村绿色发展之路和必须传承发展提升农耕文明，走乡村文化兴盛之路。

建议地方政府，对涉及枫香溪镇的国民经济和社会发展、城乡建设、土地利用、生态环境保护、文物保护、林地与耕地保护，以及交通、水资源、文化与生态旅游资源、社会事业发展等规划进行统筹，落实"多规合一"。涉及枫香溪镇文化遗产保护的文物资源，应在价值评估及现状评估基础上，确定遗产和环境景观的构成要素，确立保护对象，提出具有针对性的保护原则，科学规划遗产保护、管理、展示、利用等各方面内容，明确保护管理措施和要求，分期实施目标和工作步骤，为开展工作提供有效的指导。确保规划在实践中的可操作性，以此带动保护与相关的旅游活动的健康开展，突出自然天成的文化特色，避免对遗产和景观造成过度干扰。在旅游发展过程中，必须维护遗产地民众的利益，避免为外来者及其经营行为所取代。

（五）利用乡村振兴计划激活乡村传统建筑

此次调查中，枫香溪镇各村存在不少闲置房屋，建议通过全面普查闲置房产，厘清产权所有人，建立"枫香溪共享小院"闲置房产信息数据库平台。在此基础上，县、镇、村三级，利用各种渠道引入资金完善基础设施配套，出台相关扶持政策。对于成规模的闲置资源，以文体旅综合体形式，整体通过10～30年租赁运营或开发利用，由投资商出资，村民以闲置房产入股的方式，可同时结合周边土地流转，进行项目招商。对于零星或规模不大的，可开放给个人或城镇家庭，通过手机即可登录的"枫香溪共享小院"平台，实现闲置民居游览、预订、考察、签约，让闲置民居"走出去"，游客和投资者走进来，整村激活闲置资源。

第三章

贵州省德江楠杆土家族乡文化遗产资源研究

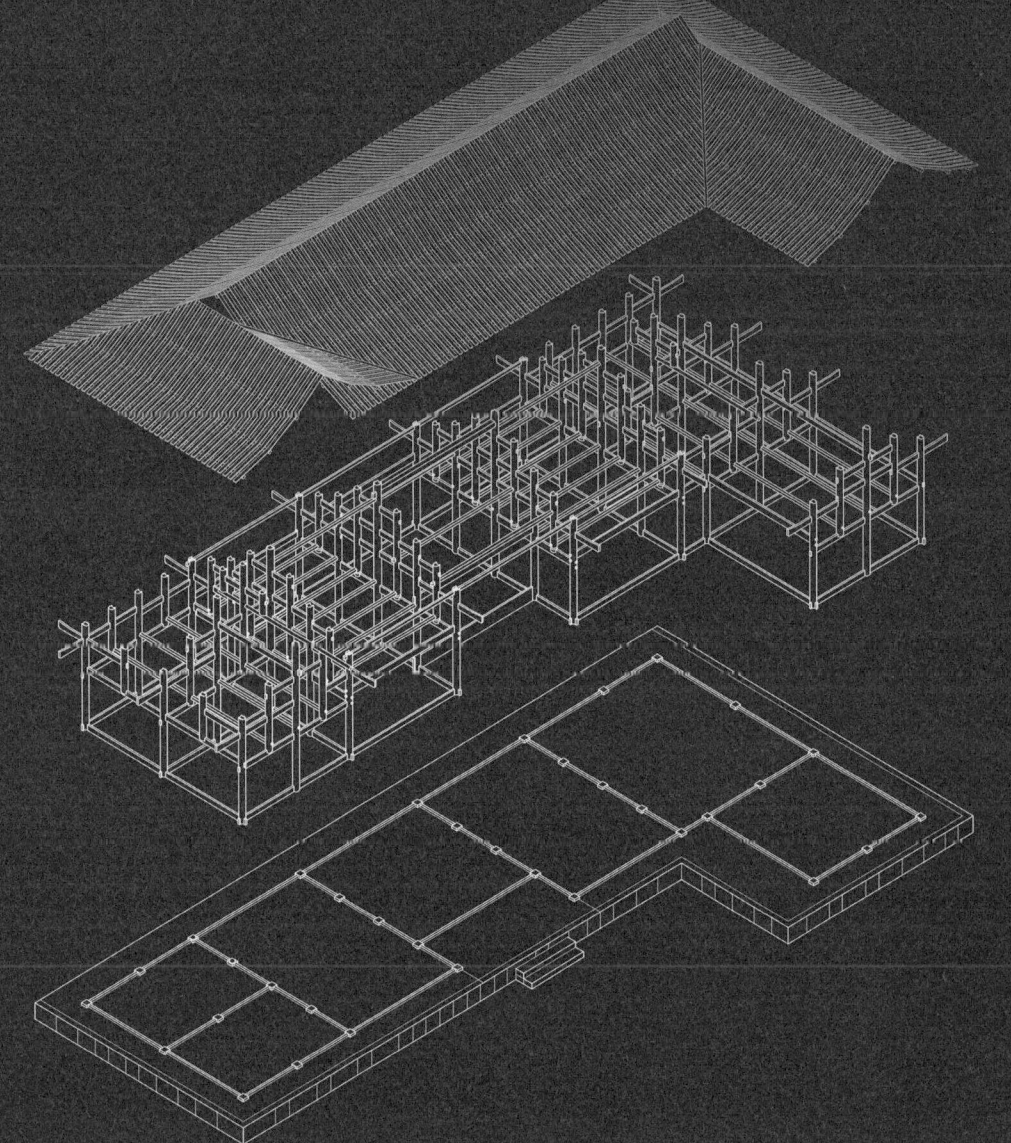

一、德江楠杆土家族乡概述

（一）德江楠杆土家族乡自然与人文环境

楠杆土家族乡，原名"楠杆子"，位于贵州省铜仁市德江县西部，乡政府驻地坐标为东经 107°52′41″，北纬 28°16′34″。东西最宽处 9.25 千米，南北长 23.30 千米，国土面积 123.31 平方千米。楠杆土家族乡东部，由东北向南分别与沙溪土家族乡、龙泉土家族乡、煎茶镇和平原镇接壤，西部至北部与务川县丰乐镇交界。

楠杆土家族乡整体地势北高南低，位于南北向中山山地槽谷区。西部和北部为丰乐河谷，河谷以东是寒武系白云岩组成的背斜中山，山脉走向多呈北东向，东部自北向南分别为沙溪中低山及中山山地区、煎茶低中山丘陵起伏山原区。槽谷区地处南北向并列的天畭（半）寺山脉和细沙溪山脉之间，其中起于凤冈高地的天畭（半）寺山脉，自梅子坳入县境（326 国道旁的复兴土家族苗族乡梅子村）至岩门山（复兴土家族苗族乡沙滩村）为沙滩河流凿断后，再自对岸迤经高席子（平原土家族乡杉园社区南隅）至马家梁子（在杉原东，平原土家族乡杉园社区）分为左右二支，左支经风门丫径趋天畭寺，抵杨柳头（楠杆土家族乡五龙村）为丰乐河流凿断，河西入务川境。而右支细沙溪山脉自马家梁子分支后，趋和尚林山（今称和尚岭），再东北迤经石重盖至大连山西侧后，又分支自刘家山向北抵五龙口，介宿鸡河与野猫河（又称楠杆子河）之间，而正干仍由大连山径趋东北（大连山之梯子岩为县城至楠杆子要道）直抵海拔 1534 米的最高峰羊角脑。而地处槽谷区内的楠杆土家族乡，最高海拔为大林山的 1293 米，最低海拔为丰乐河五龙口的 615 米，相对高差 678 米，平均高程 765 米。正如文献记载，以起于槽谷南部荆竹园和石槽水为代表的地貌，"诸地两缘，山峦起伏，中陷为谷，亦如枫香溪山势然"。

德江县区位图
底图来源：贵州省地理信息公共服务平台

楠杆土家族乡行政区划示意

楠杆土家族乡的河流，属乌江水系一级支流洪渡河上游丰乐河右岸支流，包括野猫河与宿鸡河（今称雪基河），其中野猫河自南向北纵贯全乡，该河发源于宋家沟，经楼房、火石、大龙、小寨、申溪、沙坝、五龙等村入丰乐河，河长24千米。宿鸡河发源于大林山脚，经六一村于五龙口入丰乐河，河长14千米。丰乐河流经中坝、五龙两村时为德江县与务川县界河，河长15千米，具有山溪性雨源河流特征，河水暴涨暴落，洪枯水位变幅大，五月至九月汛期流量占全年径流量的80%。

楠杆土家族乡区域内土壤成土母质主要有砂页岩、碳酸盐岩和紫砂页岩风化物等，主要土壤类型有黄壤土、硅铝质黄壤土、紫色土、黄壤性土。黄壤土类占88.4%，石灰土类占3.7%，紫色土类占0.6%，水稻土类占7.1%，黄沙泥土与扁沙泥土呈复区分布，大土泥、紫色泥为零星分布，总面积61653亩。

楠杆土家族乡属中亚热带季风性湿润气候区。气候温和热量丰富，雨量充沛，年日照时数为931.5小时，年均气温在10～14.92℃，有效积温4580℃，无霜期294天，年降水量1248毫米左右。

楠杆土家族乡，原生植被是中亚热带湿润季风常绿阔叶林，次生有针叶树种，形成针叶林、阔叶林混交，还有藤刺灌丛和草坡等多种植被类型，现有森林覆盖率约65%。有千年古树69株，其中楼房村千年楠木树高43.5米，主干周长15米，被誉为"楠木王"。这里是天麻、杜仲、独角莲、一支剑、何首乌等植物的沃土，也是大鲵、黑叶猴、红腹锦鸡、野岩羊、獐子、穿山甲等野生动物的乐园。

楠杆土家族乡槽谷区内，人类利用谷地边缘宜于人居的山弯择地而栖，较大的聚集地有吊坝湾、大土湾、生土湾、水井湾、陈家湾、龙洞湾等。栖息地之间，自南向北分布有川田坝、龙青坝、吊坝、楠超坝、水田坝、小庄坝、阳南坝、沙坝、大坝、米茶坝、贵竹坝、上坝、中坝等地势相对平坦的坝子，虽然不多，星星点点，但利于耕种。山坡台地上局部的平地，如核桃坪、朗树坪、火石坪、台头坪、安家坪、大坪台、岩坪等，也被充分利用，或人居或耕种。现今，楠杆土家族乡的耕地面积发展到1343公顷，其中田625公顷，土718公顷；另有园地22公顷、林地5770公顷、牧草地2168公顷、水域面积169公顷。种植业品类丰富，除水稻、玉米、红薯、油菜、烤烟、花生外，还包括漆、银杏、板栗、核桃等经济林。其中楠杆生漆一直为乡域经济发展支柱产业之一，"中国楠杆漆"驰名中外。据清乾隆年间爱必达编撰的《黔南识略》记载，包括楠杆子在内的"务川四境皆□山密箐，鲜有平畴，多植青枫桐茶二树，而漆之利更广，四乡所出，岁不下万斤"。

由于境内地处槽谷区，阴雨较多，太阳辐射弱，日照较少，春温多变，秋凉剧降，伏旱频繁，常有倒春寒、冰雹、秋风、暴雨等灾害性天气发生。德江县4条主要冰雹路径中，由黄坝经沙溪至楠杆就是其中一条，降雹时往往伴随雷雨和大风，造成农作物倒伏，影响产量。20世纪90年代初，楼房村屋基坪滑坡造成9间房屋被毁，迫迁16人，造成经济损失5.6万元。1996年6月，楼房村白岩脚发生崩塌，对18间民房、38人造成威胁，当月，大土湾村吊坝湾发生泥石流灾害，造成4间房屋，1公顷土地被毁，对24间民房，44人造成威胁，经济损失达4.6万元。沙坝村曾因田沟滑坡造成5间房屋受损，经济损失达1.25万元。2019年4月19日，楠杆乡境内发生局地性短时强降雨，并伴有冰雹、大风，导致局地路面、房屋、农田和电力设施严重受损。

楠杆土家族乡包括1个社区、13个行政村和123个村民组，包括兴隆社区（辖龙阡组、上坝组、上天坪组、水巷子组、塘池组、下天坪组、兴隆组），金盆村（辖高角兰组、河坝组、金坪窝组、金竹园组、桥湾组、任家山组、狮子岩组、宋家沟组、田坝组、桐子园组、伍家湾组、杨柳池组、银盘组、月台组），楼房村（辖大石板组、大土组、楼房组、毛家组、漆树坪组、三角石组、上白岩组、上寨组、石朝水组、双河组、水斯溪组、天井坝组、田坝组、汪家组、下白岩组、下寨组、岩窝组、叶家坝组、中寨组），大龙村（辖白岩脚组、大龙塘组、大坡组、毛鸡井组、石门丫组、天子丫组、土湾组、五家岩组），火石村（辖川田坝组、坟岗组、付家沟组、规尖湾组、何家寨组、火石坡组、龙塘坎组、木厂溪组、水洪丫组、苏家山组、谭家组、杨家组、鱼泉口组、竹林湾组），小寨村（辖大坝组、大院子组、拾字组、水井湾组、西山组、小寨组），龙寨村（辖冯家沟组、桂花组、龙寨组、冉家湾组、上寨组、下寨组、杨槐组、中寨组），大土湾村（辖大土湾组、吊坝湾组、杜家屋基组、椰树坪组、沙溪组、仙神洞组），申溪村（辖大湾组、光辉组、黑岩丫组、井山溪组、龙洞湾组、龙塘沟组、申溪组），中坝村（辖刘家组、上坝组、石门组、水潮头组、下坝组、中坝组），长远村（辖会家山组、火石坪组、良子上组、刘家山组、仁神度组、沙子清组、坨里组、长坪组），六一村（辖安家坪组、贵竹坝组、郎水组、六一组、麻盘岭组、南超坝组、水田坝组、洋乐坝组），沙坝村（辖大石板组、关门岩组、何家组、泡桐湾组、瓦厂坪组），五龙村（辖风水丫组、蒋家坪组、柳杨组、山后头组、上寨组、五龙口组、下寨组）。据2010年第六次全国人口普查数据，全乡总户数4693户，总人口18 161人，其中农业人口17 680人，农业人口占总人口的97.35%；以土家族为主的少数民族人口达14 738人，占总人口的81.15%。

（二）楠杆土家族乡历史沿革

据传很久以前野猫河畔的一株楠木树的枝杈缝隙处，意外生出一株柑橘树，楠木树和柑橘树合为一体，前人因之，称"楠柑子"，不知何时，衍变为"楠杆子"，并一直沿用至今。

贵州存世最早的历史文献，明弘治年间编撰的《贵州图经新志》卷四思南府"形胜"中，引《唐书》语："务川当牂牁要路"。而明嘉靖年间的《思南府志》也称思南地当"牂牁要冲"。历史学家普遍认为，兴于春秋、消亡于战国的牂牁国，存在的时间虽然只有百余年，但它却是贵州历史发展进程中不可忽视的一个重要阶段。鉴于此，北接务川、南通牂牁这条"要路"所必经的今楠杆土家族乡，其历史可以上溯至2500年前。

据文献记载，今楠杆土家族乡明洪武十年（1377）属水德江司，洪武二十八年（1395）改水德江长官司为思南宣慰司所辖。永乐十一年（1413）设立贵州布政使司，贵州建省。永乐十二年（1414），置思南府，治所水德江（今思南）。万历二十三年（1595）除水德江长官司，改安化县，治所在思南府南郭。楠杆为安化县辖四十甲之西路墟市，称"楠杆子"，

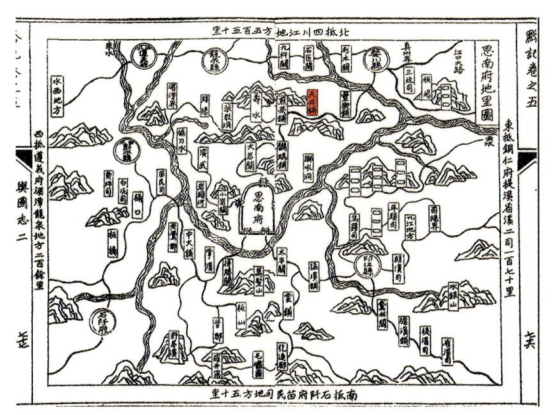
明万历郭子章《黔记》思南府地理图中"天井铺"位置图
图片来源：伍孝成，吴声军.《黔记·舆图志》考释[M].贵阳：贵州人民出版社，2013.

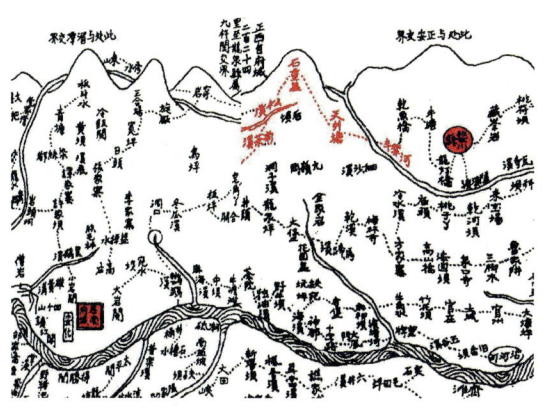
清道光《思南府续志》思南府全图（局部）天井塘位置图
图片来源：思南县志编纂委员会办公室.嘉靖 道光 民国 思南府、县志（点校本）[M].铜仁：铜仁地区人民印刷厂，1991.

也叫"栏干子"，指的是现今乡政府驻地所在的兴隆社区。明代开场设市时的场期为四、九，因此，明代及以前，楠杆子既是思南府北路经务川通四川陆路大道，也是务川南下经思南往贵州（今贵阳市）的通省要津。有明以来，思南府往北经"松溪路抵务川县"的官道，自思南府至务川县所设铺舍有府前铺（在府治前左，属思南府）、鹦鹉铺（属水德江司）、板坪铺（属水德江司）、煎茶铺（也有说蛇盘铺属水德江司）、松溪铺（属蛮夷司）、天井铺（属务川县）、丰乐铺（属务川县）、牛塘铺（属务川县）、县前铺（务川县治前右）。其中天井铺即在今楠杆土家族乡楼房村天井组。楠杆子虽未设铺舍，但为道路必经，自天井铺北行至此，向西翻越天半寺坳口，西北下，渡"险如天堑"的丰乐河丰乐渡。仅由松溪铺至楠杆子，则不必绕行天井铺，可走石重盖，正如文献记载那样，"石重盖为煎茶□楠杆子要道"。明嘉靖至万历年间，整个思南府，包括务川县和印江县，铺司兵共81名，天井铺设铺司兵2名。

清康熙设邮递铺，自思南府至务川县设鹦鹉铺、板坪铺、煎茶铺（蛇盘铺）、松溪铺、天井铺、丰乐铺、牛塘铺、县前铺共八铺，松溪铺和天井铺改归安化县管理。据清《会典事例》记载，松溪铺至天井铺二十里。至清道光年间，楠杆子有铺民三十余户。后设有塘汛，即天井塘。

由于官道所经，楠杆子历为兵家必争之地。特别是清咸丰、同治年间，各地农民起义风起云涌。据清《都濡备乘》记载，咸丰八年（1858），教民杨二率号军屯兵天半寺，准备攻打务川县城，县令阮文藻征召濯水南客寨庠生覃元贞与生员刘靖宇携团练分途进剿。其中覃元贞由柏香坝渡河攻中路，杨二部居高凭险扔石头还击，势如骤雨。覃元贞率壮士百人冒石强攻，杨二部只得放弃天半寺撤退，覃元贞等追至楠杆子时，与赶到的刘靖宇部汇合并夹击而大破号军。

据民国《务川县备考》记载，咸同年间，虽因战乱致使"大道荆棘"，但四川和湖广的烟商仍然取道楠杆子经务川入川，每日所收厘金约"百金"。收取厘金的厘金局系咸丰末田兴恕所设，厘金数"十石抽一石。以一成归乡团，一成归城局，八成解省。地方有事仍许动用"，推行后"月可得五百金，军用稍裕"。因故，还在"布商到务川必经"的印江县所属袁家湾也设有厘金局。同治元年，田兴恕"令克七星营，营在天半寺侧。令张光朝守之，以遏贼出路，又令邹明标屯天半寺，以护粮道。招降楠杆子、天井塘贼七百人，以曾白四、杨兴科领之，名其团曰'顺存'"。

清光绪八年（1882），安化县治迁大堡（今德江）。民国二年（1913），改安化县为德江县，全县改编为9个区，楠杆子为西1区。民国年间，楠杆子有中心学校一所，国民学校九所，仓廒一所、二间。民国十七年（1928），楠杆子与县城接通电话。民国二十年（1931），楠杆子始设邮箱，经煎茶代办局送县里邮局，一日一班。民国三十年（1941）并入煎茶，不久改联保，民国三十二年（1943）改为楠杆乡。

1950年，全县划为5区18乡镇，楠杆乡为18乡镇之一，隶属煎茶区（第二区）。1951年，增设平原区，楠杆乡划入平原区。1953年，撤大乡建小乡，原楠杆乡所辖区，改为沙坝、大林、楠杆、天井四个乡。1956年，调整行政区划时将大林合并到楠杆乡。1959年，将沙坝、楠杆、天井改为生产管理区，隶属平原公社（区改为大公社）。1961年9月，大公社复名为区，管理区改为人民公社，沙坝、楠杆、天井合为楠杆人民公社，隶属煎茶区。1963年3月，楠杆人民公社划分为天井、楠杆、沙坝三个小人民公社，隶属平原区。1984年，人民公社复名为乡。1988年8月，楠杆、洋乐（沙坝）相继成立土家族乡。1992年10月底，"撤区并乡建镇"，撤销平原区，撤销天井、楠杆、洋乐三个小乡合并成楠杆土家族乡。

二、楠杆土家族乡文化遗产资源的类型及特点

（一）楠杆土家族乡文化遗产资源类型

楠杆土家族乡文化遗产资源，由物质文化遗产和非物质文化遗产两部分构成。

1. 物质文化遗产

物质文化遗产包括不可移动文物、可移动文物和传统村落三个方面。

（1）不可移动文物和可移动文物

不可移动文物和可移动文物，统称为文物，由国务院文物行政部门主管。地方各级人民政府负责本行政区域内文物的保护工作。县级以上地方人民政府承担文物保护工作的部门对本行政区域内的文物保护实施监督管理。

楠杆土家族乡不可移动文物的构成，包括依据《中华人民共和国文物保护法》核定公布的市、县级文物保护单位，如铜仁市人民政府核定公布的市级文物保护单位"曾氏宗祠"和"镇风桥"（花花桥），以及由县级人民政府文物行政部门予以登记并公布的尚未核定公布为文物保护单位的不可移动文物名录，如收入《中国文物地图集·贵州分册》的20世纪80年代第二次全国文物普查时已经登录的结龙桥、万古桥（观音桥）、杨氏民宅（土著首领杨都江宅），以及第三次文物普查登录的叶子葵墓、楼房驿站遗址（曾庆超宅）、楼房驿站遗址（曾宪邦宅）、楼房驿站遗址（胡安礼宅）。此次调查发现如下：古遗址类的天半寺遗址、永发台遗址、楠杆古道（共5段）、杨氏宗祠遗址、偏阳洞古渡口遗址、大林山文昌阁遗址；古墓葬类的李天龙墓，刘朝祥和刘何氏合葬墓，叶蕃墓、叶天才夫妻合葬墓（含楼房村叶天才夫妻墓志铭《名垂万古》碑），叶永崇夫妻墓园，杜家屋基清墓；古建筑类的楼房传统民居建筑群、杨氏老宅、伍家岩传统民居建筑群、吊坝湾传统民居建筑群、上坝传统民居建筑群、十字坳传统民居建筑群、小寨传统民居建筑群、桂竹坝传统民居建筑群、沙坝传统民居建筑群、中坝传统民居建筑群、五龙口传统民居建筑群、曾宪举宅、曾庆和宅（含老神龛）、一人桥、观音山石桥、水井湾水井、灵归山寺；石窟寺和石刻类的旱龙洞摩崖石刻、重修经堂双莲寺碑序、经堂双莲寺重建功德碑、杨氏建修祠堂记残碑；近现代重要史迹和代表性建筑类的马鞍山营盘遗址、狮子嘴营盘遗址、天井营盘遗址、猪头山营盘遗址、六一营盘遗址；其他类和尚岭茶园。

楠杆土家族乡可移动文物的构成，包括散存于民宅内的具有文物价值的室内陈设，如雕花神柜（香火）、桌椅、架子床、匾额、抱对（楹联）等，以及反映历史上各个时期有代表性的生产生活用具。

（2）传统村落

2012年12月19日，住房和城乡建设部、文化部、财政部三部门发通知公布第一批中国传统村落名录，共646个具有重要保护价值的村落名列其中，贵州省最多，有90个，铜仁市德江县楠杆土家族乡兴隆社区上坝自然寨就是其中之一。

2. 非物质文化遗产

根据联合国教科文组织的《保护非物质文化遗产公约》定义，非物质文化遗产指被各群体、团体，有时为个人视为其文化遗产的各种实践、表演、表现形式、知识体系和技能及其有关的工具、实物、工艺品和文化场所。

根据《中华人民共和国非物质文化遗产法》：非物质文化遗产是指各族人民世代相传并视为其文化遗产组成部分的各种传统文化表现形式，以及与传统文化表现形式相关的实物和场所。非物质文化遗产包括传统口头文学以及作为其载体的语言；传统美术、书法、音乐、舞蹈、戏剧、曲艺和杂技；传统技艺、医药和历法；传统礼仪、节庆等民俗；传统体育和游艺；其他非物质文化遗产。

属于非物质文化遗产组成部分的实物和场所，凡属文物的，适用《中华人民共和国文物保护法》的有关规定。

非物质文化遗产，由国务院文化主管部门负责全国非物质文化遗产的保护、保存工作。县级以上地方人民政府文化主管部门负责本行政区域内非物质文化遗产的保护、保存工作。贵州的非物质文化遗产资源构成，包括依据《中华人民共和国非物质文化遗产法》，国务院建立国家级非物质文化遗产代表性项目名录，以及各级人民政府建立相应级别的非物质文化遗产代表性项目名录。

楠杆土家族乡虽然没有专属的非物质文化遗产代表性项目名录，但"熬熬茶"和"跳花灯"在该乡有分布和传承，归属于"土家熬熬茶制作技艺"和"德江花灯"，其中，前者是2015年1月26日省人民政府公布的贵州省第四批省级非物质文化遗产代表性项目之一，归入传统技艺类，后者是铜仁市人民政府公布的第四批市级非物质文化遗产代表性项目之一，并作为扩展项目进入2019年6月2日贵州省人民政府公布的贵州省第五批省级非物质文化遗产名录，归入传统戏剧类的"花灯戏"。调查中，"楠杆生漆割漆技艺"和"传统民居建筑建造技艺"引起调查组的关注，调查组分别进行了初步调查。

土家熬熬茶制作技艺

熬熬茶，亦称油茶汤，香气清新，风味诱人，不仅令人垂涎，还能充饥解渴，提神醒脑。这道土家人的传统美食，深受人们喜爱，喝熬熬茶已成为土家人款待宾客的传统礼仪。每当贵宾光临，土家人总会奉上一碗热气腾腾的油茶汤以示欢迎。在土家族文化中，以熬熬茶待客是传承了千百年的至高礼节，彰显了土家人对客人的尊重与热情。在传统节日或婚庆等喜庆场合，土家族人会准备熬熬茶，搭配米饼、米线、糍粑，以及花生、板栗、核桃、土豆、土鸡蛋等传统佳肴，热情款待每一位宾客。围坐在火塘旁，一边品尝美食，一边畅谈家常，谈论古今，这种待客方式充盈着土家族传统文化的韵味。熬熬茶不仅深受土家人的喜爱，居住在土家地区的其他民族人们也对其情有独钟，因其营养价值高，具有防病治病的功效，常饮可强身健体，延年益寿。

楠杆的熬熬茶，作为土家族独有的传统美食，不仅是楠杆土家族群众款待尊贵客人的首选，而且蕴含着丰富的历史文化和饮食文化，其起源和发展伴随着众多美好的民间传说，反映了楠杆土家族群众对自然的敬畏和对茶的深厚情感。熬熬茶的制作工艺复杂而精细，融合了茶叶、糯米、油渣、黄豆、花生、芝麻、生姜等多种食材，展现了土家族人民的勤劳与智慧。制茶过程中，首先将猪油加热至适宜温度，然后将准备好的花生米、核桃仁和黄豆一同炒至金黄但不焦糊，接着加入芝麻和花椒，快速翻炒。待豆子煮至可压碎时，改用小火，用木瓢将花生米、核桃仁和黄豆压碎成糊状，再加入大量清水和切碎的油渣，煮沸后加盐，即可将熬熬茶舀入碗中，端上餐桌。

（二）楠杆土家族乡文化遗产资源特点

1. 文化遗产资源分布广泛类型丰富

经对楠杆土家族乡文化遗产资源实地调查和后期价值评估，最终遴选了36处不可移动文物进行登记，以丰富楠杆土家族乡文化遗产资源。它们广泛分布于兴隆社区、中坝村、五龙村、六一村、小寨村、大土湾村、龙寨村、火石村、楼房村、金盆村10个行政村和社区，占行政村和社区总数的71.43%。

其中，古遗址类（A类）包括楠杆古道大岩堆段、楠杆古道一人桥至杨家段、天办寺遗址、永发台遗址（含古道）、楠杆古道偏阳洞段（含古渡）、大林山文昌阁遗址。古墓葬类（B类）包括叶番墓、李天龙墓、叶天才夫妻合葬墓、叶子葵墓、叶永崇夫妻墓园、杜家屋基清墓、刘朝祥夫妇合葬墓。古建筑类（C类）包括观音桥、结龙桥、镇风桥、杨氏老宅、曾庆超宅、曾宪邦宅、胡安礼宅、曾宪举宅、曾庆和宅、曾氏宗祠、观音山石桥、张泽仁宅、风水桥。石窟寺和

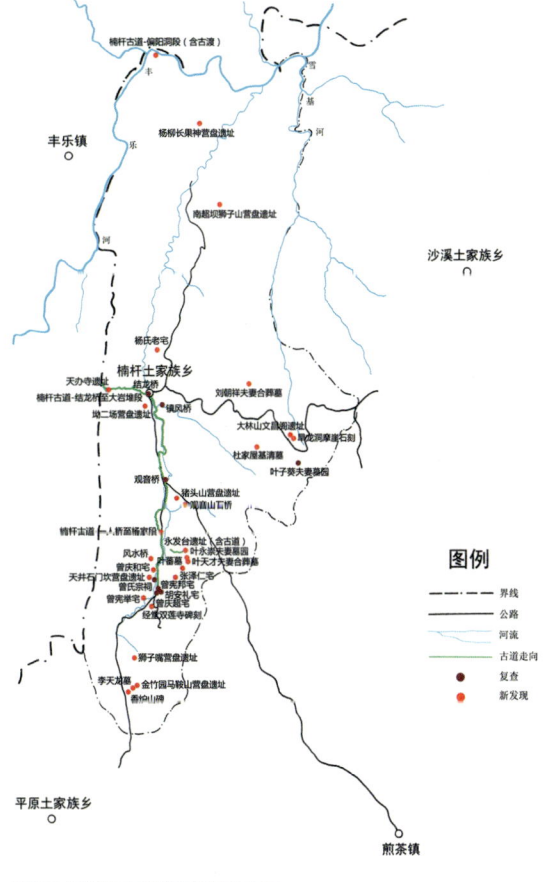

楠杆土家族乡文化遗产资源分布图

楠杆土家族乡不可移动文物分布统计表

		A类	B类	C类	D类	E类	小计
1	兴隆社区	★2		☆2		★1	★3 ☆2
2	中坝村	★1					★1
3	五龙村					★1	★1
4	六一村					★1	★1
5	小寨村			★1			★1
6	大土湾村		★2				★2
7	龙寨村	★1	☆1		★1		★2 ☆1
8	火石村	★1		★2		★1	★4
9	楼房村	★1	★3	★3 ☆5	★1	★1	★9 ☆5
10	金盆村		★1		★1	★2	★4
	合计						★28 ☆8

注：☆为复查不可移动文物数，★为新发现不可移动文物数。

石刻（D类）包括旱龙洞摩崖石刻、香炉山碑、经堂双莲寺碑刻。近现代重要史迹和代表性建筑类（E类）包括金竹园马鞍山营盘遗址、猪头山营盘遗址、坳二场营盘遗址、南超坝狮子山盘遗址、狮子嘴营盘遗址、天井石门坎营盘遗址、杨柳长果神营盘遗址等。

根据分布情况统计，楼房村的文化遗产资源数量最多、类型最丰富，总量占调查登记总数的38.9%，其次是兴隆社区13.89%和金盆村11.11%，其余的占比较少。

2. 文化遗产资源地域特点突出

楠杆土家族乡文化遗产资源主要表现在人文环境与自然环境的有机融合，以及行政区域内相关遗存表现出的明显相似性和连续性。

在两山夹一谷的南北向槽谷地貌中，自南部荆竹园宋家沟旁的"一步登天"，到千年"楠木王"，到北端的"五龙口"，都是具有唯一性且不可复制的自然景观。即使像大小龙塘、大林山这样其他地方也可以见到的山水环境，但因徙居楠杆的各姓先民们注入的人文信息，亦呈现出独特生产生活环境。

在村落布局上，楠杆的各姓先民们，为了充分利用河流冲击形成的谷地坝子进行耕种，在尽量避免占用耕地，又方便从事农耕活动的前提下，因地制宜地择居住在宽阔平坦的槽谷谷地边缘台地和缓坡地带，除极少的较高台地，居住在坝子平地上的极少。居住地坡度选择上，以分布在坡度为5°～15°的缓坡为主，15°～25°的中坡较少。随着海拔升高，村落体量和数量都呈现出递减趋势。朝向上，为获得更多的日照时间，更多选择山弯外凸处，

楠杆两山夹一谷的南北向槽谷地貌

发展空间也尽量选择往南向的北坡分布，如小寨村。不向阳的槽谷谷地偏东的坡上分布很少，且多分布在槽谷谷底，集聚规模小，呈现出散珠状分散型的分布形态，如兴隆社区上坝组。整体沿等高线垂直分布，顺台地依次排列。而在官道所经的天井铺（楼房村天井组）和开场设市的楠杆子（兴隆社区），建筑则倾向于沿道路分布，居住者以商户为主，商住合一，手工业者为辅。在道路交通条件极大改善的今天，这种现象越发普遍，体现出"通道经济"或"马路经济"的特征。

作为"黔铜要略"这条千年古道的必经之地，楠杆土家族乡既因交通便利，商贾辐辏而得到发展，又因地当要冲，战乱频仍而劫难不断。这也许是今之所见村落多为清代晚期以后遗存的客观原因。即便如此，人们仍能从遗存的古道遗址、桥梁和民居建筑，感受到楠杆子历史发展脉络明显的相似性和连续性。

（1）古道遗址

明代以来，明确记载的官道线路，是从蛮夷司管辖的松溪铺（今煎茶镇松溪村），西北行径偏岩、李家寨后，过谢家坡南，下到属务川县管辖的天井铺（今楠杆土家族乡楼房村天井组），再自天井铺沿野猫河河岸台地边缘北行，过背金湾"一人桥"后两度跨过蜿蜒的野猫河，行抵楠杆子，向西翻越天半寺坳口后，西北向往丰乐铺（今务川县丰乐镇）。

调查楠杆土家族乡的古道遗址共4段，其中官道2段，包括谢家坡至天井路段约0.2千米，天井至杨家路段约3千米，楠杆子至大岩堆路段约1.2千米。官道道路走向保存基本完整，宽度1~2米，路面铺装普遍施以块石，只是部分路面因修筑公路而改变，部分路面因人迹罕至，多掩蔽于荒草间。调查发现，自天半寺向西南所行官道，为入凤冈道。

其余2段分别为永发台古道遗址和观音山古道遗址。永发台古道遗址，系叶氏族群于明末清初徙居柿子坪，逐渐发展成当地望族，为方便居住在永发台的族人外出读书和耕种，阖族捐资，于清道光六年（1826）将原本崎岖难行的小道修筑为长约1.5千米，宽1~2米的石阶路。虽然永发台后来毁于火，叶氏族人也因此迁往山下叶家坝依山而居，但修筑近200年的古道依然保存较好，仅部分路段因无人管理出现石块缺失、松动等现象，路边立于道光六年腊月初十的"修路碑记"碑仍存。

（2）桥梁

楠杆土家族乡现存古代桥梁6座，包括镇风桥、结龙桥、观音桥、一人桥、风水桥、观音山石桥。从结构看，有石板桥、石拱桥和八字撑架木梁桥。

一人桥，相传有说以一人之力建者，有说仅容一人通过者，位于火石村背金湾东，建筑年代不详。桥南北向，跨徐家沟东出溪流，为明清官道所经，系天古道遗址之天井至杨家路段。一人桥为石板桥，长1.5米，宽约0.8米。

观音桥，根据20世纪80年代初第二次全国文物普查成果，收录于《中国文物地图集·贵州分册》中的简介介绍，又名"万古桥"。建于清嘉庆八年（1803）。桥东西向，跨野猫河火石村河段，为明清官道所经。观音桥为单孔弧形石拱桥，单孔净跨7.1米，矢高1.65米，桥宽3.5米，两侧设高0.65米石护栏。桥拱合龙石看面上高浮雕鲤鱼和麒麟吐水图样，桥中合龙石底部阴刻捐建者姓名。原桥面建长21米，宽4米，其上建有重檐歇山青瓦顶桥屋，后毁。

结龙桥，根据20世纪80年代初第二次全国文物普查成果，收录于《中国文物地图集·贵州分册》中的简介介绍，建于清嘉庆八年（1803）。桥跨野猫河，单跨八字撑架木梁桥，以7根原木并列组成。桥上建悬山青瓦顶桥屋九间，长22米，宽3.7米。其中一间建于岸上，角柱抬升后做悬山青瓦顶八字门楼，上书"结龙桥"3字。桥屋两侧设坐凳及直根栏杆，栏杆外设披檐，为贵州现存跨度最大的八字撑架木梁桥。桥屋脊檩下的大梁上有修建题记。近年来，为确保桥梁安全将原木质八字撑架结构改建为钢筋混凝土结构。

镇风桥，俗称"花花桥"，位于兴隆社区上坝组西北隅，为铜仁市人民政府核定公布的市级文物保护单位。西北东南向跨刺子沟。始建年代不详，据东南桥头建桥碑记记载，清道光五年（1825）上坝杨氏族人在"头人"带领下重修。根据桥屋大梁题记，现存桥梁建于清光绪四年（1878），由杨光文、杨光武、杨光富弟兄三人倡导乡人集资重建。镇风桥为八字撑架木梁桥，长13.66米，宽6.14米，桥跨10.2米。桥面距水面高5.23米，桥屋通高7.68米。以9根原木，大小头交替置于两岸石砌桥台上作简支梁，梁上横向铺设木板形成桥面。为加强简支木梁受力条件，木梁下增加一组八字形斜撑，形成八字撑架结构。桥面上建桥屋五间，中间金柱抬升做四角攒尖顶，桥头金柱抬升做悬山顶门楼。桥屋四角发戗起翘，屋面曲线优美。桥屋内设坐凳栏杆，栏杆外挂披檐。桥屋中间西南侧设神龛，内供神像，东北侧桥面上安置岩菩萨。桥两端门楼上分别墨书"寿长"和"镇风"，表明人们的期许及建桥目的。

（3）民居建筑

民居建筑的调查一直是从城市到乡村文化遗产资源调查的核心，因为人居环境和居住条件是客观反映历史上各时期社会生产生活状况的重要物质载体。虽然每个行政村都有走访，但因调查周期的客观原因，调查组将重点选择在历史上明代天井铺到清代天井塘所在的楼房村，包括楼房村楼房组曾庆和宅，天井组曾庆超宅、曾宪邦宅、胡安礼宅，白岩脚组曾宪举宅，以及古道所经沿线附近的大龙塘村伍家岩组。调查组后未选择明代即开场设市的楠杆子所在的兴隆社区，因该社区作为乡政府驻地很久，历史环境变化过大。调查组最终选择了首批传统村落所在的上坝组，包括杨再安宅、付刚宅、杨再兵宅、杨其秀宅、杨其宣宅、杨再江宅等，以及周边的小寨村及十字坳组。同时，兼顾全乡地域分布，还调查了大土湾村吊坝湾组、龙寨村大林山组水井湾杨氏老宅、六一村桂竹坝组、沙坝村、中坝村、五龙村五龙口组。对作为民居建筑建造者主体的掌墨师[1]进行了访谈，发现他们彼此间具有一脉相承的师承关系。

通过调查发现，从楠杆土家族乡全域内的民居建筑看，以中部楠杆子所在的兴隆社区的上坝和小寨村现有遗存的建筑年代较早一些，部分建筑年代应为清道光甚至嘉庆年间。楼房村相对晚些，现有遗存的建筑年代多为清光绪年间至民国初期。其余地方现有遗存的建筑年代更多为民国时期至20世纪70年代。

就民居建筑本体的特点而言，面阔三间的独栋民居最为常见，数量最多，分布最广。面阔五间的独栋民居较少，且主要分布在楼房村和兴隆社区，也有面阔三间加耳房共五间的。民间均带吞口。建厢房者，多以厢楼为主，鲜有一层者，面阔二间至四间不等。有一正一厢呈曲尺形布局的，有一正两厢三合院布局的。曲尺形布局的民居，在上坝被解读为"头人半边吊"，是土司制度的遗风。带厢楼者，殷实人家多建有龙门。部分院落布置有石质太平缸。

台明的高矮有差，政治地位较高或家境殷实者，台明普遍较高。

屋架普遍为五柱落地，五柱二瓜和五柱四瓜均为常见梁架形式，即当地所谓七架和九架。七架还分小七架和大七架，而大小之分只在吞口，吞口占一个步架者为小七架，占二个步架者为大七架。九架则只有大九架。常见的五柱四瓜九架房，由中柱前后均分，依次为上瓜柱、二金柱、下瓜柱和檐柱，柱间由下往上通过地落檐、头穿、二穿、三穿、顶穿和瓜把等枋进行连接。以中柱决定建筑体量，中柱杆高为基数，推算屋面坡水后决定檐柱高度。出檐挑枋枋头与台明定位尺寸相同，均以三尺八寸为标准。屋面均为悬山青瓦顶，一般悬山挑出五陇瓦。面阔三间加耳房的民居，普遍耳房屋面为单坡，檐口与正房平齐，通过马尾梁做成马屁股，

---

[1] 掌墨师，是指在传统建筑中负责测量、画线、标记结构部件的工匠，他们是建筑项目的主持者，图纸设计师和关键技术的传承人。

形似歇山顶屋面。也有后檐做马屁股而前檐做老鹰嘴的。

内外檐装修方面，堂屋大门秉持"门不开四扇"的习俗，要么是双开板门加左右呆窗[2]，要么是双开板门左右各加对开隔扇门一道。大门上装门簪和连楹，大门外多套装腰门。次间正面开窗，有槛窗也有呆窗，早期只留窗口，里面用可以拆装的窗板，后期多加窗芯作装饰。堂屋内太师壁称香火，香火繁简不一，简单者仅置搁板，无装饰，此法所占比例最大。也有放置雕花神柜的，所用者不多，极端的有高达4米余，代雕花楼罩的神柜。香火上均有表明屋主姓氏的堂号。书香人家还在香火上悬挂匾额，在中柱上挂抱对。

民居建筑普遍具备房前有可用于晾晒稻谷的庭院，屋内有用于悬挂玉米的玉米秆和储存红薯（苕）的苕坑，可以据此判断，稻谷、玉米和红薯是楠杆土家族乡的主要物产，是乡民们赖以生存的主要食物来源。但普遍未见专门用于储藏粮食而修建的独立粮仓，这与随处可见的坝子和可以预期的收成明显不符，具体原因有待进一步的调查研究。

整体而言，楠杆土家族乡民居建筑历史发展脉络清晰，建筑形式、结构和工艺均具有明显的相似性和连续性。

---

2 呆窗，是置于大门两侧的大窗，固定于壁上不能开关仅作采光通风用，故称为"呆窗"。呆窗的木棂条常做成回级组合格、方盛格等，以满足格心透光通气要求，此处亦尝是装饰的重点，其窗棂则是纸糊成嵌玻璃的骨架。

三、楠杆土家族乡文化遗产资源价值评估

（一）见证贵州古代交通发展

从春秋战国时期的"牂牁要路"一路走来，过往楠杆子的道路既是贸易往来的商道，也是川盐行黔的盐道，不但是运送粮饷的粮道，还是传递文书的官道。

千百年过去，随着周边交通的改善和发展，古道周边县、乡公路及通村入户公路发展迅速，高速公路也即将开通，当年为人们提供传书递信、商贸互通、文化交流的古道，逐渐退出人们的生产生活而被遗忘，悄然间从人们的视线中消失。这条已经不完整并将继续碎片化的古道遗址，包括与其相关的一人桥、观音桥、结龙桥和镇风桥，以及承载历史上过往行旅记忆的栈房或客舍等交通类遗产，充分体现贵州交通发展的历史可读性，是贵州古代交通发展的见证，弥足珍贵。

（二）见证重大历史事件

清咸同年间，整个贵州与其他各省一样，动乱频仍，楠杆更是处在动乱的核心地带而不能幸免。据清《都濡备乘》记载，清咸丰三年（1853）十二月初，"贼帅杨二来据天半寺，阮令令千总刘荣昌，练总申洪、陈元顺率兵练八百分防丰乐河，军功曾白四绕贼营来告，云：天半寺贼数无多，速引兵渡河，我与君前后夹攻，破之必矣，不然大众将集。荣昌疑未许越，二日贼果大至，偷渡上游出我军之背，元顺先奔荣昌，继之洪，被围于滑石滩，血战得出死者百人，城中大震，狱囚三十人破门出走，差练追获之，斩于署前"。另据民国《务川县备考》记载，同治元年（1862），田兴恕"令克七星营，营在天半寺侧。令张光朝守之，以遏贼出路，又令邹明标屯天半寺，以护粮道。招降楠杆了、天井塘贼七百人，以曾白四、杨兴科领之，名其团曰'顺存'"。至今散存于楠杆土家族乡境内的天半寺遗址、金竹园马鞍山营盘遗址、猪头山营盘遗址、坳二场营盘遗址、南超坝狮子山盘遗址、狮子嘴营盘遗址、天井石门坎营盘遗址、杨柳长果神营盘遗址等，就是这一历史事件的见证。

（三）见证文化的传播与交流

从南宋至明末清初，杨、曾、谢、叶等各姓族群先后徙居于此，不但促进楠杆的经济发展，对文化交流乃至民族融合，均起到了重要作用。

交通为楠杆发展奠定基础，各族群从不同地区进入楠杆，或务垦，或经商，或参与道路的管理和运行。这些徙居楠杆槽谷区内的人们，具有不同的宗教信仰，因此大修佛寺、道观、祀庙等宗教建筑，留下了像天半寺、双莲寺、灵归山寺等宗教建筑文化遗产，早者始建于明万历年间，晚者建于清嘉庆和道光年间，这与万历和雍正年间推行"改土归流"有关，是大变革之后，政治

环境相对稳定、社会生活比较安定、经济生产逐渐复苏的结果。清咸同年间波及全省的战乱，楠杆也深受其害，这些寺庙几乎难逃兵燹之灾，这是它们多在同治和光绪间修复的主要原因。

（四）具有典型的"耕读传家"农耕文化特征

以楼房村胡安礼宅为例，胡氏先辈尊崇"耕读传家"之训，不断加强自身修养，治理家政，在当地已成为倡导良好的风尚，至今其堂屋神龛上仍高悬清光绪年间所授阴刻楷书"修身齐家"匾，堂屋两侧中柱上悬挂"海屋筹添九十春；瑶池果熟三千岁"抱对一副，典出苏轼《东坡志林·三老语》。而杨氏和曾氏，也尊崇朱熹《家礼》所说，"君子将营宫室，先立祠堂于正寝之东"，因此修建祠堂是一件极其重要的事，可以借此"尊祖敬宗之意，实有家名分之首，所以开业传世之本也"，积极倡修祠堂，曾氏宗祠为其代表。明清之际，随着在各个都司、卫和府、厅、州、县所在地方大力推进官办学校，移居楠杆的客民，虽各自宗族社会的渊源不同，但"耕读传家"之风普遍，因此，顺应社会发展，响应科举制度，积极创修文教建筑，人文蔚起。龙寨村大林山文昌阁遗址就是标志。

（五）体现丰富的文化内涵

在楠杆，不管是民居建筑类不可移动文物，还是神柜、匾额、抱对等可移动文物，随处可见许多出自典故、造型生动、雕刻精美、寓意吉祥的图案。这些图案运用浮雕、透雕、圆雕、镂空雕等不同技法，以卷草、云纹、花卉、人物等配合主题组成，形成一卷卷内涵丰富的文化史，为人们留下值得探究的历史记忆，具有丰富的文化内涵。

俗称"打门锤"的大门门簪，或者雕刻乾卦、坤卦，或者雕刻南瓜、虎头、牡丹、葵花。大门连楹，雕刻桃子、石榴、祥云、如意或龙凤等图案，被誉称为"门龙"。上述图案，象征吉祥，在民俗文化中占有十分重要的地位。南瓜、葵花、石榴因多籽寓意"多子多福"，虎头可以避邪，牡丹寓意富贵，桃子既可以避邪，又寓意长寿。门窗等雕刻蝙蝠、古钱、白果、鲤鱼等图案，意为"开门见福""开门见财""开门见子""年年有余"和"鲤鱼跳龙门"等吉象。如此等等，不一而足。

（六）展示因地制宜的建筑构造技术

以楠杆最具地域特点的结龙桥和镇风桥为例，这种八字撑架木梁桥，是已知贵州历史上仅见于思南府的古代桥梁建筑形式，现有遗存除德江县楠杆土家族乡"结龙桥"和"镇风桥"外，还有思南县张家寨镇桥岩村"桥岩凉桥"、沿河土家族自治县中界乡新齐村"新齐风雨桥"。桥梁以单跨简支木梁为主体，木梁下利用一组八字形斜撑增加桥梁弹性支撑，成为八字撑架结构。桥梁的八字撑架，虽不如伸臂木梁那样可大步提高桥梁净跨，但能改善较长简支木梁的受力条件。贵州现存八字撑架木梁桥中，以楠杆结龙桥的跨度为最大，真实再现了中国古代的科技水平和成果。

四、楠杆土家族乡文化遗产保护展示利用建议

文化底蕴丰厚超群的楠杆土家族乡向世人展现了堪称德江"后花园"的青山绿水，也给予百姓树立文化自信的底气，在脱贫攻坚决胜冲刺之时，对楠杆文化资源的挖掘和梳理无疑再一次突出了文化资源总体分布有序、局部分布密集、遗产类型丰富的楠杆不可移动文物的时代价值。未来乡村振兴建设的高质量发展，区域交通路网的快速完善，百姓幸福指数的显著提升，将为楠杆文化遗产资源得到更科学、合理、正确的保护展示及利用提供充足的工作空间。

楠杆文化遗产是楠杆历史文化内容的重要组成部分，十余年前，第三次全国文物普查工作在该地的开展已意味着当地的不可移动文物保护工作正式进入文物管理者与遗产研究领域的视野，文化资源的多样性、艺术性、独特性是楠杆不可移动文物宝贵的内涵价值，使其文化积淀随着时间的流逝愈发厚重。然而，通过此次调查，我们深刻地认识到楠杆文化遗产资源，尤其是不可移动文物在数量和类型上超乎预期，但保护和展示利用工作相对滞后，为此，就楠杆土家族乡文化遗产资源保护和展示利用提出如下建议。

（一）加大公布保护名录力度，参与国家文化大数据体系建设

楠杆土家族乡收入保护名录的文化遗产不多，与实地调查发现的文化遗产藏量比较更是明显偏少。

建议地方政府根据此次调研成果，召集专门会议，听取专家意见，根据国家文物局新近印发的《不可移动文物认定导则（试行）》，对调查结果中可认定为不可移动文物的，作出认定书面决定后向社会公布。在此基础上，结合楠杆文化遗产真实性和完整性，特别是稀缺性，在整体保护的前提下，尽可能多地申报各类保护名录。

2020年政府工作报告指出，重点支持既促消费惠民生又调结构增后劲的"两新一重"建设，因此，国家文化大数据体系建设很有可能纳入"新基建"，用足用活政策，通过中央预算内投资和地方政府专项债券解决部分资金。同时，国家文化大数据体系建设还将吸引国家文化和科技融合示范基地、国家文化大数据产业联盟、文化科技企业、文化生产机构等多方参与，多渠道筹措建设资金。国家文化大数据体系包括中国文化遗产标本库建设和中华文化素材库建设：前者是将国家历次文物普查相关数据按照国家文化大数据标准，结构化存储于服务器，并通过有线电视网络实现全国联网；后者是以文化遗产数字化成果为对象，集成运用各种新技术，将已标注和关联的文化数据进行解构，萃取中华文化元素和标识，分门别类标签化，为内容创作生产，创意设计以及城乡规划建设、生态文明建设，制造强国、网络强国和数字中国建设提供素材。

（二）科学统筹部门规划，合理制定发展思路

习近平总书记强调，"让收藏在博物馆里的文物、陈列在广阔大地上的遗产、书写在古籍里的文字都活起来"。对于一个国家来讲，让文物活起来可以增进文化认同，坚定文化自信，凝聚发展力量。对于一个城市来讲，让文物活起来可以找回老城记忆，体现城市精神，提升城市魅力。对于一个乡村而言，让文物活起来可以让人们感受地域风情，让居民望得见山、看得见水、记得住乡愁。让楠杆的文化资源"活起来"必须依托国民经济和社会发展、城乡建设、土地利用、生态环境保护、文物保护、林地与耕地保护，以及交通、水资源、文化与生态旅游资源、社会事业发展等事业的高质量发展，而相应而生的各项事业发展规划亦将成为引领行业发展的重要风向标。要实现这些目标，必须在国土空间规划框架下进行"多规合一"的科学统筹工作，其中涉及楠杆文化遗产保护的部分，应在价值评估及现状评估基础上，理清工作思路，确定遗产和环境景观的构成要素，确立保护对象，提出具有针对性的保护原则，科学规划遗产保护、管理、展示、利用等各方面内容，明确保护管理措施和要求，分期实施目标和工作步骤，为开展工作提供有效的指导。确保各项规划在实践中的可操作性，以此带动保护与相关的旅游活动的健康开展，突出自然天成的文化特色，避免对遗产和景观造成过度干扰。在文化旅游融合发展的今天，必须维护遗产地民众的利益，避免为外来者及其经营行为所取代。

（三）响应乡村振兴发展战略，力争早日形成乡村新时代面貌

2017年12月29日，中央农村工作会议首次提出走中国特色社会主义乡村振兴道路，按照党的十九大提出的决胜全面建成小康社会、分两个阶段实现第二个百年奋斗目标的战略安排，到2020年，乡村振兴取得重要进展，制度框架和政策体系基本形成。2020年3月3日，经县级申请、市级初审、省扶贫开发领导小组委托第三方评估机构进行专项评估检查和向社会公示等程序，贵州省人民政府公布了包含德江县在内的24个县（区）符合国家贫困县退出标准，楠杆脱贫攻坚战决胜阶段取得的成绩是乡村振兴发展战略的重要奠基石，百姓生活水平较过往有着显著提升，村寨面貌、基础设施、卫生环境、居住环境等焕然一新。

2020年，财政部、住房和城乡建设部共同组织实施传统村落集中连片保护利用示范工作。

在取得脱贫攻坚阶段性成果的同时，应重视调查中发现的诸多空置闲置传统民居建筑、弃用的桥梁、古道等，建议通过全面普查闲置房产，厘清产权所有人，联动桥梁、古道等，建立"共享小院"闲置房产信息数据库平台。在此基础上，县、镇、村三级利用各种渠道引入资金，完善基础设施配套，出台相关扶持政策，对成规模的闲置资源，以文体旅综合体形式，形成具有体验感、参与感、视觉感的乡村旅游内容，并扩大宣传争取引入资金，探索社区参与、文物文旅共建、正规运营的乡村旅游发展示范窗口，真正做到让文物活起

来，让人感受到楠杆的地域风情，让居民望得见山、看得见水、记得住乡愁。

对传统村落而言，在已经保护的情况下，要坚持保护与利用相结合，既要注重对具有历史文化价值的传统建筑、传统风貌的保护修复，突出文化特色，同时也要着眼于满足现代生产生活需要，加强对传统村落的现代化改造，完善交通、电信、卫生等基础设施，使之具备现代生产生活条件，增强传统村落的生命力。符合条件的村落可根据《财政部办公厅 住房城乡建设部办公厅关于组织申报 2020 年传统村落集中连片保护利用示范市的通知》（财办建〔2020〕47 号）精神积极申报。

（四）建立生态博物馆，整体保护自然和文化遗产

生态博物馆是一种以特定区域为单位、没有围墙的鲜活的博物馆形式。它强调保护、保存、展示自然和文化遗产的真实性、完整性和原生性，以及人与遗产的活态关系。

就文化整体性而言，生态博物馆强调人类由生物性与文化性两个部分构成，同时也强调文化遗产是一个过程而非一个简单结果。因此，建设生态博物馆的主旨不仅仅是关注"物件"本身，更主要的是呈现一种"文化过程"。这种理念，完全不同于传统博物馆，并对传统博物馆的"专业性"与"职业化"构成挑战。生态博物馆强调与社区相融合，立足于当地居民的自主意识，使其在文化遗产的基础上创造未来。这较好地实现了将传统博物馆藏品的保护、展示和宣传等功能，与非物质文化遗产的保护传承以及社区的当代发展等诉求相互协调，实现了保护与发展的统一并具有极大的开放性。因此，对自然环境、人文环境、物质文化遗产、非物质文化遗产进行整体保护、原地保护、动态保护以及居民保护，成为当今生态博物馆的重要特征。这种生态与人文一体的理念，与当今基于环境议题而引发的各种探讨，可以形成有效的对话，而传统博物馆也将从生态博物馆的实践中获得新的启示。

建议在楠杆两山夹一谷的槽谷地貌区域内，充分利用自身特有的山水林木等自然景观、类型齐全的不可移动文物、乡愁浓郁的可移动文物、集中成片的传统村落，以及非物质文化遗产资源，建立以修缮后的曾氏宗祠为资料信息中心的楠杆生态博物馆。

楠杆土家族乡文化遗产资源的调查研究工作已告一段落，通过实地调查、资料梳理、分析，调查组成员在工作中深刻地感受了楠杆历史文化的深厚积淀，欣喜地发现楠杆文化遗产资源类型的独特性，分布在全乡的每一处不可移动文物都向世人诉说着当地的历史沿革、宗教信仰、文化思想、民风民俗等方面的形成及变迁，但对于我们而言，对楠杆深厚的历史文化、独特的民族风情、珍贵的遗产资源的认识仍显浅薄，有待付出更多时间和专注力继续深究，方可更清晰地识读这片土地上文化遗产多元化的价值构成。

对楠杆土家族乡的田野调查有力地充实了持续构建"贵州省不可移动文物数据库"中黔东北地区数据，同时也为不断推进的"贵州省传统建筑影像记忆工程"注入了新的数据资源。

第四章

茶园山村传统村落保护与发展利用研究

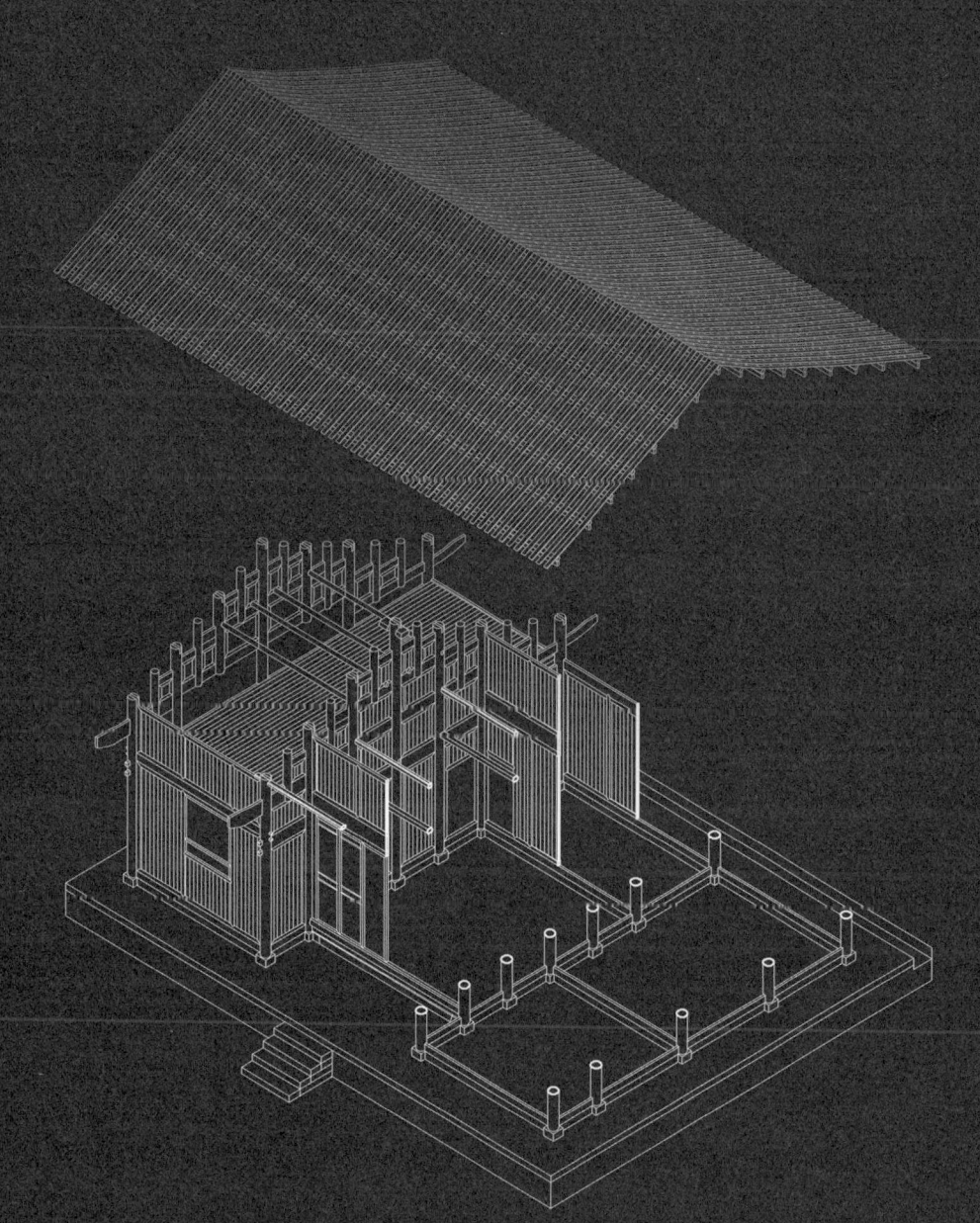

一、茶园山村概述

（一）茶园山村自然环境

茶园山的六龙山，因其诸峰高耸，脉分六支，故名。明代始见记载，称其"在城东南二十里，由老山口分脉，至思州府属之漾头司止，迂回环绕，周围百五六十里"。

六龙山属于以梵净山为主峰的武陵山脉主脉（南支）的一脉，山脉呈北东走向，主要分布在今铜仁市碧江区市区灯塔街道、漾头镇、瓦屋侗族乡、六龙山侗族土家族乡和万山区谢桥街道、茶店街道、敖寨侗族乡境内。

六龙山属东部中低山丘陵盆地侵蚀剥蚀构造地貌区，该区多岩溶峰丛为主体的低山，峭壁岩山裸露，陷塌式峡谷与岩溶洞穴众多，形成典型的侵蚀峰丛谷地为主的山地地貌。六龙山区地势较高，海拔多在600～900米，为中切割的变质岩、砂页岩低山，间有中、上寒武系白云岩组成的岩溶低山和丘陵，地面切割比较破碎，被溪流切割而成的峡谷顺主坡排列，地形坡度常达25°～30°，形成高度不同的峡谷。山体脉络清晰可辨，分布有老山口、假角山、六马山、鸡爪山、红岩山、笔架山、六龙山、观音山、茶园山、黄土坡、岩牛后山、轿顶岩等一系列山峰。

六龙山区的土壤属黄壤土类，其母质为砂岩、页岩坡残积物和白云质灰岩等弱可溶性碳酸盐岩形成的老风化壳，矿物风化变深，剖面有蜡黄色和浅黄色的黄化层。土壤质地黏重，很少岩石碎片，通透性差，矿质养分较高，适宜生长多种林木。在这一竹木茶混合区中，山体除边缘地带有极少量的原生植被，其余均为次生植被。竹林、次生林覆盖面积大、土壤肥力较高。

六龙山分布范围示意图
底图来源：贵州省地理信息公共服务平台

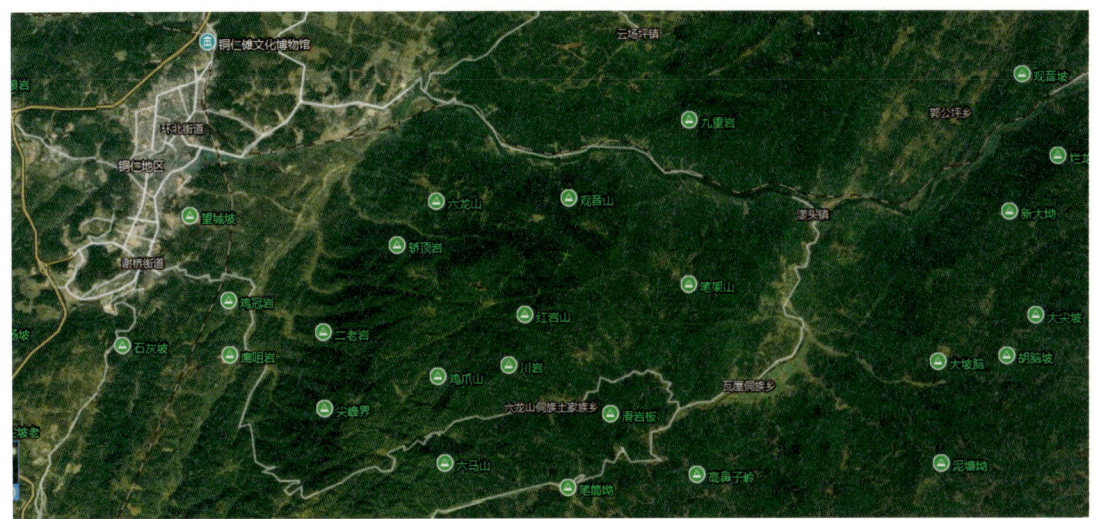

六龙山诸山示意图（局部）
底图来源：贵州省地理信息公共服务平台

虽然周边气候属中亚热带温暖湿润季风气候，冬冷夏热，但六龙山自新生代第三纪以来，经历了由热带向亚热带、由干旱到湿润的交替变化过程，六龙山顶和龙门坳一带，残存的岩溶天生桥、洞穴、石屏、石柱，反映了流水的强烈作用，这一区域的峰林多显低矮，呈锥形，具有残余性质，是亚热带气候改造的结果，现气候分区属温凉。六龙山一带年降雨量1400毫米以上，是碧江的多雨中心，周边区域年降雨量不足100毫米。

六龙山边缘受河流切割，呈石灰岩峰林或峰丛山地地貌，河流所经处出现峡谷，并有山泉溪流排泄于河中。北部陈马岩至漾头一线，被锦江深切形成大峡谷。

锦江，也叫铜仁江、辰水，是碧江区境内最大河流，发源于梵净山西南麓。源头段名坝溪河，经闵孝至江口段叫闵孝河，江口至碧江段叫大江，在碧江城关与小江汇合后，至漾头出境段称锦江。

锦江过六龙山北缘时，其右岸的二级支流开泰河与一级支流瓦屋河，分别于西侧和东侧将六龙山包裹其中。

二级支流开泰河，在六龙山西，发源于茶店街道尤鱼铺村牛栏冲，一说老山口，由南向北经六笔冲、瓦屋坪、长岩屋、子木溪，右纳牙溪水，过高车，右纳绍溪，过石竹、开泰桥、黄土坎，右纳源出本山的虫腊溪，在官洲右纳源于甘溪坪，后伏流至观音山出，东南来之七股水，东北向汇入锦江。

一级支流瓦屋河，也叫敖寨河，在六龙山东，发源于万山特区敖寨侗族乡的梅子溪，由西南向东北经姚家、田家湾、敖寨、廖家、烂泥垄，左纳源出六龙山的瓮慢河至深江口，汇源出万山的瓮背河出深江口，再经瓦屋、客兰寨、洋坳，在漾头镇注入锦江。

锦江及其支流瓦屋河、开泰河沿岸，串珠状分布有河谷坝子，充分展现了这一地貌区山高谷深、河床狭窄的特点。

（二）茶园山村人文环境

人类最早于何时在六龙山区生息繁衍，尚不得而知。

据《铜仁府志》记载，六龙山"旧为红苗巢穴。明万历间，都督邓钟讨平之，俘馘始尽，至是郡无苗患"。明万历郭子章《黔记》卷五的铜仁府地图中就标记有"六龙山苗"，并提出宜加防范之举。

红苗是苗族的一支，以其衣裙间杂红色得名，自称"果雄"（苗语译音），操苗语湘西方言。"红苗"的称呼始见于明代，更古早时也被称为"武陵蛮""五溪蛮"，这一支苗族人自秦汉至唐宋徙居于此皆有可能。也就是说，明代及以前，六龙山区一直是以"红苗"为主的少数族群的栖息地。

至迟到明代，一些汉族族姓居民逐渐徙居于此。

根据此次调查，在六龙山区最北边一脉，老堰塘杨姓、烂泥冲黄姓、黄土坡张姓、大坪韩姓、龙头舒姓等徙居此地时，已有余姓、张姓在此定居，余、张二姓应该是目前已知最早徙居于此的族群。老堰塘杨姓，其先祖明代晚期由江西迁于此，一直以农耕为业；大坪韩姓是明末清初由山东徙居于此，除务农外，还尚武；黄土坡贺姓于明末由江西迁湖南邵阳，清初又迁辰溪，最后徙居六龙山黄土庵垭口坳后山，即今黄土坡，而那时当地张姓已经迁出。

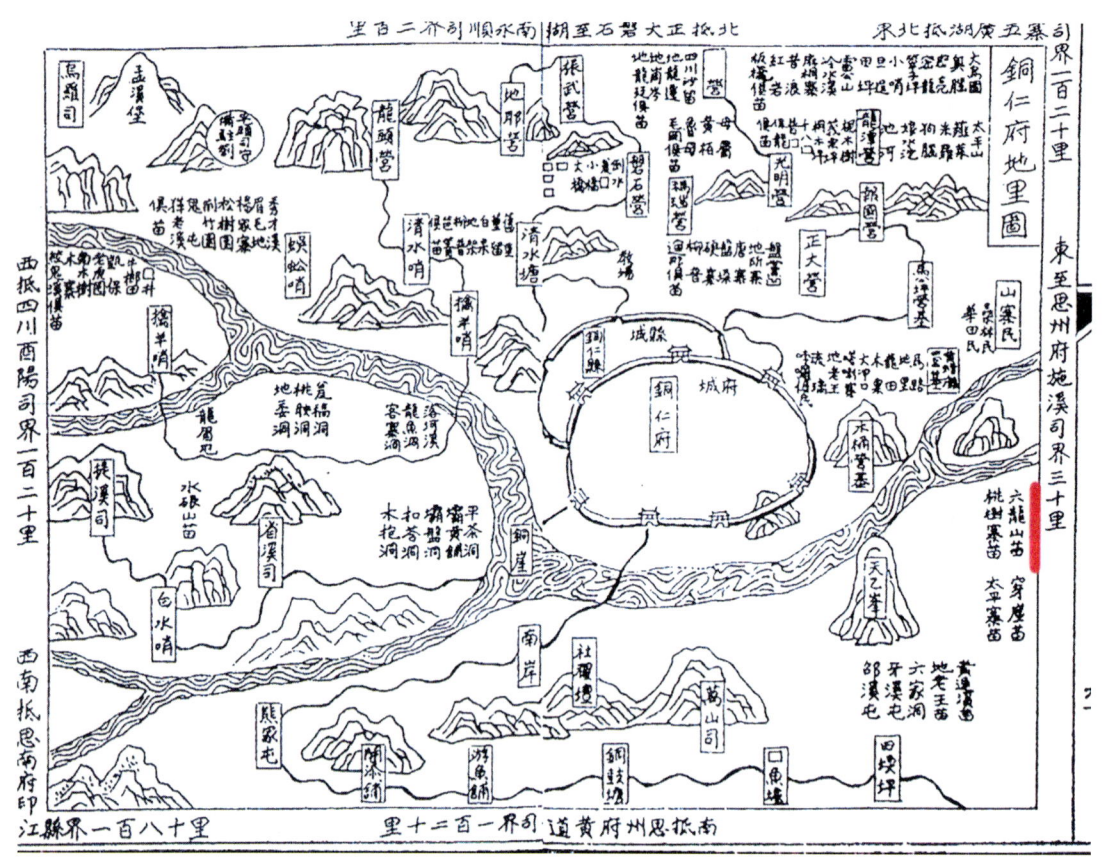

明代铜仁府地城图
图片来源：中共贵州省铜仁地委档案室，贵州省铜仁地区政治志编辑室．铜仁府志（据民国缩印本点校）[M]．贵阳：贵州民族出版社，1992．

清初黄土庵（一说黄龙庵）仍有香火，说明佛教或道教早已传入六龙山区。

清康熙年间，南明时广西按察使司副使、分巡桂林道的徐以暹，选择在铜仁府城东六龙山区锦江右岸老溪口之南，燕子岩之上置办别业"茶园山庄"，之后，六龙山被称为茶园山。

徐以暹（1606—1699），字赤海，是由江西临川草坪经湖南武陵移居铜仁府的徐氏第五十六世祖徐宰六的曾孙。

明崇祯九年（1636），徐以暹时年30岁，中丙子科举人。崇祯十年（1637）丁丑科会试不第，除广东潮阳县知县。

明桂王时越级提升为广东按察使司佥事，分守肇罗道。

清顺治五年（1648）夏，铜仁遭南明军溃败形成的流寇屠城，徐氏一族死亡殆尽。所幸以暹长子徐懋德被掳流寇军营后虽流离困苦，终得以脱身，辗转回到铜仁。

时徐以暹又升迁广西按察使司副使，分巡桂林道，在聘娶继室龚氏后赴任。不久，因弹劾黄朝宣、刘承允等未果而请辞。何腾蛟为此赠诗云："军书日夜苦驱驰，才到中年鬓已丝。十载勋名留两粤，一封疏奏上重垔。罢官挥手归田好，指佞关心虑国危。会见诏书天上下，东山重起佐明时。"何腾蛟于次年正月被俘，绝食七天后在长沙遇害。

顺治九年（1652），徐以暹领继室龚氏与新生儿懋锡避居于封川（今广东省封开县封川镇）山箐中。三子徐懋芬、四子徐懋谷分别于顺治十年（1653）和顺治十一年（1654）出生。

期间，长子懋德成家，懋德子徐阆也于顺治十四年（1657）出生。顺治十七年（1660），长子懋德从铜仁千里寻亲，在封川南的晋康（今广东省郁南县）与父亲一家相见。

父子相见后，以暹着手购买舟楫，准备回归故里。

这一年，贵州恢复科考，徐懋德也因此成为清朝贵州考选的第一批贡生之一。

顺治十八年（1661）秋八月，55岁的徐以暹携家人返乡抵达铜仁，着手清理旧产，且闭门谢客，绝口不言在两广之事。

闲暇时，徐以暹游历铜仁周边山川，因喜爱六龙山之清幽，于康熙年间创建别业"茶园山庄"。

据民国《贵州通志·人物志》记载，徐以暹"素爱茶园山庄，晚年移居之。山在郡东老溪口之南，由燕子岩取径，纡折而上。山半有泉如鸣琴，层叠而下，约五十馀丈，越此即其别业"。

山庄所在，远眺处层峦叠翠千嶂岚光，近观时古树藤萝经霜不陨，房后则竹干凌霄四时苍翠。移居茶园山后，徐以暹整日"俯观游鱼弄影，仰听时鸟换声"，开启以种竹栽花、引泉移石为主的山居生活，"翠竹森森数百竿，风前雪后不知寒。从来劲节谁相识，惟有幽人着意看"。山居日常，无非"与溪叟、园翁、牧童、樵子，话烟月、课雨晴而已"。

徐以暹还在山居周围种植了几株槐树，企盼"槐黄秋候"之时，子孙后代能够通过"秋闱"顺利登科入仕。如其所愿，后世中，出生在茶园山的徐镇、徐如澍父子先后于乾隆十五年（1750）庚午科和乾隆三十六年（1771）辛卯科，分别以第六名和第十七名中举，这是后话。

从《喜铜岩跨鳌亭落成》《高太守江楼邀酌》《和黄际老花朝偕羊陈诸公饮万怀老寓中》

等诗文看，70岁以前，徐以暹还不时往来于铜仁城和"茶园山庄"。

徐以暹70岁以后就很少回城。康熙二十一年（1682），因长子懋德继四子懋殼于辛酉秋到省城贵阳参加乡试时病卒后，也因病卒于贵阳，由孙子徐闇负父亲骸骨归葬铜仁大江坪时，以暹回到铜仁城。其《壬戌回城中旧宅有感》一诗，"江城旧许括囊包，坚垒深沟接四郊。人去谁怜田宅草，燕来暂借树为巢。岁经兵火何堪说，我亦诗书渐欲抛。荆棘铜驼无限恨，寄回洒泪向云坳"，记录下他当时的心境。

徐以暹晚年生活多由长孙徐闇照顾。徐闇孝顺长辈，友爱兄弟，除却在外读书时间，长期侍奉祖父徐以暹左右，闲居偶咏如《茶园山庄看雪》，诗记"暮雪漫天乱舞风，冻云迷合山无影。梅花香瘦玉为魂，一鸟不飞千嶂冷"。期间，徐闇堂弟，秀才徐奭也会上茶园山探望祖父，并留有《游茶园山》诗一首。

晚年时，因"土贼滋事"，徐以暹还"率众结寨于鳌山以御之"，经此折腾，精疲力竭。

康熙三十八年（1699）闰七月，徐以暹卒，享年九十三岁，葬于其卜筑的纱帽山南台地上。

康熙三十九年（1700），还在为祖父服丧的徐闇，迎来次子徐世垓的降生。世垓与其父一样，孝顺父母，友爱兄弟，得父母欢心。虽只是童年时与长兄世坦一起离开茶园山就读外傅，但一生好读书，尤其敬重爱读书之人。

雍正二年（1724），徐世垓次子徐镇出生。

中年以后的徐闇，更多时间生活在"江城"铜仁"香雪斋"，伴竹而居，"诵读之余，纵游山水"。于雍正十年（1732）六月去世，葬铜仁北门外翙凤山。

乾隆十七年（1752），徐镇会试后大挑一等，以知县分发四川。这一年，徐镇长子徐如澍出生于茶园山。乾隆二十年（1755），55岁时的徐世垓，被儿子徐镇迎至蜀中就养，携儿媳及孙子如澍同往。

在徐镇于乾隆二十九年（1764）升天全州知州后，其弟徐钧成婚。徐钧结婚生子后，也就是乾隆三十二年（1767）前后，徐世垓为徐铠、徐镇、徐钧三子分家，决定长子徐铠一房分居铜仁城南黄平，次子徐镇一房分居铜仁城中，三子徐钧一房仍居茶园山。

据徐如澍在嘉庆元年（1796）为叔父徐钧诞辰献寿诗注"茶园山吾家旧居，余生其地，后移居城中将三十年，叔于析居后仍归筑茶园山"可知，茶园山曾是他家旧居，他就出生在茶园山，分家后移居城中将近三十年，而叔父徐钧一房仍居茶园山。

至此，茶园山从徐以暹置办的徐氏别业，转变为徐钧一房的世居之地。此时的茶园山庄，规模不大。除了徐以暹生前居住的宅院，还包括徐世垓父子生活的宅院，其中徐世垓长子徐铠在分家前与父亲同住，次子徐镇和三子徐钧宅紧邻，徐如澍就出生在此。几处宅院相邻不远。

乾隆三十四年（1769），徐世垓回归茶园山，在此生活了10年。乾隆四十三年（1778），因孙子徐如澍以庶吉士身份经过翰林院三年学习后参加"散馆"考试合格，授予翰林院编修，徐世垓选择在曾祖父徐以暹所植槐树内侧，修建"翰林第"大门。

次年，79岁的徐世垓里居铜仁时，儿子徐镇署重庆府时得与任四川乡试副考官的孙子徐如澍会面，还收到孙子寄回的御赐金花彩段寿礼。乾隆四十五年（1780）四月卒，享年八十岁，葬于铜仁城西桐木坪。

随着如湛、如溥、如鸿长大成人、娶妻生子，徐钧一房开始分家，三兄弟长次有序，分左中右三路，由南向北水平布局。各路再根据子孙发展需求沿等高线上下垂直分布建设。茶园山新三房格局开始形成。

作为徐如湛次子过继叔父如溥为子的国学生徐棻，虽读书无成，未入仕途，但仰仗田园收养之给，已是家业"素封"。徐棻乐善好施，"凡戚族间里以缓急商者，必有以应。佃户贫不能耕，贷以牛、粒，或婚葬无出，棻代为谋措"。道光年间铜仁府所设育婴堂，就是徐棻将其居宅以半价捐赠的。也就是在这一时期，徐棻倡议对茶园山各房之间的门洞、巷道、花园等公共空间进行整修，并出资修筑堡坎、开掘桑树塘，茶园山现有规模形成。

咸、同年间动乱时，徐棻长子徐元煜"整理团防，修筑屯堡，一乡赖以保全"，次子徐元炽子，太学生徐本坤，也主持乡团数十年。茶园山得以幸存。至清末，家小康的徐厚田可以"邀游山泽林谷间"，并将其发现景观嘱堂弟徐振基撰《补漏庵记》。

民国初因时局混乱，各乡土匪日形猖獗，茶园山不少人户不得已避居铜仁城。但仍居住在茶园山的徐氏各族，民国十年时惨遭土匪残杀，大半绝嗣。茶园山建筑也被付之一炬，仅存者一二。事后阖族再重建家园。

徐氏深耕茶园山，耕读传家十二代。徐氏一门渐渐改变了六龙山在铜仁人心目中的认知，使"茶园山"与"六龙山"并称，甚至名头高过六龙山。《铜仁府志》[1]就"茶园山"与"六龙山"作如下记载：

茶园山，在城东二十里，一名察院山，为前明广西按察使副使徐以暹别业。

六龙山，在城东南二十里，由老山口分脉，至思州府属之漾头司止，迂回环绕，周围百五六十里。

茶园山排位靠前。

民国三十八年（1949），茶园山属石竹乡第5保。

20世纪50年代，铜仁县人民政府成立，先后建立了6个区人民政府，石竹乡、瓦屋乡、敖寨乡属六龙区（第二区），茶园山属石竹乡。

1956年9月，撤区并乡，茶园山属石竹乡。1957年10月，全县31个乡镇合并为12个乡1个镇，漾头乡、官舍坪乡并入瓦屋乡。1958年9月，茶园山随石竹乡并入红旗人民公社。

1992年7月，铜仁市开展"建并撤"工作，漾头镇辖1个居委会和7个行政村，即原漾头乡的漾头居委会和漾头、恶滩、花园3个行政村及原马岩乡的马岩、茅坡、共同、茶园山4个行政村。至此，茶园山村一直隶属于漾头镇。

据此，我们可以得出这样的结论：六龙山依自然形态得名，茶园山靠人文价值著称。

---

1 中共贵州省铜仁地委档案室，贵州省铜仁地区政治志编辑室．铜仁府志（据民国缩印本点校）[M]．贵阳：贵州民族出版社，1992．

二、茶园山村村落布局

贵州省铜仁市碧江区漾头镇茶园山村，地理坐标：109°16′59″E，27°42′5″N。碧江区铜仁城东漾头镇下辖漾头居委会、漾头村、九龙村、茶园山村，茶园山村是地处最西边的一个行政村。

东与本镇九龙村相连，南靠六龙山侗族土家族乡柑溪坪村，西接灯塔街道办事处寨桂村，北与灯塔街道办事处马岩村相连。所辖茶园山、大坪、龙头、老堰塘、烂泥冲、岩牛和黄土坡7个村民组，总户数272户，共1016人，村民组散布于山顶洼地山冲坝子边缘，行政辖区面积10.37平方千米。

茶园山村行政区位示意图
底图来源：贵州省地理信息公共服务平台

茶园山村行政区位卫星影像图

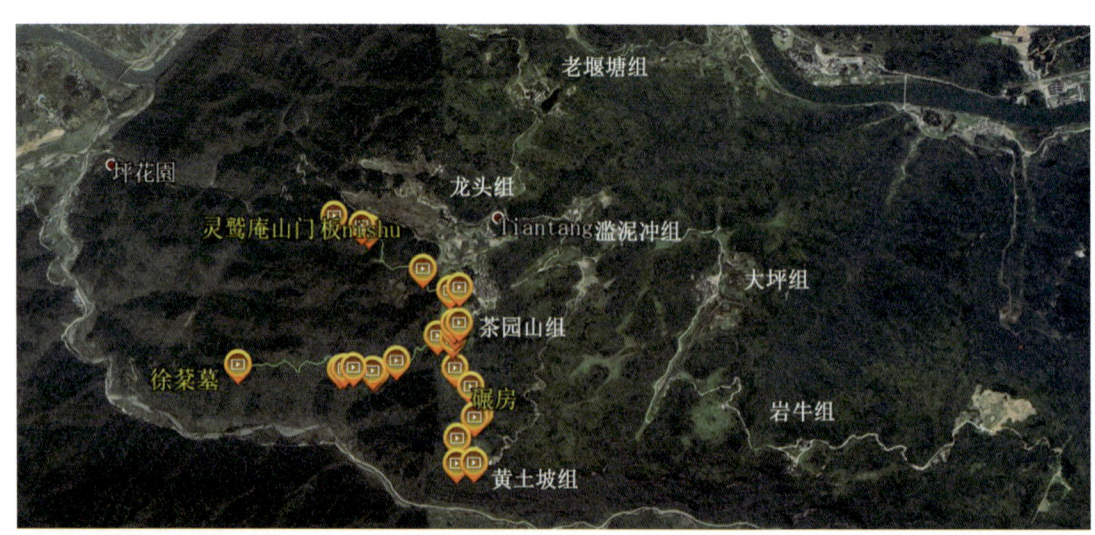

茶园山村村民组分布卫星影像图
底图来源：贵州省地理信息公共服务平台

（一）茶园山组

茶园山组地处茶园山村中部偏西，相对居中，是茶园山村委会驻地。

利用高出龙头槽谷坝子东南约有50米的山间洼地作为村落选址，坐东北向西南，依山布局。靠山及东南侧山体均北东走向，靠山最高处海拔690多米。乌龟董所在西北山体虽低矮破碎，但因原始次生柏树林高大茂密而形成屏障。南面偏西的古岩溶石屏，形成茶山十景之一的"古树藤萝"，其后为山丘。西侧为金鳌峰，金鳌峰东侧山麓辟为农田。西南向山体相对较低，隔七股水峡谷，是六龙山的将军山、轿顶岩诸山，莽莽苍苍，重峦叠嶂，形成茶山十景之一的"千嶂岚光"，而夕阳也能够洒满整个村落。

清康熙年间，徐以暹因喜爱六龙山之清幽创建别业"茶园山庄"于此，房后四时苍翠的竹林是茶山十景之一的"竹干凌霄"。乾隆三十二年（1767）前后，徐世垓为徐铠、徐镇、徐钧三子分家后，茶园山从徐以暹置办的别业，转变为徐钧一房的世居之地。当时，茶园山规模不大，除了徐以暹生前居住宅院，还包括徐世垓父子生活的宅院。直至徐钧一房如湛、如溥、如鸿开始分家，三兄弟长次有序，分左中右三路，由南向北水平布局。各路再根据子孙发展需求沿等高线上下垂直分布建设。茶园山新三房格局开始形成。道光年间，徐棻倡议对茶园山各房之间的门洞、巷道、花园等公共空间进行整修，并出资修筑堡坎、丌掘桑树塘，茶园山现有规模形成。

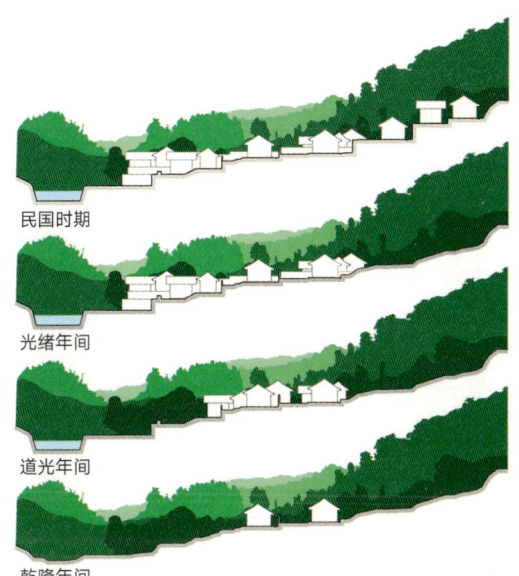

茶园山组村落发展示意图

茶园山组卫星摄像图
图片来源：贵州省地理信息公共服务平台

民国十年（1922），茶园山建筑被付之一炬，仅存者一二。事后阖族再重建家园。20世纪50年代后又有发展，主要分布在北面乌龟董东西一线和东南角山湾较高处。

茶园山村委会和学校选址在古岩溶石屏东南隅山坳口。2015年建成的通村公路从村前穿过。

（二）大坪组

大坪组在茶园山组正东，西距茶园山组不足2千米，共72户，现有人口263人，以韩姓居多。

地处南北向两山夹一谷的槽谷地貌区。西面一山，即黄土坡靠山，北东向一直延伸至大坪北隅。东面山体，系岩牛靠山的并列两山，即长干岭和香炉崟，北东向延至锦江河谷边缘，其中西侧一脉山体相对破碎。中间山谷地带，南面沟谷狭长，大湾处有通往黄土坡和岩牛的山道，道路险峻。自大湾以北，沟谷逐渐开阔，在北面形成堪称坝子的

大坪组卫星摄像图
图片来源：贵州省地理信息公共服务平台

山冲，因名"大坪"。坝子面积总量在茶园山村而言，仅次于龙头组南面的坝子。

村落布局在坝子西侧山湾缓坡处，民居建筑总量仅次于茶园山组，建筑朝向总体上坐西南向东北。南北村口分别存有"石桅子"各一。东北隅古井依次分饮用、洗菜和其他3个池子，井北侧修建了文化活动广场，是文旅示范项目的一部分。堰塘在坝子东南，体量没老堰塘大，但南北皆有水来，靠东面山脚的消水坑调节堰塘水位。现为了增强坝子防涝效果，在消水坑旁加建排水隧洞，项目正在实施中。通村公路从村落东侧南北向穿过。

（三）龙头组

龙头组是茶园山村最西边的一个村民组，天堂谢家东南距茶园山组0.75千米。龙头组共40户人家，现有人口155人，由黄家、谢家、舒家组成。

龙头组地处东西向两山夹一谷的槽谷地貌区，东面是茶园山组和烂泥冲组村落的靠山，东南面系通往茶园山的垭口，南面至西面横亘着金鳌峰，北面山体相对破碎，纱帽山以西至卡子门北侧山体间有缺。南北山体之间是茶园山村最大的坝子。

谢家坐落在纱帽山西麓山湾处，坐东北向西南，沿等高线排列，垂直分布。西面除有大

面积耕地外，下垅有被称为"天堂"的一处天然水塘。黄家坐落在纱帽山西南麓，坐东北向西南，沿等高线排列。舒家在黄家东南，茶园山组北。

纱帽山西南麓有徐以暹墓遗存，文献记载有徐钧墓，有待核实。

金鳌峰上，是"困龙庵"或快乐庵遗址，或是徐以暹修建的营盘遗址，均有待核实。

谢家西南、黄家西北与通往卡子门道路处有古泉井一眼，该井20世纪90年代整修过。

龙头组卫星摄像图
底图来源：贵州省地理信息公共服务平台

（四）老堰塘组

老堰塘组是茶园山村最北边的一个村民组，西南距茶园山组近1.5千米。老堰塘组共26户，现有人口90人，以杨姓居多。

老堰塘村落所在洼地四面皆山，地势逼仄。西北靠山属缓坡地带，东北地势向锦江方向逐渐降低，西南山体系纱帽山北东向延伸至此，东南山体系龙头舒家靠山北东向一直延至锦江畔之落鹅，山体之间为沟谷。

村落坐西北向东南沿等高线排列，垂直分布。老堰塘在村落东北面，现已经填作耕土。村前新辟堰塘很大，东北西南向展开，最长处长于220米，最宽处宽于80米。新堰塘所在，20世纪70年代仍是溪流，溪水从今堰塘西南山中出，现在东北围堰处是个消水洞，溪边当时建有碾房。由于水量长年稳定，2015年改造成堰塘，2018年堰塘和组组通公路全面完成。今老堰塘西北隅通九龙洞公路正在硬化。

春节时，当地人喜欢舞"龙灯"和"茶灯"（花灯的一种）。组内有"学堂坪""老堰塘"和别称"地母洞"的古井等遗存。

老堰塘组卫星摄像图
图片来源：贵州省地理信息公共服务平台

（五）烂泥冲组

烂泥冲组因处茶园山组的靠山及东南侧山体之间，沟谷向东北延伸形成的两处山冲得名。

该组由南北两部分组成，相距600米左右，以黄姓居多。北面部分西南距茶园山组近1千米，居住人户为多，南面部分西距茶园山组700多米，仅有几户。

北面一组，因黄姓经堪舆认定此处山梁是"龙头"，就利用山体东南麓山湾处作为村落选址，坐西北向东南。靠山起于龙头舒家，北东向延至锦江河谷右岸止。西南所依

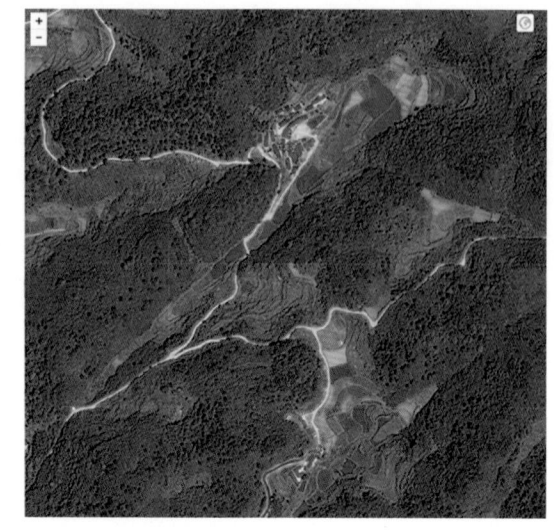

烂泥冲组卫星摄像图
图片来源：贵州省地理信息公共服务平台

山体即茶园山组靠山东北端。20栋民居建筑依山就势弧形排列，沿等高线垂直分布。村落东南有新辟广场，安装有篮球架。东北山冲延至西南沟谷间均辟为农田。南侧北东向山体西北麓有泉井，甘冽清甜。无堰塘。南面一组与茶园山组一山相隔，后山路口存有"补漏庵"。

（六）岩牛组

"岩牛"得名于一座不大的无牛角牛形山头，此山称岩牛山。但岩牛山不在岩牛组，在东边靠近溶溪处。

岩牛组是茶园山村最东南边的一个村民组，西北距茶园山组不足2.5千米，西距黄土坡约2千米。岩牛组共15户，现在人口76人，以黄土坡迁来的贺姓居多。

岩牛组南面边缘是受七股水切割而成的峡谷，环境与黄土坡相当。西面与北面两山并列，称长干岭和香炉崟，后者北东向延至锦江河谷边缘。村落选址于北面山体南端东侧洼地，靠西面山湾处，地势逼仄。北面民居建筑较多，主体上坐北向南，后期也有坐西向东的。西南几栋建筑较晚，多坐西向东。无堰塘，田土也不多。通村公路经龙头组、烂泥冲组、大坪组后过岩牛组往溶溪方向。

（七）黄土坡组

黄土坡组史称"黄龙庵"，原为邹姓（周姓）所居。这是茶园山村最南边的一个村民组，北距茶园山组1千米许。黄土坡组共8户，现有人口38人，常住者仅2户，以贺姓居多。

东侧山体由峡谷边缘北东向延至大坪，也是黄土坡组村落的靠山。南面边缘是受七股水切割而成的峡谷山体，地势险峻。西面则是峰丛山地，局部山体呈石柱状。北面过凉风坳下经腊溪沟后与茶园山组连接。腊溪水出自洞湾冷风洞，沿沟谷西北转西南流后，在坡脚贺家西北面注入七股水。

岩牛组卫星摄像图

黄土坡组卫星摄像图
图片来源：贵州省地理信息公共服务平台

为尽可能多地获得耕地，村落选址于峡谷台地东南一角，坐东向西，略偏西南。前面辟有堰塘。西侧一高台，虽地势逼仄，但可观七股水峡谷风光。西南侧生长着高大的原始次生枫树林。通村公路经龙头组、茶园山组、烂泥冲组后可达村落东侧山腰修建的停车场。

黄土坡在西侧石柱状山体悬崖上，遗存有尚未探明的黄土庵遗址，以及贺家老宅和古井遗址。

三、茶园山村村落建筑

茶园山村的建筑，除用于居住之所的宅第和民居外，还包括用于交通组织的巷道、空间分隔的院墙和门楼、生活必需的泉井、加工粮食的碾房、防御匪患的营盘、安置逝者的墓葬，以及用于宗教活动的"庵"等类型。

（一）建筑形制特点

1. 宅第

茶园山村范围内，作为官员世家居住的宅第，仅见于茶园山组徐氏新三房分布区域，以新三房之二房"南州第"等为代表。

宅第多为合院式布局，二房所在较为典型，由巷道和围墙围合而成的封闭空间内，东西向上下分布有三个合院。合院内由两组一正一厢建筑组成，正房并列，厢房左右对称，中为庭院，形成三合院。唯西侧院落"南州第"北面一组是一正两厢的，因此庭院空间狭小。该区域现存建筑年代较早。建筑组合形式未见完整的四合院空间布局，但在三房分布区域西侧，留有一栋朝向相反、疑似倒座的房屋，由于现存正房位置的建筑已经改动，尚无法最终认定。

2. 民居

茶园山村的民居建筑，普遍以开放式布局为主。

开放式布局的民居建筑，以四榀三间，通称正房的主房为数最多。正房带一厢房的其次，即一正一厢。一正两厢极少，且建筑时代普遍较晚。正房前均辟有以晾晒谷物为主要功能的前庭，俗称"晒坝"。

3. 宅第民居的建筑形制

茶园山村宅第民居建筑，其共同的建筑形制特点是多为穿斗式木结构，悬山青瓦顶。宅第民居建筑的体量不大，正房普遍面阔三间、进深二间。石砌台明不高，宅第多用料石，民居多用毛石。总体上遵礼制，不僭越。

正房

平面布局上，中间为堂屋，左右两次间为居室，以隔墙分隔，形成"一明四暗"的空间布局。堂屋是以待客、祭祖、用餐等功能为主的公共空间，两次间是以起居功能为主的封闭空间。

堂屋前面多由前檐柱后退一步架，在金柱（老檐柱）上安装大门。大门前形成的凹形空间，南方多称"燕窝"，当地称"吞口"。吞口，本指悬挂在门楣上用以驱邪避灾之物，后相沿成习，指代宅第民居建筑堂屋前凹形空间。堂屋后面，除在檐柱装板壁外，还从后檐住向中柱方向收一至三个步架不等，在落地柱上安装香火壁，以供奉祖先神灵。香火壁后的空间，或供老人居住，或用作杂物间。左右次间的居室，均在前后檐柱间装板壁，前檐柱间靠堂屋一侧开门，后檐柱间可根据需要选择性安装。正房地面多夯筑三合土，其中居室室内，宅第多装有地楼板，民居有装地楼板的，但使用与堂屋等高的三合土地面的略占多数。

建筑结构上，均为穿斗式木结构。在台明上，落地柱和穿枋横向连接形成一榀屋架，并根据空间需要在落地柱间增加瓜柱，瓜柱穿插于枋上。四榀屋架之间由横枋联系，构成完整建筑框架。柱头上部支撑屋面檩、椽、瓦。茶园山村宅第民居建筑所用的落地柱和瓜柱配比是不同的，即使一栋建筑，明间两榀屋架和次间两榀屋架也有区别。以茶园山组为例，现徐绪清宅明、次间屋架都是五柱五瓜十二檩，而徐绪斌宅明间屋架是七柱七瓜十六檩，次间是五柱九瓜十六檩。

立面装修上，四围及室内空间分割均使用木板壁，板壁间按需装门窗。堂屋大门，按"三樘六门"制，其中中樘两扇为满足日常生活每日启闭，左右边樘各两扇日常不用，遇红白喜事时开启。宅第多为六合隔扇门，有部分六合板门。而民居，既有六合隔扇门、六合板门的，也有双开板门左右带呆窗的，老堰塘、黄土坡等村民组还有不装或未装大门的。左右次间的居室，均在前檐柱所装板壁间靠堂屋一侧，对称装单开板门，板壁中间装呆窗，宅第有装支摘窗的。后檐柱间可根据需要选择性安装。

厢房

厢房平面布局根据空间和功能需求，设有一至三个开间不等。多为一楼一底，底层地面一般为三合土，楼层为木板。建筑结构同为穿斗式木结构，因体量较小，一般柱瓜数量不多。较多厢房的楼层外挑后形成挑廊，如徐氏用作"私塾"的厢房。立面装修简单，只在作为挑廊部分的栏杆上做装饰。

茶园山组宅第民居建筑柱瓜枋组合统计表

（正房）

序号	落地柱、瓜柱、穿枋组合		数量 B 类
	明间	次间	
1	3柱3瓜8檩3穿	3柱3瓜9檩3穿	1
2	3柱4瓜9檩4穿	3柱4瓜9檩4穿	2
3	4柱3瓜9檩3穿	3柱4瓜9檩3穿	7
4	4柱3瓜9檩3穿	4柱3瓜9檩3穿	1
5	4柱3瓜9檩4穿	3柱4瓜9檩4穿	17
6	4柱3瓜9檩4穿	4柱3瓜9檩4穿	1

续表

序号	落地柱、瓜柱、穿枋组合	数量	B类
	明间	次间	
7	5柱2瓜9檩3穿	5柱2瓜9檩3穿	1
8	5柱3瓜10檩3穿	4柱4瓜10檩3穿	1
9	5柱3瓜10檩4穿	5柱3瓜10檩4穿	10
10	5柱3瓜10檩4穿	4柱4瓜10檩4穿	2
11	5柱4瓜11檩4穿	5柱4瓜11檩4穿	1
12	5柱5瓜12檩3穿	5柱5瓜12檩3穿	1
13	5柱5瓜12檩4穿	5柱5瓜12檩4穿	10
14	7柱5瓜14檩4穿	5柱7瓜14檩4穿	1
15	7柱5瓜14檩4穿	7柱5瓜14檩4穿	2
16	7柱6瓜15檩4穿	5柱8瓜15檩4穿	1
17	7柱7瓜16檩4穿	7柱7瓜16檩4穿	2
18	8柱3瓜13檩4穿	8柱3瓜13檩4穿	1

（厢房）

序号	落地柱、瓜柱、穿枋组合	数量	B类
	明间	次间	
1	3柱2瓜7檩3穿	3柱2瓜7檩3穿	4
2	3柱3瓜8檩3穿	3柱3瓜8檩3穿	1
3	3柱4瓜9檩3穿	3柱4瓜9檩3穿	11
4	3柱5瓜10檩4穿	3柱5瓜10檩4穿	1
5	4柱3瓜9檩3穿	4柱3瓜9檩3穿	5
6	4柱4瓜10檩3穿	4柱4瓜10檩3穿	2

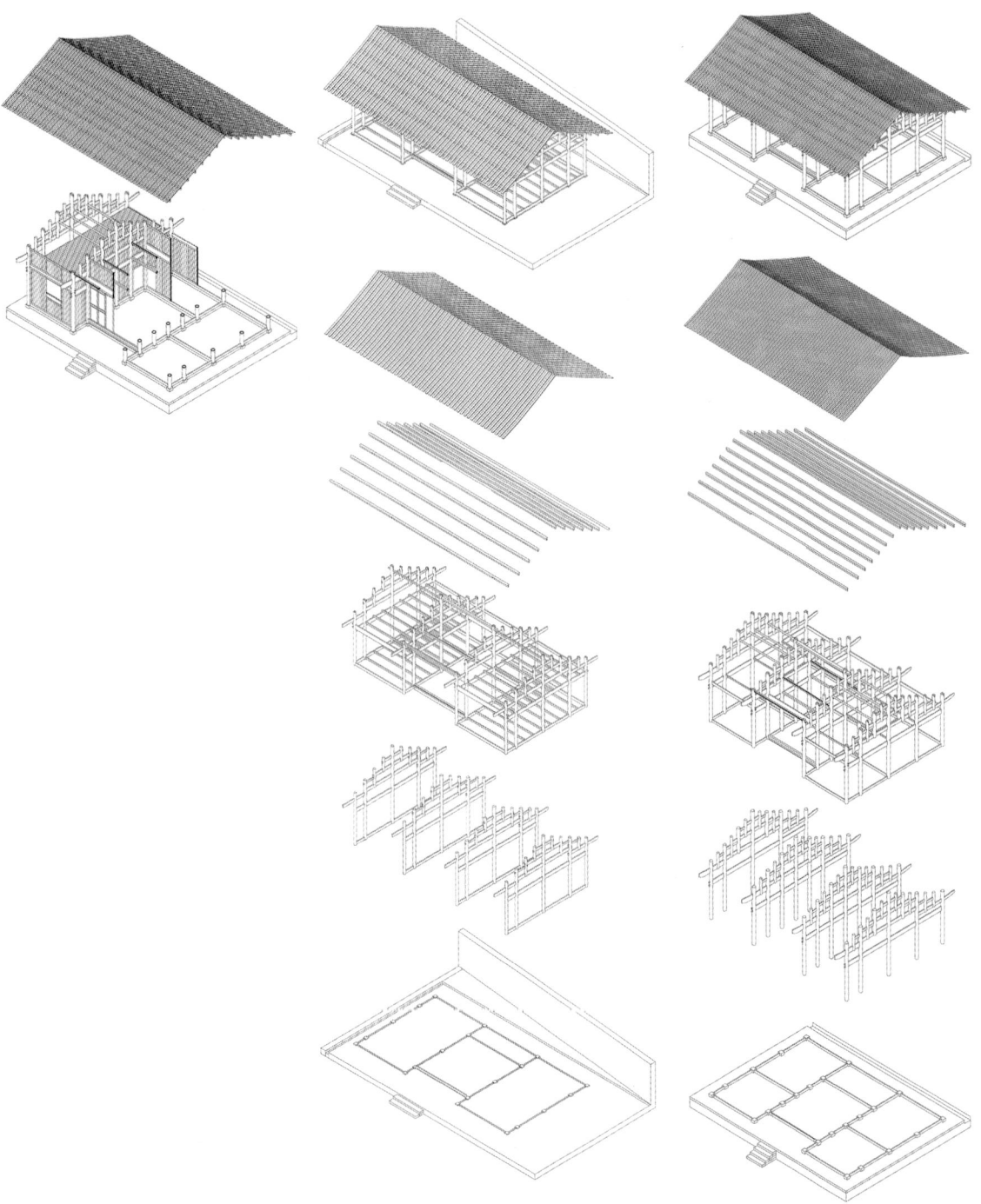

民居建筑轴测图

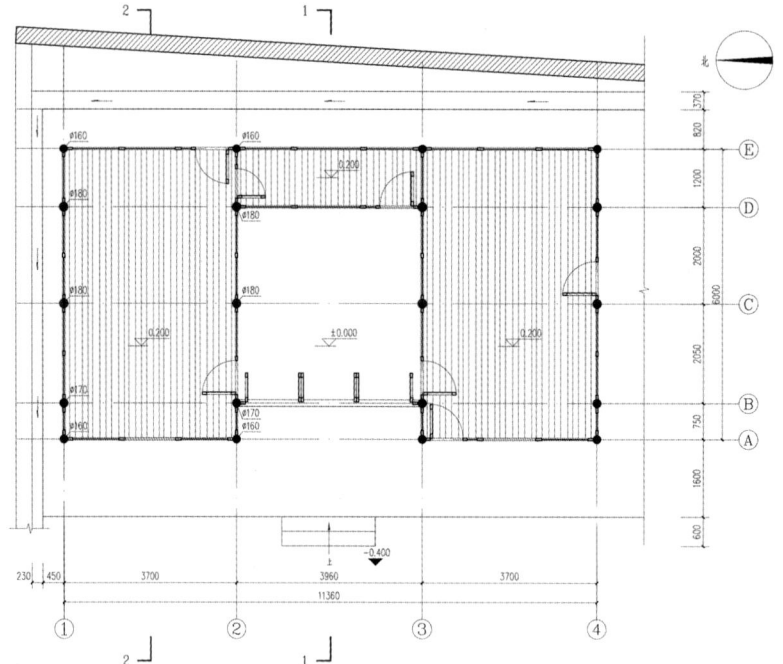

徐绪清宅平面图 1：50

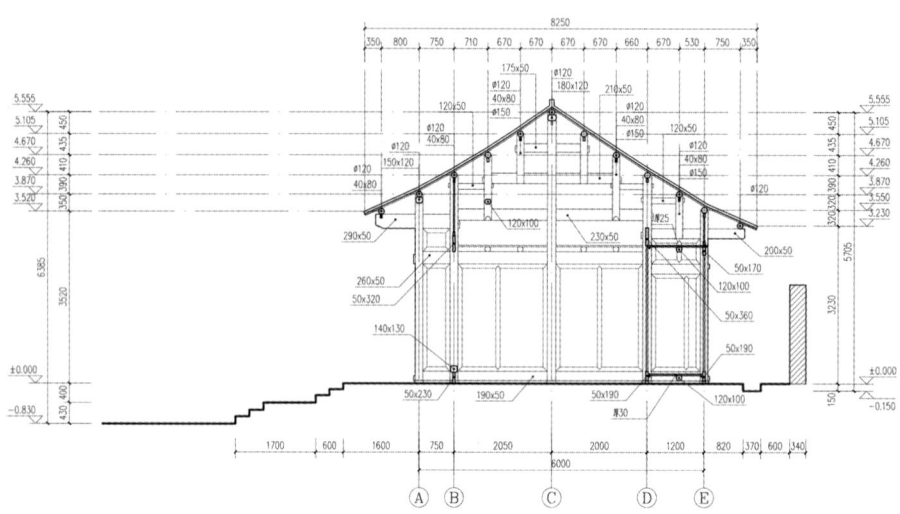

徐绪清宅 1-1 剖面图 1：50

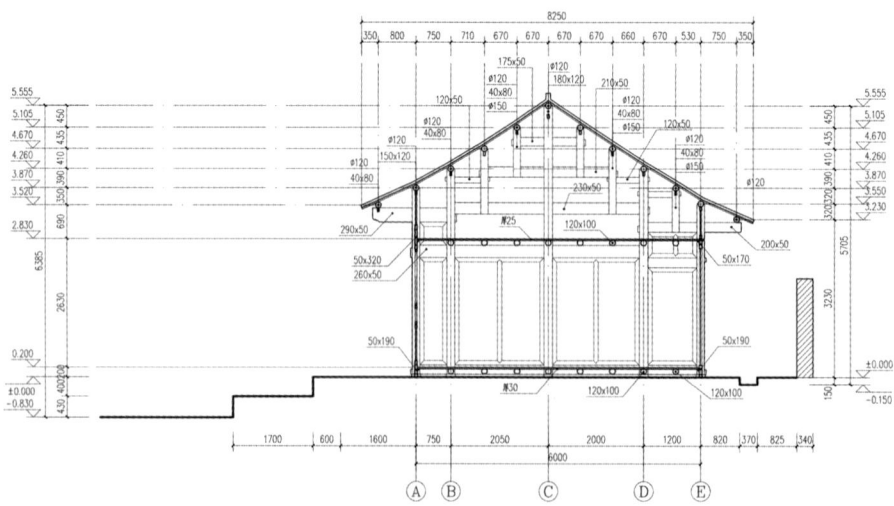

徐绪清宅 2-2 剖面图 1：50

徐绪清宅测绘图

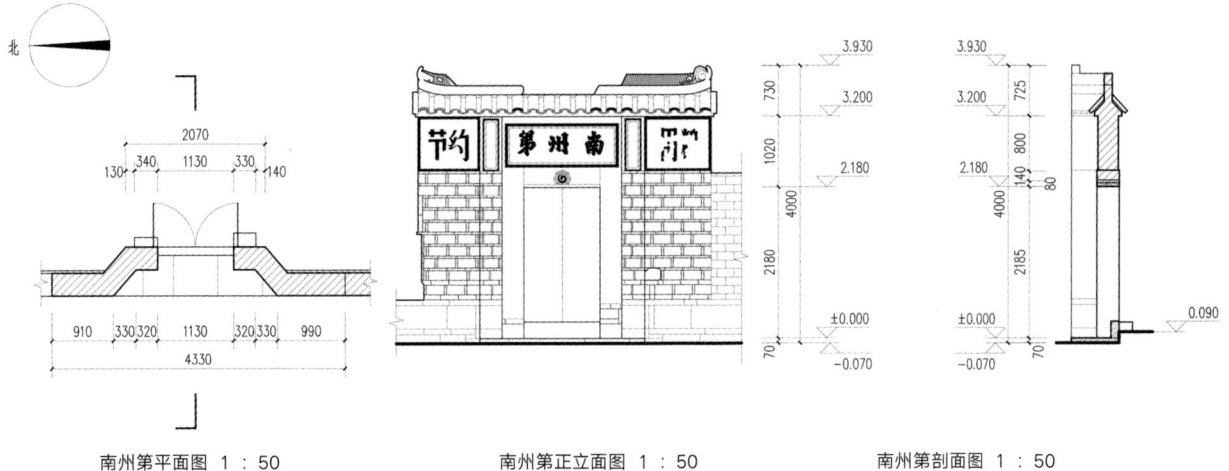

| 南州第平面图 1:50 | 南州第正立面图 1:50 | 南州第剖面图 1:50 |

南州第测绘图

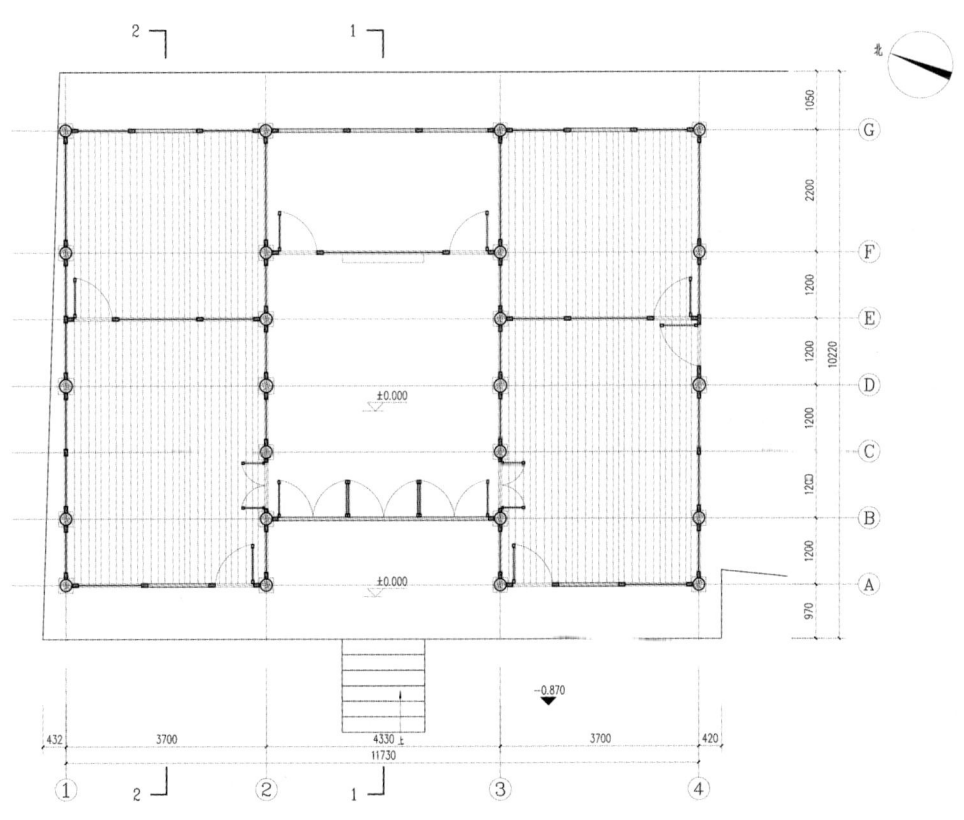

徐绪斌宅平面图 1:50

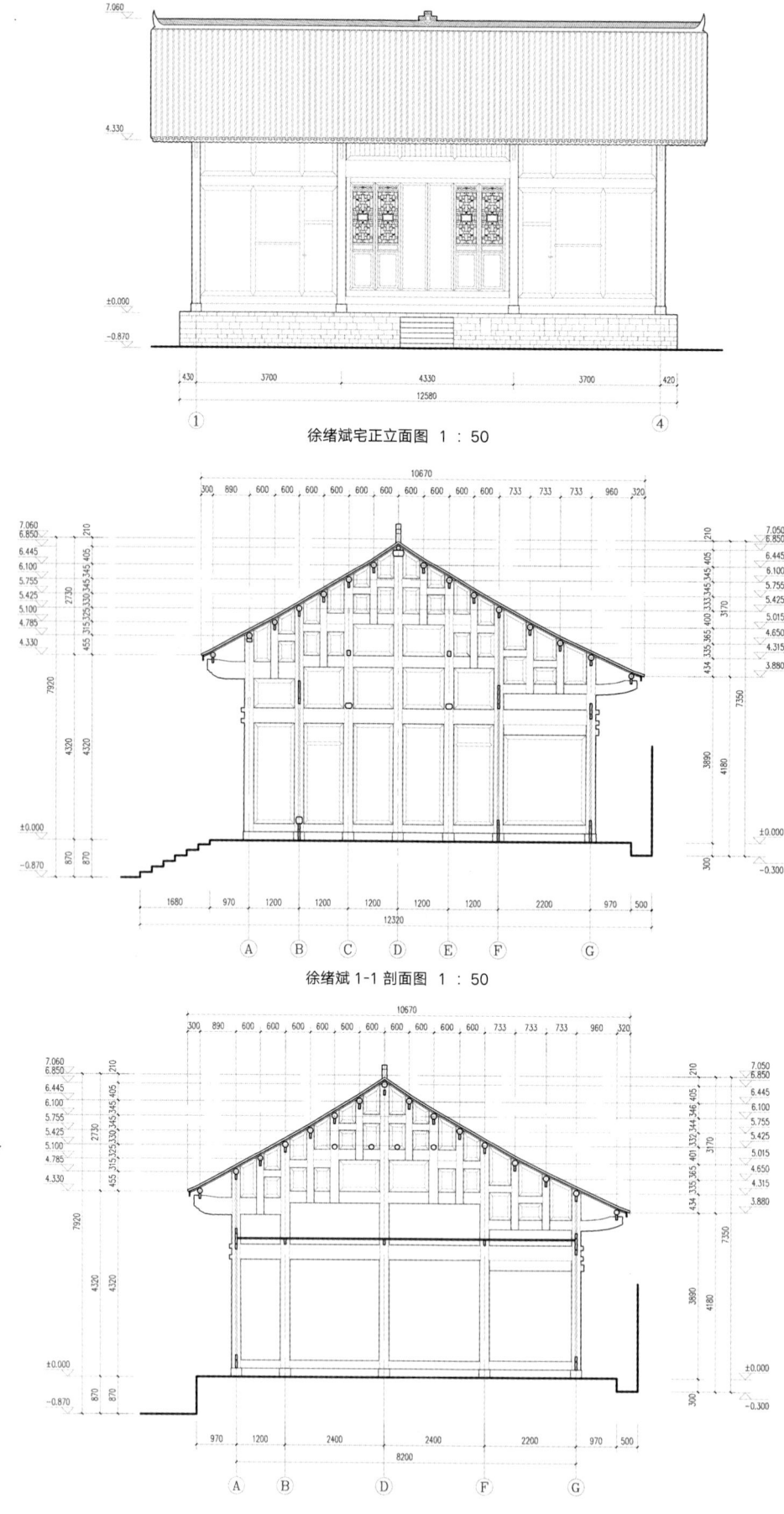

徐绪斌宅正立面图 1:50

徐绪斌 1-1 剖面图 1:50

徐绪斌 2-2 剖面图 1:50

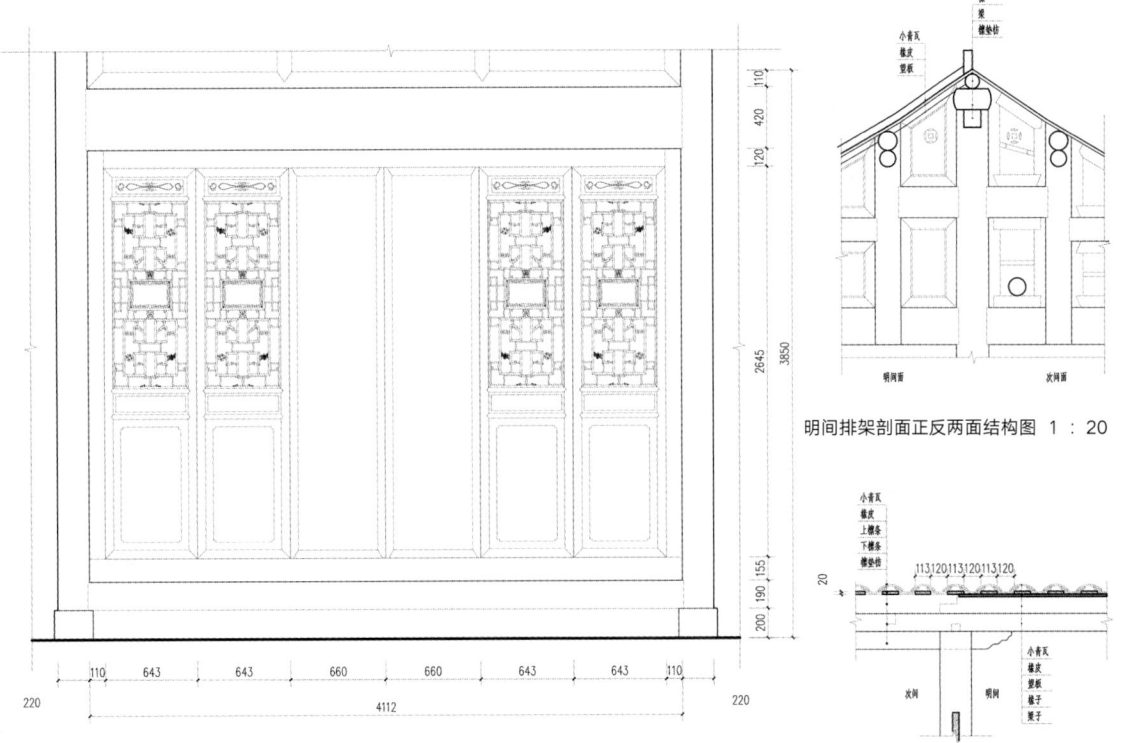

明间隔扇门大样图 1：20

明间排架剖面正反两面结构图 1：20

明间、次间屋面做法图 1：20

隔扇门大样图 1：15

棂条榫卯穿插结构大样图 1：15

门框金角结构大样图 1：15

门框角结构大样图 1：15

徐绪斌宅测绘图

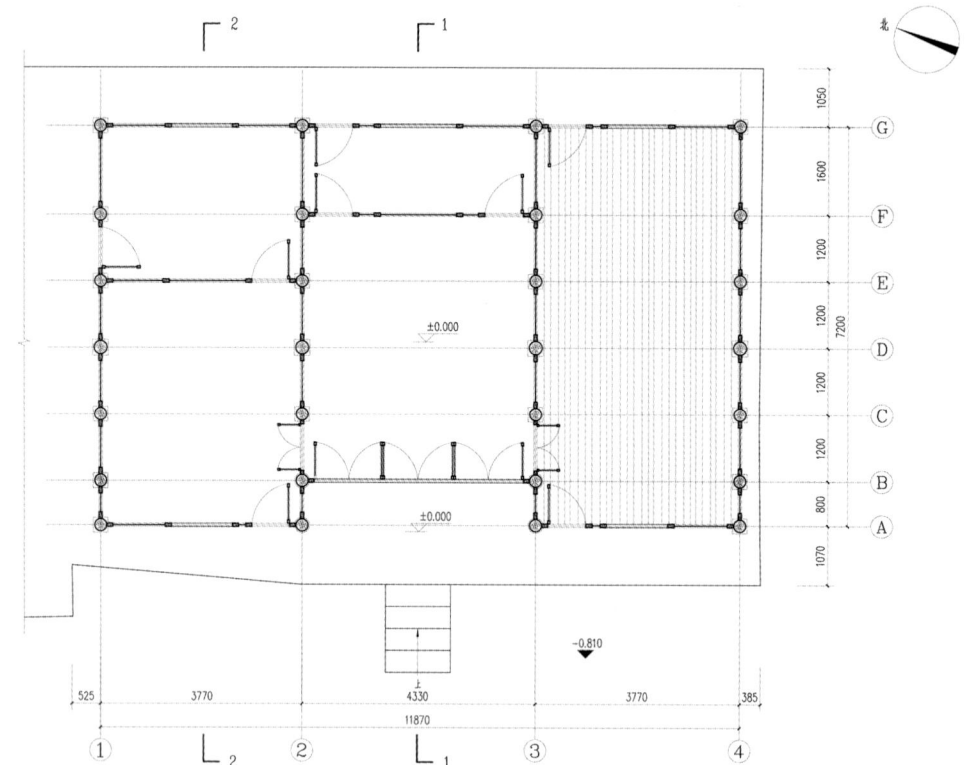

徐学则宅平面图 1:50

徐学则宅正立面图 1:50

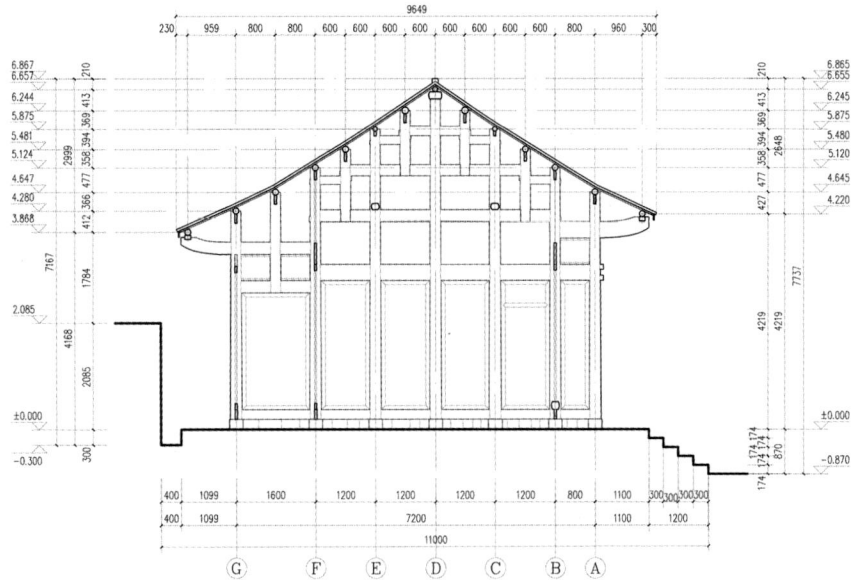

徐学则宅 1-1 剖面图 1：50

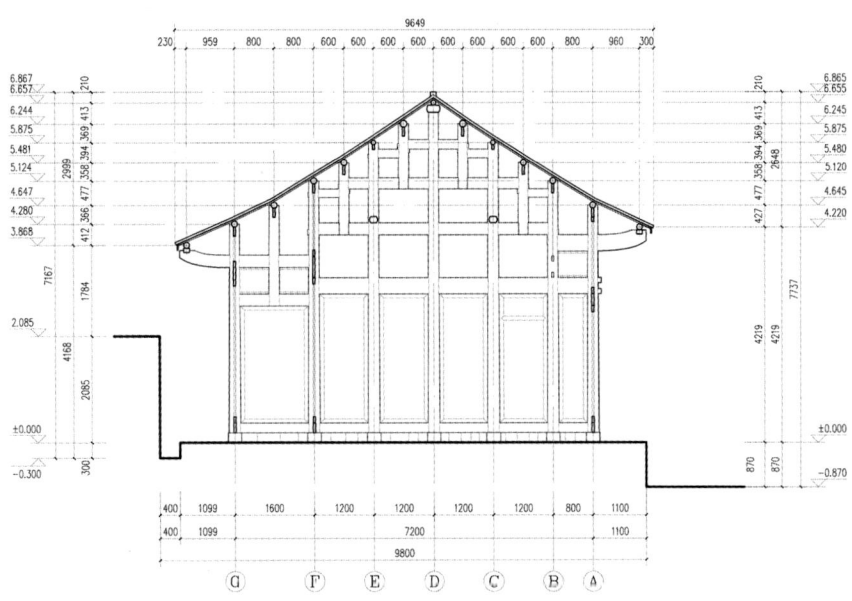

徐学则宅 2-2 剖面图 1：50

徐学则宅测绘图

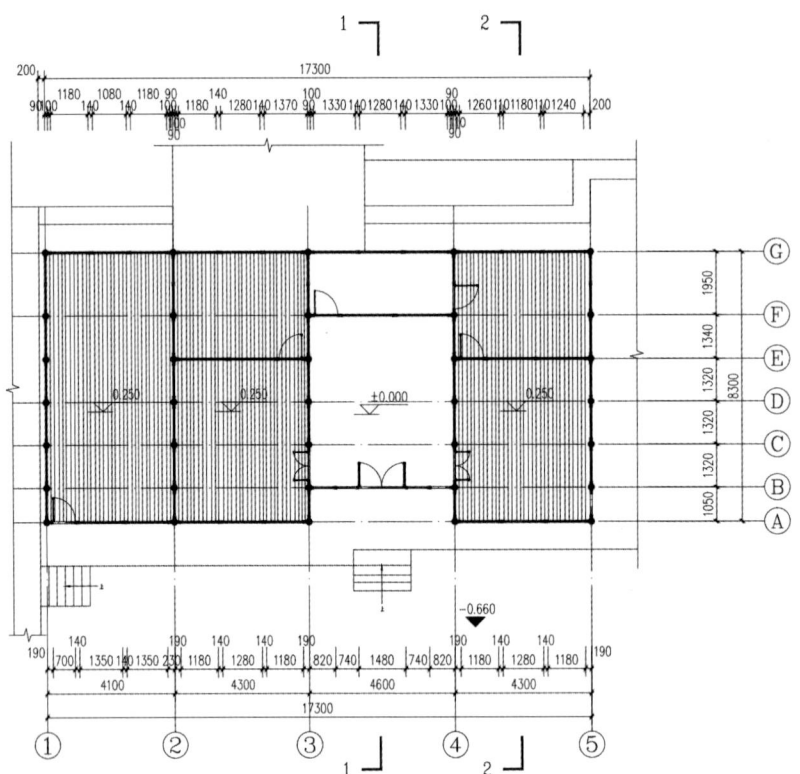

徐世普宅平面图 1：100

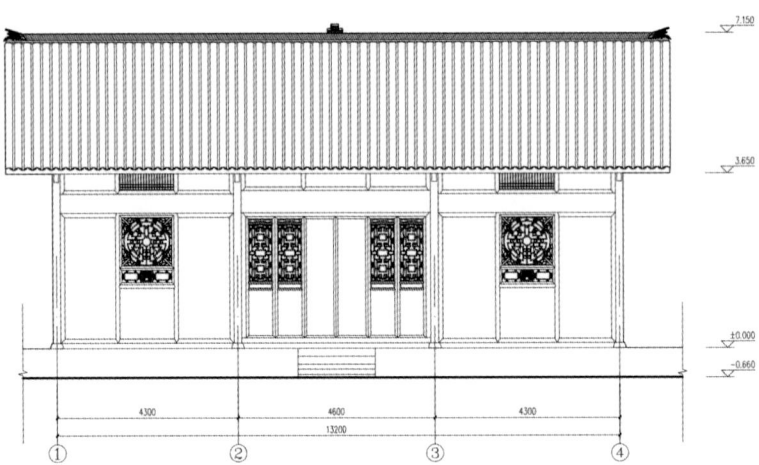

徐世普宅正立面图 1：50

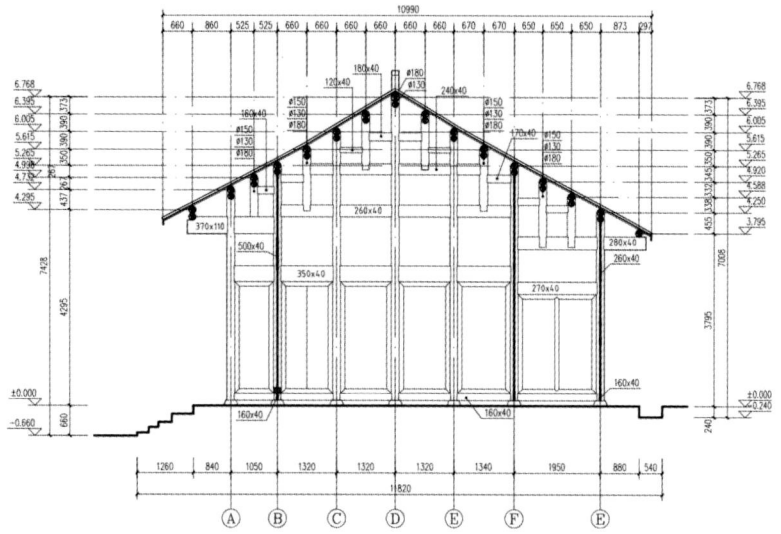

徐世普宅1-1剖面图 1：50

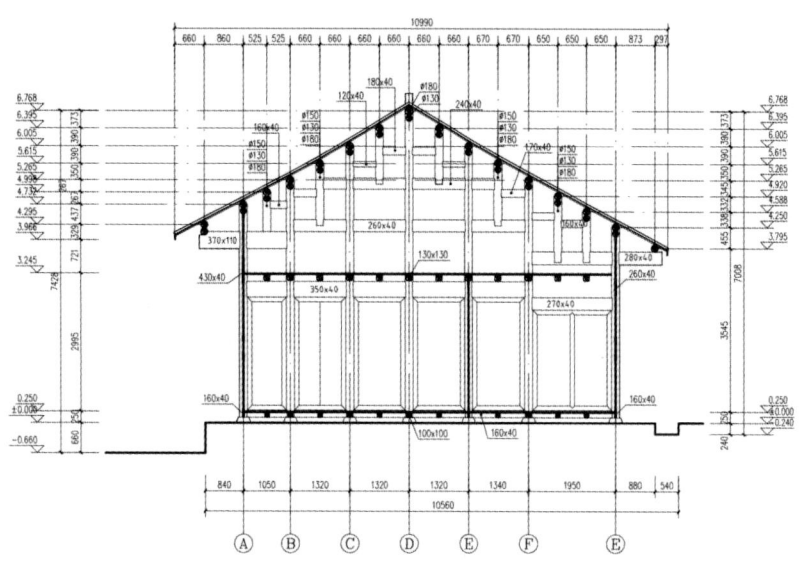

徐世普宅2-2剖面图 1：50

徐世普宅测绘图

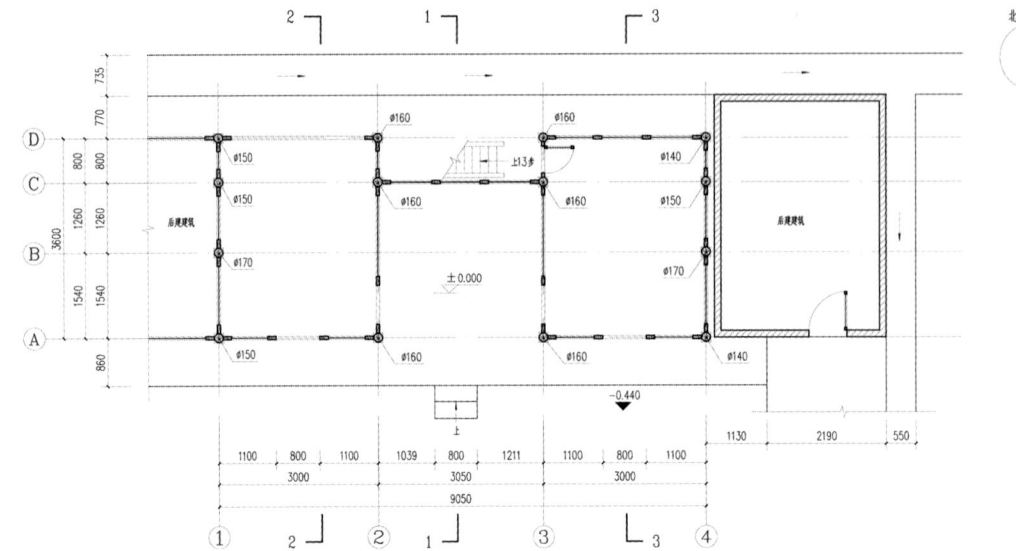

私塾一层平面图 1∶50

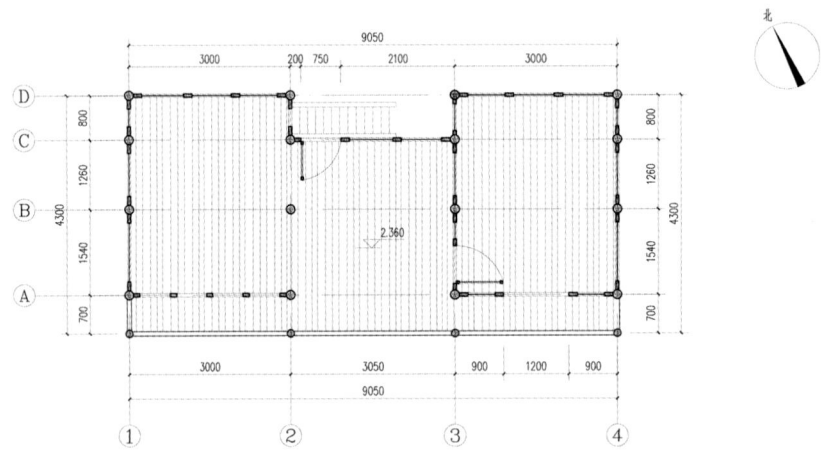

私塾二层平面图 1∶50

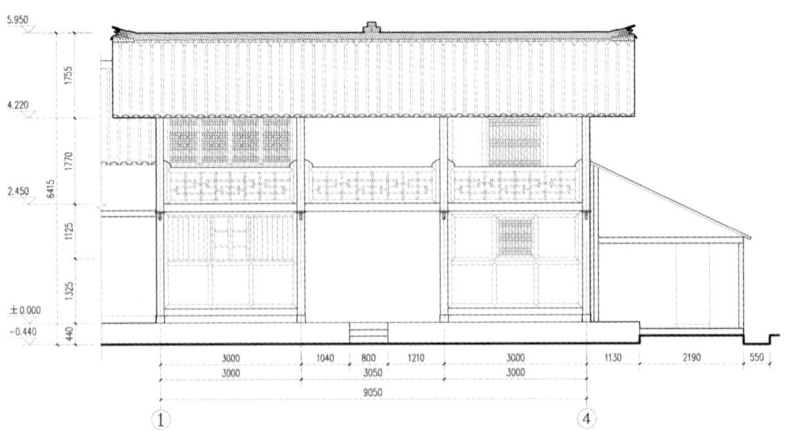

私塾正立面图 1∶50

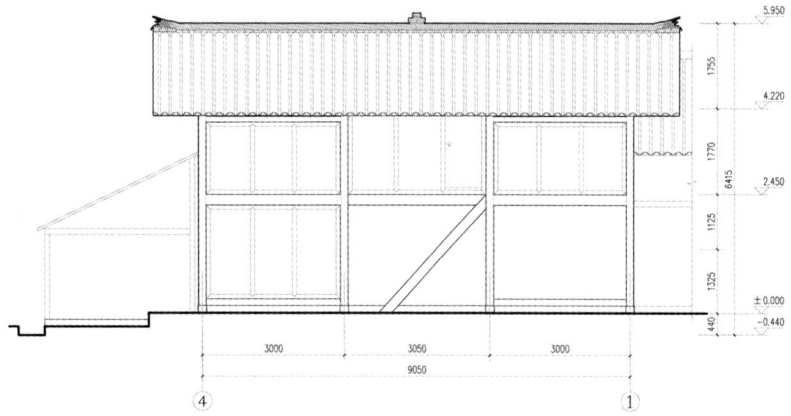

私塾背立面图 1：50

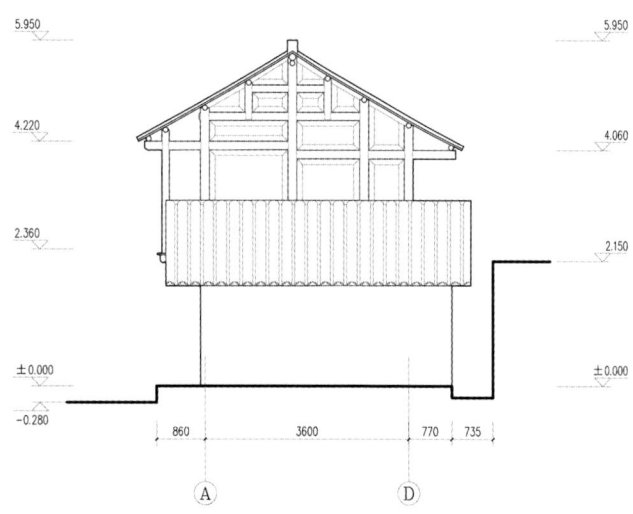

私塾侧立面图 1：50

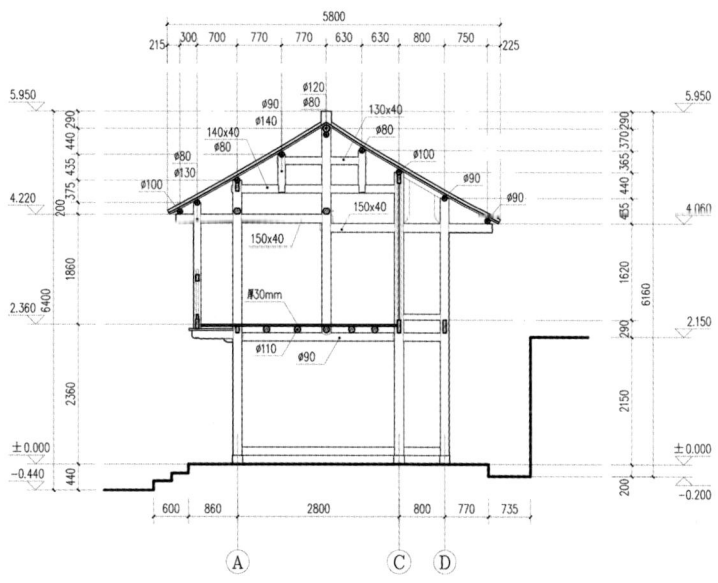

私塾 1-1 剖面图 1：50

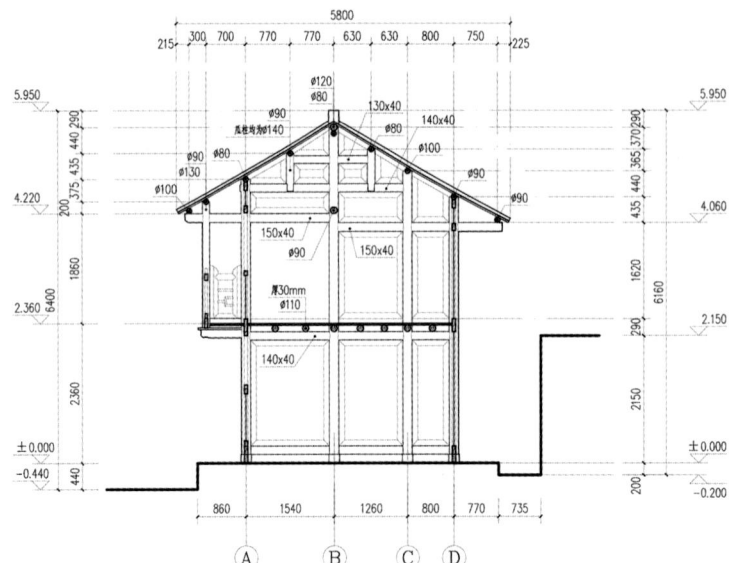

私塾 2-2 剖面图 1：50

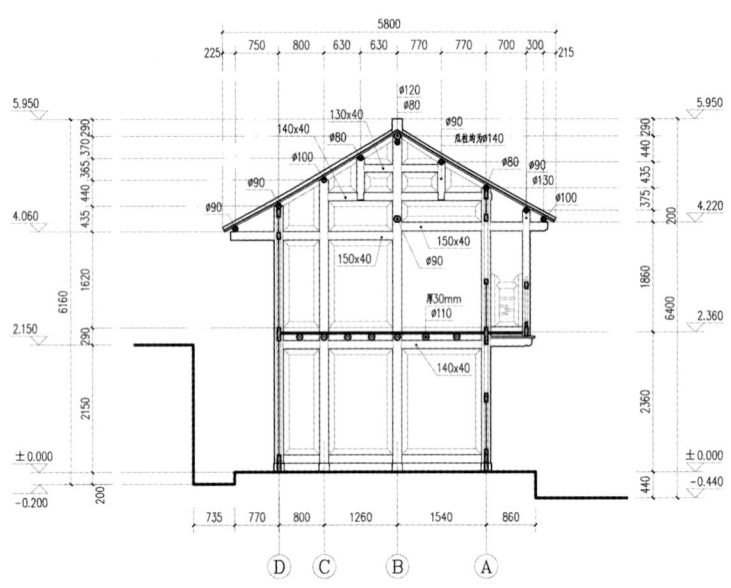

私塾 3-3 剖面图 1：50

私塾测绘图

（二）巷道院墙和门楼

1. 巷道

　　茶园山村各村民组，皆利用民居建筑前庭外的台地下部开辟巷道，巷道临民居建筑前再以石梯步与前庭的晒坝衔接，巷道有效地组织了村落的交通，生产生活出行便捷。目前，除茶园山组新三房分布区域外，各村民组的巷道，虽然传统步道的肌理仍然保存，但基本上已经用水泥砂浆进行了硬化。唯茶园山组新三房分布区域基本保持原有格局，历史风貌保存较好。现存茶园山组的巷道及寨前堡坎，形成于清道光年间，为徐莱倡首并出资修建，路面用石板铺墁，台地高差间的踏步以料石垒砌，石材皆就地取自附近坟垴、田湾或盖上的采石场。

2. 院墙

　　茶园山村各村民组内以开放式布局的民居建筑为主，多不修建院墙。但部分民居，在其前庭外缘，根据地形修筑有矮墙，且多数矮墙与台地堡坎浑然一体。

巷道（大坪组）

巷道（茶园山组）

院墙（大坪组）

而茶园山组徐氏新三房分布区域则规划建设有用于空间分隔的墙体，使新三房分布区域形成相对独立的空间，各院落之间设有巷道，并在靠近巷道一侧开门洞，建门楼。

院墙根据台地地形变化修建，随地形起伏砌筑为叠落墙。根据调查，院墙修建年代为清道光年间，为徐菜倡首谋划，与巷道同期建设。院墙基础以料石砌筑，墙体用青砖砌筑空斗墙，底部先砌三层眠砖，底层眠砖规格较大，多为255毫米×140毫米×60毫米或270毫米×140毫米×70毫米，其余二层与墙体青砖规格相同。上部为一斗一眠一丁，墙顶均有墙帽。院墙在民居建筑山面者，会开设漏窗（亦称花墙）。合院之间的隔墙，沿台地边缘砌筑为影壁（亦称照墙）。巷道中段还留有疑似供夜晚摆放灯盏的小龛。

叠落墙　　　　　　　　　　　　　　　山墙面开设的漏窗

预留的小龛　　　　　　　　　　　　　影壁

矮墙　　　　　　　　　　　　　　　　院墙

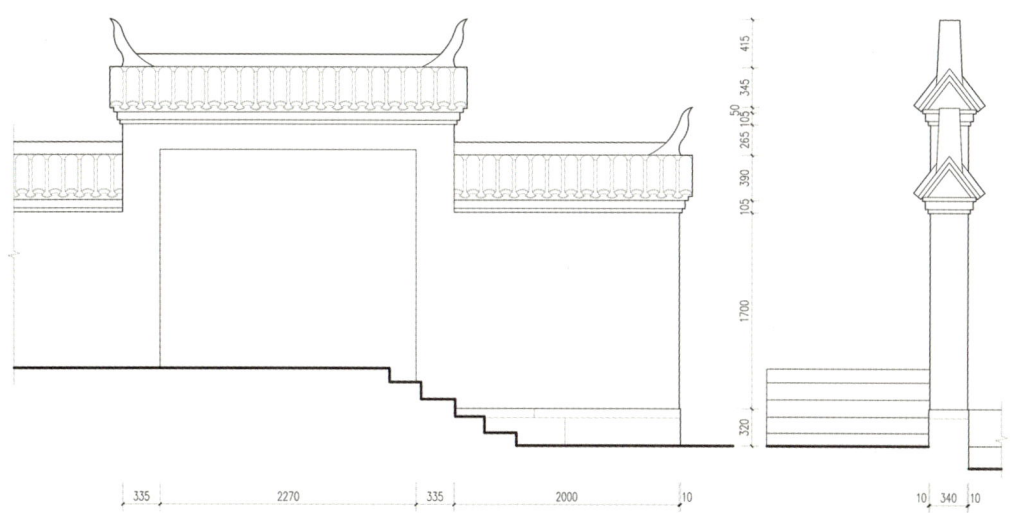

影壁立面、侧面图

民国十年（1922）灾后重建家园时，受财力所限，被毁的空斗墙难以整体恢复，徐氏后裔便以土坯取而代之，土坯规格多为340毫米×160毫米×130毫米。另有一些墙体是近些年用现代标砖补砌的。

3. 门楼

土坯墙

茶园山村仅茶园山组遗存有门楼，其余6个开放式民居布局的村民组未见遗存分布。另外，龙头组西端通往铜仁古道上的卡子门，属于防御性设施，块石砌筑，拱形门洞，其上是否曾修建门楼，有待清理后再行判断。

茶园山组现存门楼，除二房西端北侧"南州第"作为宅第入口外，其余遗存如二房通道上的"景山第"、三房通道上的"南州第"、通往总房的"翰林第"、仅存门洞的"赤海第"等，均利用交通组织的巷道节点，作为空间分隔而修建。

茶园山组现存门楼均可归入垂花门类，只是构造方式有所不同，包括"二郎担山"式和四柱落地式两种。

"二郎担山"式垂花门，从侧立面看，整座垂花门形如樵夫挑担，故名。三房巷道中段转角处的"南州第"门楼即为此种形式。门洞由石质门柱和俗称"门楣"的额枋组成，柱枋间加雀替，这种做法源于衡门，所谓"衡门之下，可以栖迟"。门洞左右及额枋上部整体砌筑空斗墙，梁架与柱十字相交，由枋和垫板组成的T形挑梁搁置在额枋上前后两侧，前后两端支承垂莲柱，穿插枋从柱中穿出，前后悬挑檐檩，而脊檩搁置在墙头。在额枋上部墙面预留的字碑上，书写徐氏堂号"南州第"。该式垂花门的优点是极大地减少占地空间，门楼还能起到对门扇的保护作用。

四柱落地式垂花门，是垂花门中最普遍、最常见的形式。三房巷道口、"翰林第"和二房巷道口及中段"景山第"均为这种形式。以"景山第"为例，门楼以立柱、垂莲柱、穿插枋、联系枋和屋盖构成，前檐立柱外为砖石砌筑的门洞，门洞做法与前述"南州第"相仿。该式垂花门的优点是门楼下的空间可以利用，可供族人相聚小憩时遮阳避雨。

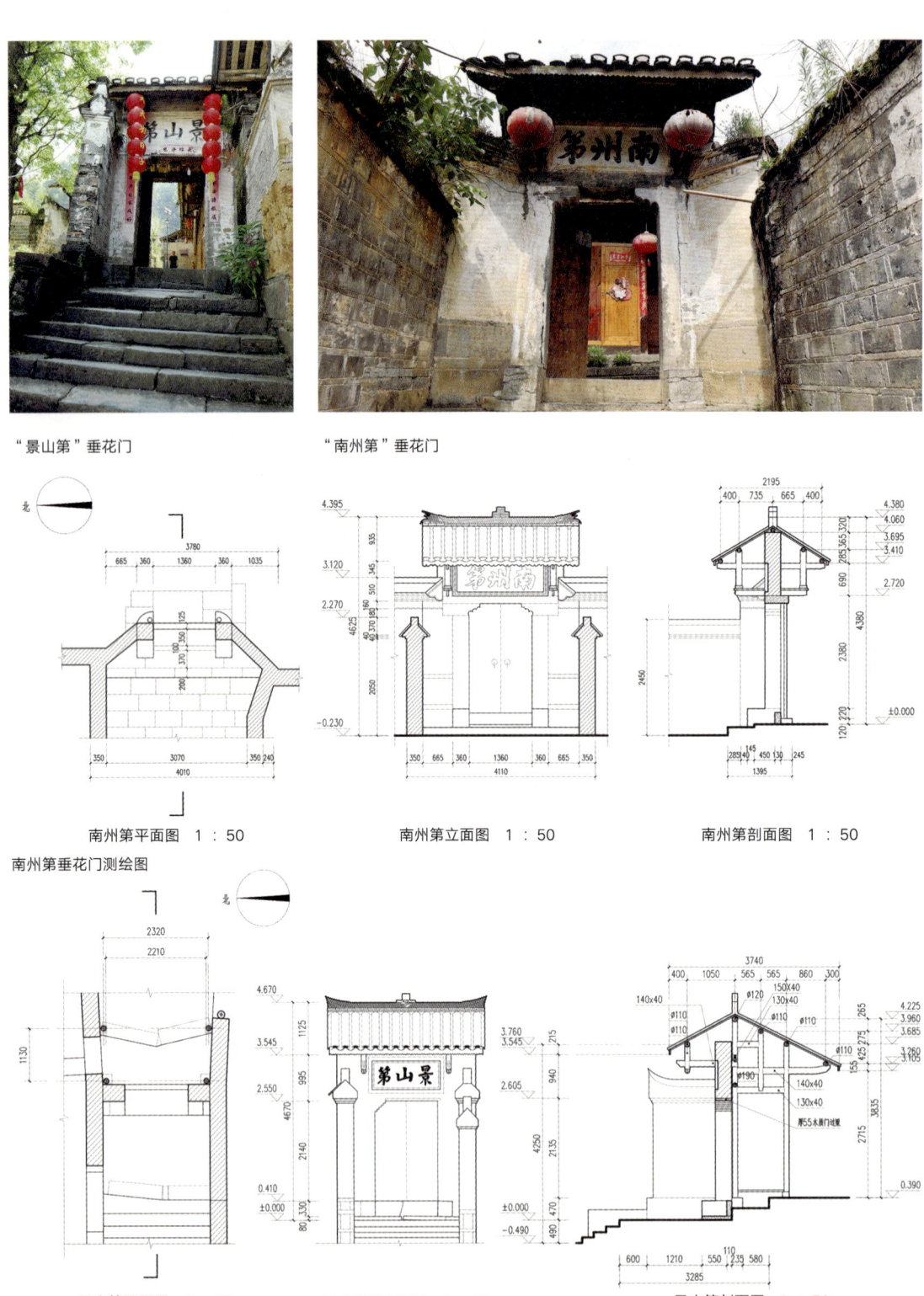

"景山第"垂花门　　　　"南州第"垂花门

南州第平面图　1：50　　南州第立面图　1：50　　南州第剖面图　1：50

南州第垂花门测绘图

景山第平面图　1：50　　景山第正立面图　1：50　　景山第剖面图　1：50

景山第垂花门测绘图

（三）泉井

一方水土养一方人，择地而居，水源是关键。茶园山村各村民组所在，生活必需的泉井都有分布，较有特点者，可见于茶园山、龙头、大坪、老堰塘和黄土坡五组内。

茶园山古井，在茶园山组北面村口古道旁金鳌山南麓，为泉井。根据饮用、洗菜和浣洗不同功能修筑为三池，西南东北向分布。因修筑通村公路，泉眼处的饮用池上部做成涵洞，池上加井盖。不同用途的两个浣洗池表面有水泥砂浆痕迹。

龙头古井，在龙头组谢家西南、黄家西北与通往卡子门道路南侧柏树旁，为泉井。根据饮用、洗菜和浣洗不同功能修筑为三池，西北东南向分布。该井于20世纪90年代整修过。

大坪古井，在大坪组村寨东北广场南侧，为泉井。根据饮用、洗菜和浣洗不同功能修筑为三池，东西向分布。

老堰塘古井，在老堰塘组村寨东南隅，为泉井一眼，因传说，又名"地母洞"。

（四）蔡湾碾房遗址

通过调查得知，茶园山村在老堰塘、腊溪沟的蔡湾和洞湾都有加工粮食的碾房，其中老堰塘碾房废弃已久，原址因修筑新堰塘而埋没于水下，洞湾碾房遗址尚存，但保存状况很差。

蔡湾碾房遗址保存状况较好。该遗址上部碾房早已不存，碾坪、碾槽、碾轮因地表堆积

茶园山古井　　　　　　　　　　　　　龙头古井

大坪古井

老堰塘古井

过厚无法判断保存状况，下部落窝部分砌体保存尚好，排水沟渠立面呈拱形，内部轮轴不存。可在适度清理的基础上，作为不可移动文物进行认定和保护。

蔡湾碾房遗址

（五）金鳌山营盘

通过调查，茶园山村仅金鳌峰上遗存有用于防御匪患的营盘。

徐以暹《秋日游灵鹫庵故址》一诗序文云："庵在金鳌山顶，有石塔屹然，壁立千仞，久灰炉于兵乱之后，遗迹空存，览之怆然不能以已。"又有诗句："金鳌寒暮霭，石塔断晴空。"二者与《结砦金鳌山》一诗中诗句"当年胜迹传灯地，此际终宵击柝声"结合分析，可以得出：今茶园山村金鳌山顶，原有灵鹫庵，至迟创于明代，清康熙年间因战乱仅存遗址，石塔也成断塔。徐以暹徙居茶园山后，为防御匪患而利用地势险峻、遗址尚存的灵鹫庵"结砦"[2]，修建营盘。今营盘营门及靠近山崖的营墙遗址尚存，可在适度清理的基础上，作为不可移动文物进行认定和保护。

（六）墓葬

茶园山组徐氏古墓葬，包括徐以暹墓、徐如澍墓和徐棻墓。但已经迁至纱帽山的徐穆墓和本就安葬在徐以暹墓旁的徐钧墓，因调查时不知情而未能获得信息，但徐穆墓出土的墓志铭得以捶拓。应作为不可移动文物进行认定和保护。

徐以暹墓，在茶园山村龙头组北面谢家和南面黄家之间的纱帽山南麓台地上。墓坐东北向西南，为封土墓，墓碑为石灰石质，圆首。

徐如澍墓，在碧江区灯塔社区官洲组西南田坝中。墓坐西向东偏北，为土封石围墓，但石质墓围仅见地表一圈。墓碑因早年墓葬被盗，徐氏后人整修时为避免再遭破坏，将墓碑封存于墓内。

徐棻墓，在茶园山村茶园山组周家坡田湾一台地上。墓坐北向南，为土封墓，墓碑为石灰石质，方首抹角，高1.18米、宽0.57米，厚0.1米。墓碑显示徐棻卒于清光绪二十二年（1896）。

---

2 指防御外敌而修建的防御性建筑或设施，此处至墙体。

金鳌山营盘营墙及营门入口遗址

徐以暹墓　　　　　　　　　　　　　徐如澍墓

徐棻墓　　　　　　　　　　　　　　徐穆墓墓志铭（盖³）

（七）观音庵

当地把所有用于宗教活动的寺庙宫观统称为"庵"。茶园山村仅在烂泥冲组南部的后山靠近茶园山组发现一处，称观音庵。

咸同年间，徐棻长子徐元煜组织团防，修建屯堡，保护了家乡。次子徐元烌子和太学生徐本坤也长期主持乡团，使茶园山得以幸存。清末，家境小康的徐厚田游历山林，并让堂弟

3　其墓志铭有两个部分，上部分为盖，下部分为底，图中为"盖"的部分。

徐振基撰写《补漏庵记》。应深入调查核实观音庵是否为补漏庵，如确认，则应作为不可移动文物进行认定和保护，以丰富茶园山不可移动文物的类型。

（八）古道

通过调查，茶园山村步道确实不少，但遗存的古道不多，以茶园山古井和茶园山村委会至贺家的古道为代表。建议以茶园山古道和腊溪沟古道命名，作为不可移动文物进行认定和保护。

观音庵

茶园山古道　　　　　　　腊溪沟古道

（九）建筑装饰特色

茶园山村的宅第民居建筑，其共同的装饰特色是在满足功能使用前提下，在构件或部件上利用雕刻手法，以图形图案形式，表现寓意丰富的文化符号，展示对家族未来的期许。

茶园山村宅第民居建筑的装饰，普遍简单朴实。作为建筑基础的台明，高不盈尺，以块石或毛石砌筑。屋身柱枋也不多做修饰，板壁清光平整。重点如门窗，不管是隔扇还是呆窗，门窗花芯也多为"直棂"或"书条"，最多在棂条节点处施以"拐子"、局部地方的棂条间镶嵌几朵"十字花"等作装饰。即使是建筑核心部分的堂屋神龛，也只是在香火壁上，以鸡腿柱支撑一块平板，平板前部看面以变形莲瓣纹作装饰。

而茶园山组徐氏家族的宅第，建筑年代较早者，建筑装饰内容相对丰富得多。

作为建筑基础的台明，虽多数高不盈尺，但部分台地高差较大处，其高度亦有超过二尺的，且多以块石或料石砌筑。以料石砌筑者，多净面，部分也有在阶条石、陡板石的立面看面上作"一炷香"等装饰线条的。

屋身部分，柱枋虽修饰不多，但不少板壁在清光平整基础上，边缘会加装一些装饰线条。不少人家会在柱脚下增加防潮耐腐的柱顶石，当地称"磉磴"。磉磴看面有净面的，也有雕刻纹饰的。带雕刻的磉磴，内容包括寓意富贵花开的"牡丹"、人格高尚的"岁寒三友"之梅花、福禄寿喜中指代"禄"的鹿等，不一而足。

门窗，不管是隔扇还是呆窗，门窗花芯虽也有"书条""直棂"，但隔扇更多是在花芯做比较复杂的"灯笼锦""步步锦""万字锦"等装饰，再在棂条节点处施以"拐子""十字花"等。在次间，呆窗则有"龟背锦""如意锦"等变化，也有以支摘窗取代呆窗的。支摘窗，指即上部可以向外支起、下部可以摘下的窗子，亦称和合窗。"和合"者，和睦同心也。花芯部分，支窗的图案，一般以团寿为多，内圆外方，摘窗的图案变化较多，一般居中为主题雕饰，周边饰以其他纹饰。

秉承"耕读传家"，世居茶园山的徐钧一脉，"子孙繁衍，业儒业农者各半"，子弟读书者众，因此，门窗花芯的装饰纹样中，表意苦读寒窗的"冰裂纹"较多。

门窗雕刻纹样，重点在隔扇的绦环板和支摘窗的支窗部位。雕刻题材均具象征意义。桃寓意寿，荷寓意和美，牡丹寓意富贵，牡丹是茶园山建筑装饰纹样中最受喜爱的题材，还有代表着傲、幽、坚、淡品质的梅兰竹菊"四君子"。其他诸如瑞兽、蝙蝠、大雁、喜鹊、卷草、竹子、海棠、如意云、套环等，以及以扇、宝剑、鱼鼓、拍板、葫芦、箫管、花篮、荷花八件物品代表"八仙"的暗八仙，等等，不一而足。

宅第的堂屋，堂上可高挂牌匾，香火壁布置神龛或神柜上挂祭祀神榜，堂中放置八仙桌椅、椅凳等。两边立柱可竖挂抱对。

宅第屋面处理相对简单，仅前后檐的封檐板和悬山处的山花板有些许装饰。

在院墙、门楼的墙体上，墙体上部或边缘多于表面抹白灰，白灰上以矿物颜料墨绘或彩绘卷草、忍冬、回纹、牡丹等纹饰。

四、茶园山村村落保护

茶园山村保存了如下遗存：古遗址类的茶园山古道、腊溪沟古道等驿站古道遗址，卡子门、黄土庵、金鳌山营盘等军事设施遗址，蔡湾碾房和洞湾碾房等水利设施遗址；古墓葬类的有徐以暹墓、徐如澍墓、徐荥墓等名人或贵族墓；古建筑类以茶园山组徐氏新三房分布区域内的宅第民居、私塾、影壁，以及寺观塔幢的观音庵；池塘井泉的茶园山古井、龙头古井、大坪古井、老堰塘古井、桑树塘等不可移动文物，涵盖居住、交通、宗教、文教、军事等不同类型。这些遗存，对研究茶园山村的社会生产、社会生活、民族关系、经济发展，具有比较重要的文物价值。目前，茶园山古建筑群被公布为市县级文物保护单位，茶园山村为全国第二批传统村落。因此，茶园山村是一处不可移动文物集中连片的传统村落。

（一）茶园山村文化遗产的价值

1. 因地制宜和就地取材的建筑构造技术

在村落布局上，茶园山村的先民们，出于避免占用耕地，又方便从事农耕活动的考虑，因地制宜地择居在宽阔平坦的槽谷谷地、山间洼地或山冲边缘缓坡地带，坡度以5°～15°缓坡为主，总体上小于25°。未见分布在槽谷坝子平地上的民居。

朝向上，为获得更多的日照时间，多选择向阳布局，其中茶园山组和龙头组的谢家、黄家、舒家均选择坐东北向西南，老堰塘组和烂泥冲组坐西北向东南，岩牛组坐北向南而后期有坐西向东的，黄土坡组坐东向西。偏朝北向的，仅有大坪组，总体布局坐西南向东北。所有村寨聚落均沿等高线垂直分布，顺台地依次排列。随着通村公路开通，龙头黄家和烂泥冲南部，已有沿公路布局的民居，开始体现出"通道经济"或"马路经济"的特征。

茶园山村现有建筑遗存为穿斗式木结构悬山青瓦顶。木材是建筑主体和围护结构的主材，用量最巨，各组均可通过自有林地采伐。台明、堡坎所需石材，可通过坟堉、田湾和盖上石场开采。屋面小青瓦及茶园山组院墙所用青砖，来自龙头砖瓦窑。

茶园山村作为农耕民族世居之所，是在特定的地理环境和社会经济背景中，人类活动与自然、社会经济相互作用形成和发展，其分布受自然环境、生产环境和社会环境的共同影响，因地制宜、就地取材成为必然。留存下来的建筑遗存，表现出典型的因地制宜和就地取材的建筑构造技术特色。

2. 典型"耕读传家"的农耕文化特征

常言道，农耕可以事稼穑，丰五谷，养家糊口，以立性命。读书可以知诗书，达礼义，修身养性，以立高德。从茶园山徐氏一脉可以看出，"耕读传家"不但是理想的家庭生存繁衍的模式，更是可资炫耀的家族光宗耀祖的祈盼。"茶园山庄"创建者徐以暹，字赤海，是明崇祯九年（1636）科举人。其子徐懋德，是顺治中贡生。懋德子徐闇，十二岁入郡庠，十三岁食饩，二十一岁贡明经。闇弟徐奭，十岁六经俱毕，十三岁入郡庠，十五岁食饩。徐闇子徐世垹，童年时与长兄世坦一起离开茶园山就读外傅。世垹子徐镇，清乾隆十五年（1750）中举人，大挑一等。出生在茶园山的徐镇之子徐如澍，年少随任读书，乾隆三十五年（1770）归应童子试，以冠军隶学籍，次年（1771）领乡荐，乾隆四十年（1775）成进士。如澍季子徐植，铜仁庠生。清道光间倡议对茶园山各房之间的门洞、巷道、花园等公共空间进行整修，并出资修筑堡坎、开掘桑树塘，使茶园山现有规模形成的徐菜，虽未考取功名，但还是铜仁国学生。徐菜孙徐本坤是太学生。留存至今的"南州第""景山第""翰林第"等，具有典型的"耕读传家"的农耕文化特征。

（二）茶园山村文化遗产的现状

1. 传统村落活力逐渐丧失

随着社会经济的发展和村民对美好生活的追求，茶园山村里的中青年人长年在外打工的比例逐年增大，举家外迁的亦不断增加，外出务工者全年平均回老家不足2次，留在村里的都是老年人和一些能力较弱或身体较差者。这种"人走地留屋留"形成的"空心村"现象，使农业生产劳动力缺乏，农村发展主体缺失，导致农业粗放经营，甚至抛荒耕地，传统村落逐渐丧失活力。受现代多元生活方式影响，务工或举家外迁的人们即使回到茶园山村，过去那种在春节期间，一个村民组可同时出"龙灯"和"茶灯"（花灯的一种）闹春的场景不复存在。

2. 民居建筑日常保养维护得到基本保障

在茶园山村大坪组调查时，看见有村民对所居住房屋自行进行"拣瓦"。据说主要是发现屋面的盖瓦出现了问题，必须上房翻拣才行，如果只是屋面底瓦的问题，在室内整理一下就行。以前在村里有专门的瓦匠，那些瓦匠的主要工作是给旧房子翻瓦或者各村有村民立新房子的时候为新房盖瓦。作为穿斗式木结构小青瓦建筑，日常保养维护的重点就是防止屋面漏雨，每隔2～3年就得把屋顶的瓦片重新修整一次，俗称"拣瓦"。从这一现象可以看出，茶园山村民居建筑的日常保养维护，尚能持续地得到保障。但屋主举家外出后空置的建筑则有可能无法得到及时有效的维护，这是不可回避的问题。

3. 保护建筑过度修缮导致历史信息缺失

茶园山古建筑群作为碧江区人民政府公布的县市级文物保护单位，依法由碧江区人民政府行使属地管理责任，但文物本体属于文物所有权人的村民，在使用中村民承担具体的保护责任。作为中国第二批传统村落，碧江区住房和城乡建设局代表政府履行保护管理责任。在茶园山，文物行政管理部门注重保护、文化和旅游部门注重开发、住建部门和农业农村部门注重危改、乡村振兴部门注重发展等，致使保护与发展之间产生矛盾和冲突，这种条块分割的保护管理体制不仅不利于传统村落的整体保护和发展，还会导致保护性破坏。2012年，相关部门为推动茶园山乡村旅游发展，利用"危改"资金对茶园山组的所有老建筑进行了"整容"式修缮，此举使修缮过的传统建筑外壁遭受破坏，赋存在一些年代较早的宅第民居建筑表面的历史信息被抹杀，令人痛惜。

4. 对文化遗产资源的认知不足

当前，茶园山古建筑群和茶园山村虽分别作为不可移动文物进行保护的市县级文物保护单位和中国传统村落受到保护，但整体上对茶园山文化遗产资源的认知仍旧存在不足。例如，反映农耕文明的水井和碾房，前者茶园山村各村民组都有分布，其中茶园山、龙头、大坪、老堰塘和黄土坡组内的较有特点，后者在腊溪沟的蔡湾和洞湾都保存有遗址，其中蔡湾碾房遗址保存状况较好；亦如反映村民用于防御匪患的金鳌峰营盘遗址，反映村民祈求观音行慈运悲而进行宗教活动的观音庵，反映村民为激励子孙后代光宗耀祖、成才立业修建的石桅杆，培植风水又兼具实用功能的堰塘，以及能够见证茶园山徐氏发展历史的徐以遇、徐如澍和徐栞的墓葬。以上所述，均未纳入保护对象，且保存状态多堪忧。调查中，徐氏墓葬均掩藏在孳生茂密的植被中，很难想象这是每年清明"挂青"百日后的景况。

（三）茶园山村文化遗产保护建议

1. 建立茶园山村整体保护机制

应尽快编制国土空间规划框架下的《茶园山村保护利用和发展规划》（以下简称《规划》）。该《规划》保护方面的内容，需为管控茶园山村整体风貌和各类建设活动提供法规依据、保护思路和方法。《规划》应多规合一、切实可行，力争建立条块分割体制下茶园山村的整体保护机制。《规划》颁布实施后还应编制茶园山村保护导则或茶园山村建筑修缮修建守则，用以指导村内传统建筑修缮和各类建设活动。

2. 公布茶园山村不可移动文物保护清单

目前，市县级文物保护单位茶园山古建筑群和传统村落茶园山村保护对象笼统，尚未梳理明确的文物保护清单，不利于集中连片传统村落的不可移动文物保护。建议尽快对茶园山村保存的涉及居住、交通、宗教、文教、军事类遗存，包括古道、关隘、营盘、碾房等古遗址，名人或贵族墓等古墓葬，宅第民居、私塾、影壁、寺观塔幢、池塘井泉等古建筑类具有比较重要文物价值的不可移动文物进行保护性研究，利用此次调研成果，召集专门会议，听取专家意见，根据国家文物局印发的《不可移动文物认定导则（试行）》，对调查结果中可认定为不可移动文物的，拟定明确清单，并在作出认定书面决定后向社会公布。

3. 建设茶园山生态博物馆

生态博物馆是一种以特定区域为单位、没有围墙的鲜活的博物馆形式。它强调保护、保存、展示自然和文化遗产的真实性、完整性和原生性，以及人与遗产的活态关系。建议在茶园山村行政区域内，对自然环境、人文环境、物质文化遗产、非物质文化遗产，进行整体保护、原地保护、动态保护，充分利用其自身特有的山水林木等自然景观、类型较多的不可移动文物、乡愁浓郁的可移动文物、集中成片的传统村落，以及非物质文化遗产资源，建立茶园山生态博物馆，整体保护其自然和文化遗产。

茶园山村不可移动文物统计表

序号	类别	名称	建造年代	产权人	备注
1	古遗址	茶园山古道	清代		茶园山组北
2		腊溪沟古道	清代		茶园山至黄土坡
3		卡子门及古道	清代		龙头
4		黄土庵遗址	清代		黄土坡
5		金鳌山营盘遗址	明至清		龙头
6		蔡湾碾房遗址	清代		腊溪沟
7		洞湾碾房遗址	清代		腊溪沟
8	古墓葬	徐以暹墓	清代		龙头纱帽山
9		徐钧墓	清代		待核实
10		徐如澍墓	清代		灯塔社区官洲组
11		徐荥墓	清代		周家坡田湾
12		"南州第"	清代	徐绍平徐绍尧 徐绪斌	茶园山
13		私塾	民国	徐世浦	茶园山
14		"景山第"门楼	清代		二房巷道中段
15		"南州第"门楼	清代		三房巷道中段
16		院墙和影壁	清代		茶园山
17		观音庵	清代		烂泥冲
18		桑树塘	清代		茶园山
19		茶园山古井	清代		茶园山
20		龙头古井	清代		龙头
21		大坪古井	清代		大坪
22		老堰塘古井	清代		老堰塘

建议在茶园山生态博物馆建设中重点关注以下构成要素的保护。

1）村落巷道历史信息保护

村落巷道是村寨价值的重要组成部分和村寨历史文化信息的主要载体之一，是村寨保护体系中的重点保护对象。应对茶园山村村落巷道的历史信息进行研究性梳理，挖掘出有突出价值的信息赋存或村落巷道构成节点遗存。重要如茶园山组的村落巷道，可在条件允许下进行数字化保护，移除有混淆历史信息的后增物体，以图示加文字注解方式立牌保护。

2）重点建筑保护

公布的茶园山村不可移动文物保护清单内建筑和构筑物，是构成村寨骨架的核心物质遗存，应依据不可移动文物保护的规范和标准，进行重点保护。将1949年至20世纪60年代的建筑划为历史建筑，并根据历史建筑保护的规范和标准，对其进行整体风貌保护。

3）茶园山村原始次生环境保护

茶园山村各村寨周边山水林木等环境是村落选址的必要物质条件，与村寨本体相互依存，融为一体，二者同等重要。保护好茶园山村的山水林木，特别是农业用地，也就保护好了村寨的脉络，保护好了村落的整体风貌。

除根据《规划》进行的正常建设活动和生产生活所需的必要取土取石外，不允许破坏山体风貌。

茶园山村所有划定为永久基本农田的区域，应依法予以永久保护。

对列入国家珍贵树种名录的树种应依法加强保护管理工作。

4）基础设施建设的合理布局和提质升级

茶园山村现有基础设施有待进一步完善，应在乡村振兴进程中，处理好村落保护与村民对美好生活需求的关系，对交通、给排水、消防、网络通信、医疗卫生、垃圾无害处理等基础设施进行合理布局和提质升级。

整治村落民居建筑周边人居环境，对已建广场的绿化进行优化，应避免其风貌城市公园化。

5）传统习俗与生产技艺抢救保护

努力挖掘茶园山村的传统习俗、传统饮食、传统匠作技艺等非物质文化遗产及其传承人，并予以保护和支持。

五、茶园山村的发展与保护

（一）茶园山村发展潜力

茶园山村不仅有山水自然之美韵，更有历史文化的厚重，自然和人文资源利用价值较高，且传统村落格局保存相对完整，传统建筑集中成片，旅居康养条件优渥，加之当地民风淳朴，村民热情好客，群众发展意愿强烈，这些均构成茶园山村全面发展的重要潜力。

（二）茶园山村发展方向

以茶园山组为引领，其余6个村民组整体联动，可分别设置历史文化观览、"耕读传家"展示、农耕生活体验、休闲旅居康养、户外徒步露营等不同区域，形成"既各自独立又彼此串联"的文化生活体验特色产业链。

先期，通过对"私塾"的保护修缮，复原茶园山清代至民国年间宗族或乡村内部幼儿教育的场景。可借此开发古代启蒙读本、教学用具、文具用品等文创产品，丰富"耕读传家"的展示内容。

可建立"韵兰"诗吧。利用闲置宅第民居，建立"韵兰诗画"空间，情景再现许韵兰[4]生活场景和全面展示许韵兰爱诗情怀的人生经历和为爱入黔的动人故事，让外界深度了解许韵兰与徐家的传奇故事，同时开发韵兰系列文创产品以满足游客的留念需求。

也可建立"茶园山庄"讲堂，利用闲置宅第民居复原徐氏茶园山居空间格局，开辟茶园山历史故事讲堂，同时开发与茶园山徐氏历史名人故事有关的文创产品。

各村民组可结合自身特点，适时打造依托人文和山水的精品主题民宿，满足不同受众旅居康养的需求。

在吸引艺术家赴茶园山写生创作的基础上，依靠艺术创作、文创设计、艺术摄影、艺术经营等领域相关从业者等入驻茶园山，将茶园山村打造成文化创意产业村。

建立初期，可组建政府主导下的外宣营销团队，该团队可针对设置和开辟的各类业态特点，策划相应的宣传营销方案，并以"网络＋战略策划＋滚动宣传"模式利用各种媒体通过各类媒介对外宣传，加大外界对茶园山厚重历史与自然山水文化的了解、认知和探索需求。之后，可进一步利用乡村振兴契机，通过帮扶城市，寻求先进地区营销团队支持，科学提高营销能力，为未来茶园山村经济持续良性发展打下坚实基础。

---

[4] 许韵兰，字香卿，浙江钱塘人氏，出身于浙中显赫的许氏家族，为许其卓之女。许家科举成绩斐然，闻名乡里。韵兰自幼在闺阁中勤读古籍，擅长诗词。二十岁那年，她嫁给了黔东的徐柔，嫁妆中除了传统的金银细软，还特别放置了笔墨和花笺。每当灵感涌现，她便与丈夫相互吟诗作对，争先恐后，从不甘示弱，这段佳话流传至今。不幸的是，韵兰早逝，徐柔为了寄托哀思，将她的诗作编纂成《听春楼遗稿》。

在茶园山村择地新建整合生态博物馆资料信息中心的茶园山综合服务中心，既可综合展示茶园山的自然与人文资源，又可推广综合业态，发布农特产品、处理商旅事务等。

（三）茶园山村村落保护与发展保障措施建议

茶园山村的振兴发展是一个长期、渐进的过程，每个阶段都需要政策、资金、人才全方位综合推动。

（1）发展初期以政府主导为主，制定相关扶持政策，通过招商引资或引进专项资金投入。

（2）政府加强监管和专业指导，主持规划编制，实施多元保护和利用。

（3）培养村民历史文化、环境保护意识，引导村民村落发展创新理念，培训村民自主创业及经营的能力。

附录

附录一　楠杆土家族乡田野调查纪实

（一）楠杆自然与人文环境调查

从"一步登天"到"五龙口"纵贯南北，从"楠木王"到大林山珍稀古树群落横跨东西，山水之间，无处不留下楠杆先民们千百年来在这"两山夹一谷"的槽谷地区生产生活的印迹。

当地自然环境1

当地自然环境 2

当地自然环境 3

(二）楠杆历史调查与访谈

通过实地调查或交流访谈，对当地从民居建筑到楠杆花灯，从掌故、传说到墓葬、族谱等情况，形成点点滴滴的积累，在以叶洋为代表的村干部和村民的大力支持下，逐渐探询到未知的楠杆历史信息。

在龙寨村下寨组文昌阁遗址与村民合影

登顶营盘

曾宪权现场演示楠杆花灯

村民曾龙（右二）提供《曾氏族谱》

调查组测量民居建筑

拍摄族谱

识读碑刻

踏访楠杆古道

对五龙村掌墨师进行访谈

与楼房村掌墨师进行交流

于楼房村叶家坝组向当地众位木匠师傅咨询楠杆土家族传统的建筑文化

与楼房村掌墨师进行实地交流

（三）研究文物的法式特征勘察与测绘

对具有代表性的文物进行勘察与测绘，是田野调查的工作非常重要的一项任务，通过对文物建筑法式特征的研究，可以深入了解文物的地域特征、时代特点、民族特色。

曾庆和宅现场

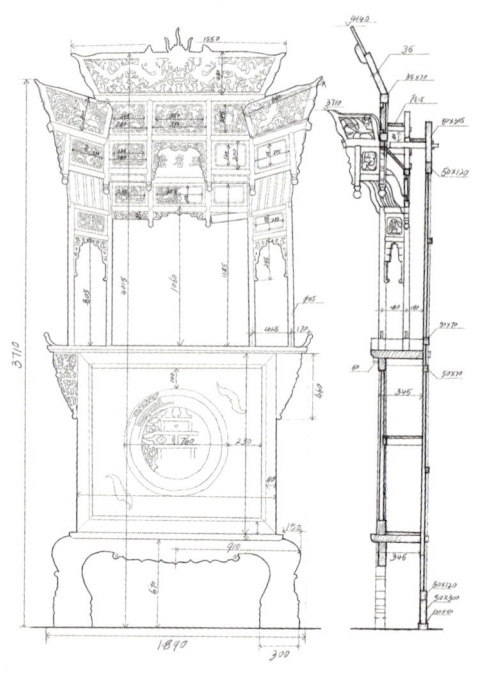

曾庆和宅雕花神柜（香火）测稿

曾氏宗祠现场勘测

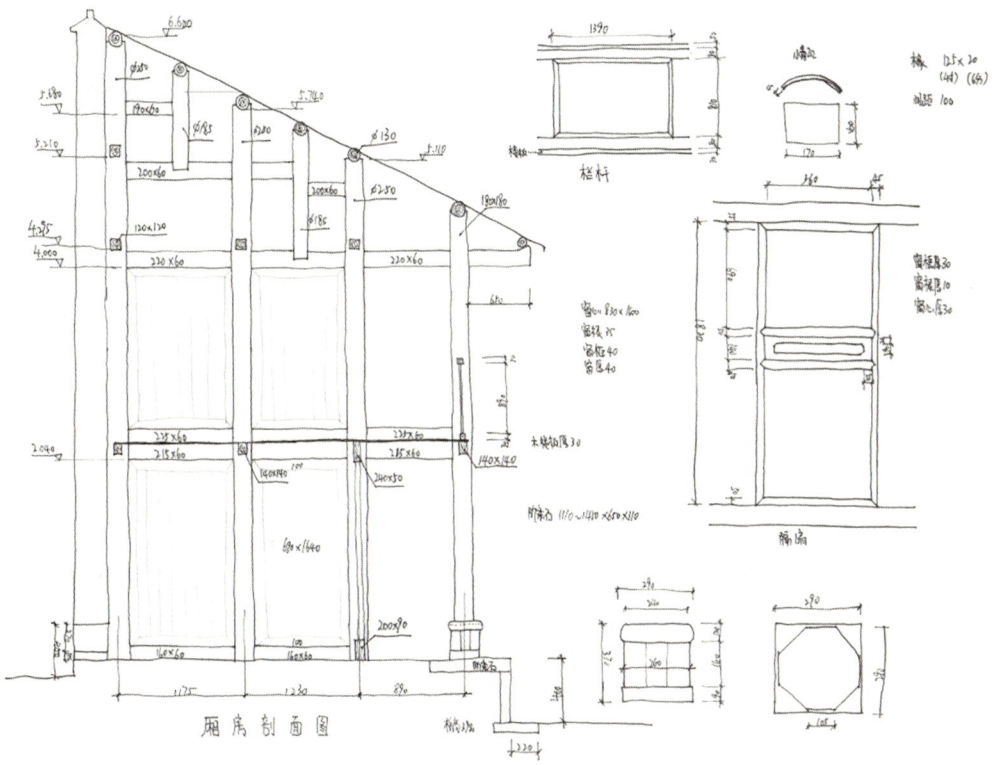

曾氏宗祠勘察测绘与测绘图

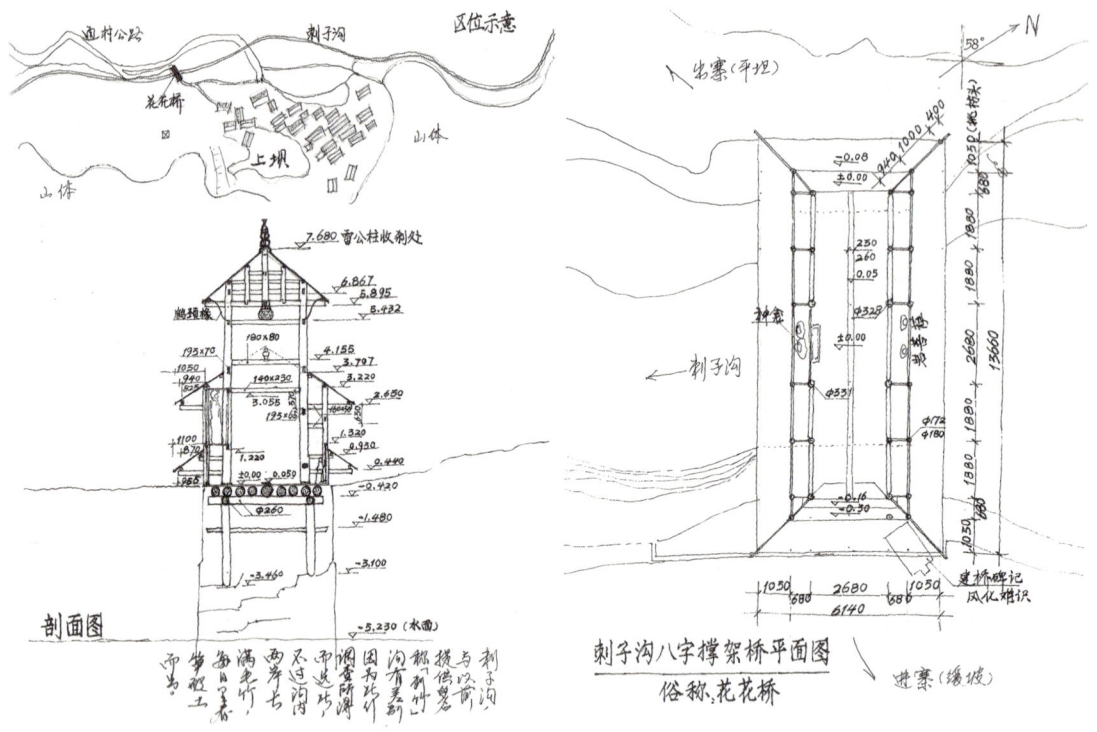

镇风桥勘察测绘与测绘图

（四）当地文物保护资源拍摄与捶拓

摄影，是田野调查和记录的关键环节之一，也是贵州省文物保护研究中心"贵州省传统建筑影像记忆工程"项目的核心任务。此次调查，不仅采用传统的单反相机对文物本体进行拍摄，还使用无人机对文物环境进行记录。

摄影 1

摄影 2

捶拓，是一种将砖石上的文字和图样拓印在纸上的技术手段，广泛应用于田野调查工作中。所谓史失求之野，楠杆之行也有不少收获，所获拓片具有较高的史证价值。

捶拓

（五）当地田野调查纪事

1. 当地神奇传说

在永发台古道上有一块修路碑记，曾长时间倒在地上，被枯枝和泥土覆盖着，无人理会。一天，附近一个叶姓的男子从此处经过时，主动把碑扶起来立好，并用手帕慢慢将石碑清洗干净。转年后他得了一对龙凤胎，此事在当地传为佳话，认为是他修得的"福报"。

和尚岭是当地人的祖山，被传是当地龙脉所在，山坡上有一块神奇的石头。传说曾经有一个神仙背着一块巨大无比的石头，准备为新造的皇城添景，从和尚岭经过时，正好鸡鸣三声，天亮了，为避免被早起的村民看到，只好将石头放弃。虽皇城没有得到这块石头，但天井却添了一景。

修路碑记照片留念

2. 与大黄蜂特殊的缘分

去金竹园那天天气晴朗，碧空万里，虽然气温高达38℃，但丝毫不能降低我们田野调查队员工作的激情。金竹园的村民很热情，积极地带我们爬坡去看古墓，只是没想到的是不仅人热情，当地的大黄蜂也很热情，在大家都不熟的情况下，和洪涛"亲密接触"，也使洪涛感受到了现今农村医疗卫生事业的进步。

大黄蜂的"奇缘"

3. 从野猪窝看生态环境的改善

作为"牂牁要路"这条千年古道的必经之地，楠杆土家族乡既因交通便利、商贾辐辏而得到发展，又因地当要冲，战乱频仍而劫难不断。当地村民为躲避战乱，纷纷修建营盘以自保。在调查营盘遗址过程中，长果神营盘遗址让人印象深刻。由于该营盘遗址面貌保存较好，石砌营墙和营门洞均有保留。就在调查队员兴奋之时，在营盘遗址内发现了野猪窝，以及新鲜的野猪蹄印。这个现象反映出，经过退耕还林还草，当地的生态环境有了极大的改善，现今楠杆的森林覆盖率增至65%。遗憾的是，当时未能见到野猪。

野猪蹄印及野猪窝

长果神营盘遗址

4. 当地太平缸调查

石水缸，史称"太平缸"，每家每户所必需。但楠杆土家族乡境内现存的石水缸却不多了。当地的石水缸样式上大同小异，只是尺寸和花纹不同。龙寨村大林山的石水缸与其他不同，在缸上面多了两个小耳朵，应该是用来卡盖子的扣。

楼房村天井组的太平缸

楼房村楼房组的太平缸

中坝村中坝组的太平缸

金盆村金竹园的太平缸

小寨村的太平缸

长远村的太平缸

5. 土家熬熬茶非物质文化遗产调查

土家熬熬茶制作技艺被列入贵州省第四批省级非物质文化遗产名录,也是此次调查的对象之一。调查中队员们不但观摩了制作流程,还参与了制作过程,更品尝了其独特的风味。

参与制作熬熬茶

熬熬茶制作与展示

6. 掌墨师曾德发访谈

此前就希望能够通过叶洋老师向我们推荐一些掌墨师，以便拜访。在永发台古道上有幸偶遇掌墨师曾德发，我们同他在古道上就地而坐，相谈甚欢，约定次日拜访，访谈中曾老热情相待。交谈中得知，他本名曾庆贵，农历癸未年七月二十一日（1943年8月21日）生。虽考取师专，但因故未能入学就读，回乡务农。21岁开始入行"班门"，迄今56年，现已是楠杆远近闻名的掌墨师了。临别之际，曾老将已经不再使用的几件圆刨、线刨和木刻雕刻刀赠与我们。为此，贵州省文物保护研究中心展示区为其设了专柜。

与掌墨师聊天并为其设了专柜

7. 田野调查写生习作

附录二 楠杆生漆割漆技艺调查实录

调查时间：2020 年 4 月 29 日中午
调查地点：楠杆土家族乡小寨村大坝组
调查对象：割漆老把式杨胜平、陈玉安
资料整理：洪涛

当地一般每年在农历夏至后五日开始收割生漆，根据当年的气候及漆树生长状况，通常至农历九月停止收割，每年以三伏天所割生漆的品质最佳。

杨胜平师傅为配合调查，换上一身传统割漆行头，腰系围裙，肩挎漆篮兜，头戴草帽，以及割刀、漆桶、离片、漆碗（蚌壳）全套割漆工具。此时虽未到割漆季节，杨师傅仍耐心细致地为我们演示和讲解整个割漆流程。

一般情况下，天亮前即开始割漆树，直至中午 12 时将流入漆碗中的生漆倒入漆桶中，但若遇阳光强烈时，漆树则停止出漆。每年 1 株漆树隔 5 天收集一次，一年收集 18 次，一棵长势健康的漆树年产生漆约 250g。漆树待生长 7 年后胸径达 0.15～0.20 米方可产漆，可产漆近 30 年。生漆产量较少，多数情况需要割 300 余株漆树才可采集约 1 千克生漆。杨师傅有漆树 700 余株，每年割漆 50～70 斤，去年收获 80 多斤，年收入能有 3 万多元。计划今年可割漆树 500 余株，预计年产生漆 60 斤。当地生漆不愁销路，市场售价已达 400 元/斤。当地生漆多数用于土葬时棺木的表面涂层，以及髹饰家具，部分生漆外销。

远在新生代第三纪，贵州就有漆树分布，贵州是全国漆树中心分布区，生漆历来是贵州著名的传统商品，产量 20 世纪 50 年代曾居全国第一，80 年代退居第三位。1986 年，生漆产量 546 吨，约占全国产量 1/4。中国是世界生漆主产国，占世界总产量的 90% 以上。贵州省有集中成片和散生漆树面积 52 万亩，分布在 52 个县（市）。栽培的漆树在黔西北、黔北、黔东、黔中等地较为集中，特别以乌蒙山、大娄山及其支脉的群集度较高，德江就有较集中成片的分布，楠杆土家族乡独特的两山夹一谷地貌，适宜栽种漆树，"楠杆生漆"是德江生漆的代名词。漆树的栽培品种较多，可分为小木漆、大木漆、小大木漆三大类型、14 个品种，其中，肤烟皮、红漆大木、官大木、红尖大木、小大木、粉红皮、白杨皮、道真小木等为优良地方品种，楠杆主要为"大木漆"。

20 世纪 70 年代末，楠杆土家族乡有集体栽培漆树 200 余公顷，总产量 5 吨，不到全省总产量的 1%。当地政府几度推动，甚至将生漆列入乡域经济社会发展的支柱产业之一，还成立生漆协会，组织农户加强培训，进一步理顺生产、包装、销售等环节，加大外宣力度，在 2000 年时，总产量达到过 27 吨，远超清乾隆年间《黔南识略》中"漆之利更广，四乡所出，岁不下万斤"的记载。

对楠杆土家族乡生漆基地小寨村的调查发现，生漆产量与规模密切相关，虽然该村已经成为当地生漆产业发展的代表，仅大坝组现有60余户家庭中，家家户户均有漆树，规模占小寨村总量的80%，但仍因规模不足，生漆产业合作社至今未能建立，只能像割漆老把式杨胜平、陈玉安那样，以家庭为单位由村民自主从事漆树栽培和生漆采集作业。

老把式杨胜平向调查组演示割漆技艺

附录三　茶园山不可移动文物田野调查纪事

（一）初到茶园山村

2020 年 7 月 14 日，星期二
晴间多云

进入高铁时代，从黔中腹地的省会贵阳到黔东北的铜仁碧江，快速可达性大为增强。

茶园山文物调查组队员乘坐 15:27 从贵阳北站发车，17:06 到达铜仁站的 G2994 次高铁去往茶园山。队员们对茶园山的未知与好奇充满整个旅程，根据网上收集的茶园山资料，茶园山村是中国第二批传统村落，徐氏家族在此地繁衍数百年，祖先为渡东海徐福。

下高铁后，热浪迎面扑来，闷热无比，体感与贵阳差距太大。碧江区文体广电旅游局杨忠心局长和先期到达的杨传江已在车站外等候。接到我们后，一行直接乘坐中巴车开往漾头镇茶园山村。

出城路段，锦江两岸郁郁葱葱，出城后，六龙山脉挺拔俊俏。通往茶园山的公路崎岖盘旋，置身山中时，碧江城区渐渐在脚下远去。山路狭窄，会车点很少，好在路况不错，攀爬中一路通畅，仅遇到一辆下山的轿车，没耽误太久便顺利错开。盘山途中见一"山冲"处有瀑布从绿油油的灌木丛中直泻而下，队员何茂旭竟然觉察到了一丝凉意。

18:10，队员安全抵达目的地茶园山村茶园山组，车辆在村口近年新建的广场上停下。此时的茶园山，炊烟袅袅，乡土气息扑面而来。

在茶园山主持脱贫攻坚工作的区政协主席刘先银、漾头镇党委书记杨旭东和茶园山村党支部书记覃威已经在茶园山等候。王进副区长（后文中称"王区"，是调查组对他的亲切称呼）也专程赶到茶园山。

初上茶园山

山间飞瀑

根据安排，调查组最年长的队员娄清，被分配住在茶园山组北面一片柏树林南边、乌龟董西侧龙嬢家小青瓦木屋，这间屋子是龙嬢20世纪60年代结婚时新盖的婚房。正房建筑坐东向西，略偏西南，面阔三间，堂屋作为我们此次调查组的办公室，房东龙嬢住右次间，娄清住左次间。北侧厢房南向，面阔两间，西侧间是厨房，东侧间预留给领队石斌居住。

正房后除了有猪圈带厕所这一传统农家标配，还新建有带淋浴设施的卫生间。紧邻正房南面东侧，朝南建有面阔二间、一楼一底、楼层外挑为廊的小青瓦木屋，安排调查组陈会、陈燕、曾幻和何茂旭四个女队员居住，她们对于没有装玻璃的木格子窗略有顾虑，娄清向她们介绍，这是农村民居建筑的习惯做法，透气凉快。

调查组唐秀成、杨雨燃、洪涛、杨传江四名男队员，被分配在乌龟董东侧徐冠雄家厢楼居住。徐冠雄家正房朝向与龙嬢家相仿，厢楼在左侧，北向，略偏西北，是面阔二间、一楼一底、楼层外挑为廊的小青瓦木屋。洪涛住一楼西侧间，东侧间是杨雨燃，杨传江住二楼西侧间，东侧间留给后来的唐秀成。

屋内均干干净净，只简简单单一张床，床面整整齐齐铺了新买的折痕尚在的床单和被套，地上放着崭新的洗漱用品、拖鞋和卫生纸，特别是年轻人需求的蚊香，队员们被村民的细致和贴心感动。

男生宿舍

女生宿舍

稍事整理行装，我们来到今晚用餐的地方，据介绍，调查期间，一日三餐均安排在这里。这是坐落在村北一处新建的农家乐一类的场所，名为"察院山之恋"，现在经营的老板是一个年轻的沿河人，叫冉小龙，原是从事多媒体行业。

落座后，区政协主席刘先银先行介绍茶园山的相关情况，从中得知我们今天上山的这条公路2015年年底才开通，现在正在修建从老堰塘到九龙洞的公路。王区详细介绍了自己与茶园山的初识、认知与情感，认为以作品传世量论，茶园山徐氏是贵州历史上传承代数最多的一个文化世家。言语间，许韵兰、徐以暹、徐宰六等徐氏家族的历史人物在调查组年轻队员们初步的认知中逐渐鲜活起来。

晚餐时建立了"茶园山居"微信工作群，饭后在驻地龙嬢家屋前，送走各位领导后，队员们与徐世昌和房东龙嬢小坐畅叙。

区政协主席刘先银介绍茶园山

小坐畅叙

（二）茶园山田野调查启动

2020 年 7 月 15 日，星期三
晴

调查组里，娄清是起得最早的队员，晨曦即起，得见朝霞。队员们相继起床后，茶园山村党支部书记覃威通知可以早餐了。

早餐是柴火灶煮的挂面，配上老板娘耐心烹饪的辣子鸡，洪涛称赞真的好吃。早餐交流时，曾幻说在村中度过的第一夜有些许不习惯，午夜时分还未睡着，只想着明日需要做什么工作、担心起不来。而陈会则是被整夜此起彼伏的虫鸣声吵得难以入眠。陈燕向大家展示了照片，她起床后去水塘和村里走了一圈，感受在茶园山上的第一个清晨，空气很好，风景优美，有村民早晨在制作米粉。何茂旭感叹，木楼根本不存在什么轻手轻脚，只要一动，建筑就嘎吱嘎吱响，惊扰整栋楼，下楼洗漱再返回，这一通操作后，楼上楼下都被吵醒了。杨传江也有同感，表示楼下的同事不用闹钟也会醒来。

9:30，调查组一行根据覃威提供的定位信息，向村委会走去。

调查组领队石斌及碧江区和漾头镇各级各部门领导相继抵达茶园山，"贵州省文物保护研究中心调研茶园山村文化遗产资源座谈会"在村委会召开。会议由碧江区副区长王进主持，与会者包括碧江区政协主席刘先银、碧江区文旅局局长杨忠心、漾头镇党委书记杨旭东、碧江区文物局局长李蝶飞和副局长田晓东，茶园山村干部与徐氏后裔代表，调查组全体队员。会前，王区将专程带来的《万历铜仁府志》一套两册、《（民国）铜仁府志（缩印本）》、周政文《黔东茶园山文化解读》提供给调查组参考。

王区博学多才，以《万历铜仁府志》为开端，以对茶园山文化遗产保护的个人见解为主线，阐述了茶园山徐氏文化传家的历史。田晓东副局长介绍了二十多年来对茶园山的调查情况。

霞光映照　　　　　　　　　制作米粉的村民

座谈会在村委会召开

杨旭东书记全面介绍了茶园山村和茶园山、大坪、老堰塘、岩牛、黄土坡、烂泥冲、龙头 7 个村民组的基本情况。李蝶飞局长则谈了近年来茶园山文化遗产保护相关方面的工作。其间，铜仁学院历史系师生也一并参会。刘先银政协主席从感谢、感动、感恩三个关键词切入，对会议进行了总结并对调查工作提出建议。会后安排陈会在村委会尽可能查找此行所需资料。

中午午休后出发前，何茂旭发现楼下曾幻在床上架起雨伞，问及原由，则是因为楼上走动时造成楼面动静太大，架伞以防落灰到脸上。这倒为结构改造不易的传统民居的利用提供了思路，居住空间仅应安排在楼层上，底层适宜用作公共空间，上下都作为居住空间则不妥。

15:00，虽然"日头赫赤赤，地上丝氲氲"，调查组全体队员与铜仁学院历史系的师生们，仍按计划在村民徐绍勇的引领下，初步考察茶园山组。

队伍跟随徐绍勇从"乌龟董"（因岩石地面暴露部分形似乌龟得名）老槐树开始，逐步了解徐氏总房及其后世大房、二房、三房的布局，大体是，总房选在山体较高处择地修建，而后世大房、二房、三房在总房所处高度之下从左到右，也就是自南向北分布，所谓"长次有序"。一路走走停停，发现茶园山组仍然较完整地保留了清代以来发展的整体面貌，后期拓展的状况也比较清晰。

总体感觉，茶园山是依山就势，就地取材而建。不但在坟堉、田湾和盖上有采石场，龙头还有砖窑。对茶园山两个疑问，一是感觉现存建筑年代普遍较晚，二是存在不少与传统空斗砖墙格格不入的土坯墙，也从绍勇处找到答案。原来是在民国九年（1920），茶园山发生匪患，全寨被土匪纵火烧毁，建筑所存无几，而当时因财力不足，不少墙体

中午休息

随绍勇初识茶园山

只好以土坯代之。难怪昨天杨忠心局长说，六龙山的土匪以前在湘黔交界一带非常出名，据说当年电视剧《乌龙山剿匪记》就是以六龙山土匪为题材拍摄的。

调查中，获得徐以遏、徐如澍、徐棻三座墓葬的信息，还称徐穆的墓葬也已经迁回茶园山。又发现大房一侧进出的巷道空斗砖墙上，留有一处专门设置的龛眼，一匹陡砖大小。问其用途，绍勇称徐氏现今老小均不得而知。根据通道长度和龛眼位置，娄清提出了其用于夜间点灯的可能。出得寨来，还看了古井、古道、碑刻等，了解到古道旁地名庙边处，原有荤、素二庙，据说遗址尚存，所谓荤、素，是指供品。随后，绍勇返家去取《徐氏世略》《徐氏族谱》等资料。

借此机会，调查组在堂屋里召集第一次会议，根据一天得来的信息，对接下来的调查任务进行了分工。此次会议明确，茶园山村文化遗产资源调查工作分人文资源调查和建筑法式调查两组，人文资源调查组由娄清、洪涛、陈会、何茂旭组成，建筑法式调查组由石斌、唐秀成、杨雨燃、杨传江、陈燕和曾幻组成，其中唐秀成、杨雨燃负责大房的建筑及布局并测绘建筑，石斌、陈燕负责二房的建筑及布局并测绘建筑，曾幻、杨传江负责三房建筑及布局并测绘建筑，总图由陈燕参照此前所做规划中的总图，根据调查结果绘制。

绍勇将《徐氏世略》和《徐氏族谱》等资料送来时，叮嘱要保存好，需返回时归还，并再次提出修缮徐如澍墓一事。队员在屋前庭院里用手机扫描留存资料电子档案。

饭后，伴随微风，大家依旧围坐夜话，享受着茶园山的宁静。杨传江说，这让他回想起小时候在农村生活时，大家夜晚围在一起摆"毛毛阵"（龙门阵）的情景。

翻拍家谱

享受宁静

（三）黄土坡调查记事

2020 年 7 月 16 日，星期四

晴间多云

晨曦即起者，得见朝霞。

7:30，早餐后人文资源调查组以及参与调查的铜仁学院历史系师生一行在村口集结后，前往村委会。今天上午，村里安排由黄土坡组向导老贺带队，徒步前往黄土坡。

黄土坡是茶园山村最南边的一个村民组，北距茶园山组一千米许。此行需要先下山，穿谷地，再上山。

队员们用手机打开"两步路户外助手"，启动轨迹记录后出发。离开村委会不久，即遇见昨天参会且晚上和调查组队员一起聊天的徐世昌，他已在路边土地忙活一会了。8:00 已行至村委会西南面通往贺家或杨家的古道分道处，道口立有引导标识，这是为"茶园山上，户外天堂"项目设置的。

山路有的铺设石板，有的利用天然地势挖凿，上半段山路多灌木丛，下半段多竹林。沿贺家方向向南直下不久，进入一个西北东南向的弧形带状沟谷，分道处，向西走七股水贺家，向东南往黄土坡。沟谷中有河床，溪流水量很小。行进中，陈会率先发现溪边有一处建筑遗址，娄清判断是水碾遗址，保存状态较差。向导老贺已开始上山，精瘦黝黑的老贺倒回百来米后向调查组介绍，水称"腊溪"，出自沟谷东南侧半山上。此处叫"蔡湾"，建筑遗址原来确是水碾房，上面洞湾还有一个。建筑年代不详，已有 200 多年历史，据此分析，大致为清嘉庆末或道光初修建。随即，调查组发现另一处废弃的水碾房遗址，并进行了较为认真的观察，发现该处遗址较前一处保存状态要好许多，完全可以登录并认定为不可移动文物。该遗址上部碾房早已不存，碾坪、碾槽、碾轮因地表堆积过厚无法判断保存状况，下部落窝部分砌体保存尚好，排水沟渠立面呈拱形，内部轮轴不存。

晨曦

指路标识

老贺介绍水碾房

洞湾水碾房遗址

过沟谷向南开始一路上行，过名为凉风坳的山坳，凉风习习，果然名不虚传。继续前行，翻越垭口坳不久，黄土坡组到了。老贺极力推荐调查组一行先到西侧悬崖旁相对平坦的一小块被称为"观景平台"，这是他第一次主动停下来，让调查组一个个都先上去。

由平台向西眺望"七股水"峡谷风光，眼前山体十分俊美，孤峰一仞的悬崖峭壁中，看似有人工痕迹，询问得知，原为"黄土庵"所在，据老贺介绍，"黄土庵"点灯能够照亮"莲池庵"，后来因为缺水而迁往莲池，后称"莲池庵"，凡遇战乱或匪患时，村民们便集体藏匿其中，可免于灾难，此处帮助村民们渡过了好几次难关。

因老贺一直在前头带路，直至调查小憩之际，才得以在他家堂屋里和他认真聊聊。堂屋开敞，前檐无任何装修，香火上部悬挂"劳动光荣"匾。老贺名文兴，是留在黄土坡居住的2户人家之一，还是"勤劳致富示范户"，开有农家乐，养了不少土鸡。贺家据称于明末清初由江西迁湖南邵阳，又迁辰溪，最后徙居六龙山黄土庵，彼时黄土庵仍有香火。20世纪50年代后，黄土庵改称"黄土坡"。贺家初在垭口坳后山"老屋头"居住，后移至现址，再后大部移至山南七股水右岸，依崖而居。黄土坡仅存8户，根据贺家徙居此地后的字派"茂

前往黄土坡1

前往黄土坡 2

抵达黄土坡

七股水眺望黄土坡

林新万众,朝思六国正,光大启世秀,文明昌其齐胜"分析,贺家人至迟于清顺治间定居于此。老贺还带调查组一行到垇口垇后山居住遗址处,建筑基址尚存,附近还有废弃古井一口,从整体看,确实地势逼仄。10:00返程,调查组专门选择政府投入数十万元、专为黄土坡8户村民修建的公路绕行。途中得窥腊溪其中一源的出水点,以及腊溪沟全貌。观察间,娄清提出疑问,腊溪两岸田地不多,还多为冷水田,所产不丰,当时是否有必要修建2个水碾房来加工粮食?

11:00,回到茶园山,人文资源调查组与负责建筑法式调查组的领队石斌交流此行收获。

建筑法式调查组中,领队石斌和陈燕负责二房居住区域勘察测绘,明确分工后各自开展工作。二房从东海堂八字门开始,往里有三进院落,陈燕今天上午主要做第一进院落第一栋建筑的勘察测绘工作,进度有些慢,一个上午没有完成。

贺文兴宅堂屋　　　　　　　　　　　　观察老屋

　　杨传江、曾幻一起负责三房居住区域勘察测绘，杨传江负责三房所属单体建筑的勘察测绘，曾幻负责三房总平面图的勘察测绘。

　　曾幻按计划先把院落布局描绘出来，再测绘院中的老房子。观察中发现，三房从堡坎边上第一道门进去，是过长的走道，两侧为砖墙，一侧砖墙缺失，另一侧为后期修补，地面是青石板，"南州第"门楼前的台阶是18级，门楼内通道折向，临通道是一个四合院，合院内东面南侧是民国时期用作私塾的厢房，而应该是正房的台明处是空的，边上有三开间房屋一栋，据悉没遭遇火灾，这是需要重点勘察测绘的建筑。

　　院内现居住有徐世深老夫妻一户人家，据七十余岁的徐世深介绍，老宅是他父亲一辈三兄弟的宅子，已无人住。老宅旁原有厢房，人家也已经搬走。院内地面是后期重新铺装的方砖，不过长满了杂草。

好奇的小猫　　　　　　　　　　　　黏人的小狗

调查中曾幻在台明上绘制总平图草图，杨传江用相机拍摄三房居住区域的现状照片，按照先整体、后单体、再局部的顺序进行影像记录。负责大房居住区域工作的杨雨燃，观察整个区域的建筑分布情况。

中午酷热，吸取昨日经验，为避免中暑，人文资源调查组下午不再安排徒步形式的野外调查，队员们以查阅和梳理文献资料为主。建筑法式调查组下午仍在继续工作，作业面尽量选择民居建筑户内或檐口下。

15:00，娄清到村口迎候郭伟主任与唐秀成、徐艳慧、余立勤、杨柱学一行。许久，仍未到，他便去拍摄了古井、古道和碑刻的照片，等待他们抵达茶园山后询问得知，山路半道上前方车辆无法半坡起步，不得已，杨柱学前去帮忙启动，郭伟主任等协同推车。结果车突然起动开出，推车者都差点摔倒地上。随后大家陪同郭伟主任一行先参观茶园山组，由娄清带他们驱车前往黄土坡，陈燕、杨传江也一并前往。在黄土坡通往观景台的路上，陈燕被一条菜花蛇惊扰到，好在很快被优美的景致吸引而忘却了。

夜晚，娄清以长凳为桌，在庭院旁的太阳能路灯下，记录一天的收获。女队员们选择集中在堂屋里查阅或整理资料。

郭伟主任一行抵达茶园山

（四）召开专家座谈交流会

2020年7月17日，星期五
晴间多云

晨曦即起者，又得见朝霞，且云彩与昨日不同，更为艳丽。

9:00，贵州省文物保护研究中心党支部与碧江区漾头镇茶园山村党支部在茶园山村委办公室开展题为"挖掘文化遗产资源、助推乡村旅游发展"座谈交流会。座谈会由贵州省文物保护研究中心党支部书记郭伟主持，贵州省文物保护研究中心全体党员与茶园山村村支两委的党员干部参加会议。

郭伟首先介绍了中心受碧江区政府委托在该村开展文化遗产资源调查的专家队伍组成人员情况、调查工作的目的意义、调查取得的初步成绩以及下一步开展调查工作的重点，强调此次调查旨在深入挖掘该村文化遗产资源，再现该村厚重的历史文化，促进文旅融合，助推该村旅游文化发展，巩固脱贫攻坚成果，不断振兴乡村经济文化建设，让当地老百姓生活过得更加美好。

会上郭伟领学了省委书记、省人大常委会主任孙志刚同志在贵州省2020年脱贫攻坚"七一"表彰大会上的讲话《确保高质量打好收官战彻底撕掉千百年来绝对贫困标签》，省文化和旅游厅办公室余立勤领学了《关于实施乡村振兴战略的意见》。集中学习之后，中心与茶园山村村支两委就该村传统文化保护与传承、旅游发展、美丽乡村建设等进行亲切交流。中心党支部向该村党支部进行资金捐助，希望为该村基层党支部建设提供帮助。

上午没有参加中心党支部活动的队员，人文资源调查组翻阅徐绍勇提供的徐氏家族的文献资料，其中何茂旭和陈会根据老三房徐铠（城瑶，已迁往铜仁南面的黄平）、徐镇（方岳，定居铜仁，长子徐如澍）、徐钧（奏平，仍住茶园山）分房后仍居住茶园山的新三房，即徐钧的长房徐如湛（春泽）、次房徐如溥（达泉）、三房徐如鸿（云村）的分布情况，勾画谱系图。

建筑法式调查组的曾幻，继续按计划进行绘图作业，通过绘图逐渐认识当地的建筑和院落，同时利用与建筑主人的交流，了解屋主的姓名，以及其各代祖先的名号，希望能通过这

"挖掘文化遗产资源、助推乡村旅游发展"座谈交流会

会议代表合影

翻阅并梳理徐氏族谱

些信息大概判断建筑各时期建造的节点。

中餐后，陈会、曾幻、何茂旭没有休息，继续工作。陈会、陈燕、何茂旭继续在堂屋里翻阅并梳理徐氏族谱。曾幻根据任务，翻阅并对照整理民国版和近年徐世汪版的族谱，用一个中午的时间梳理绘制完成新三房世系图，做到心中有数。

郭伟主任与徐艳慧、余立勤离开茶园山，由杨柱学开车送到高铁铜仁站。

下午，建筑法式调查组继续绘图工作。唐秀城归队后与杨雨燃一起对大房建筑进行勘察。曾幻的工作重点是完成新三房的总平面图绘制，杨传江着手绘制民国年间用作私塾的厢楼建筑的手绘测稿。石斌和陈燕继续绘制二房第一进院落建筑的手绘测稿。

17:30，气温稍降，人文资源调查组经烂泥冲前往老堰塘。

老堰塘是茶园山村最北边的一个村民组，西南距茶园山组1.4千米左右。村前堰塘很大，东北西南向最长处大于220米，西北东南向最宽处大于80米。村落分布在堰塘西北隅，沿等高线排列，垂直分布。民居建筑多为四列三间木结构悬山青瓦顶，当心间普遍不装大门。五开间的民居建筑较少。偶有带厢房的，一般两间。

调查时，偶遇村民杨昌军，他是一位村医。据他介绍，我们所见是新堰塘，老堰塘在其东北面。新堰塘所在地，20世纪70年代仍然是溪流，水从今堰塘西南山中出，现在东北围

老堰塘

老堰塘采访杨昌军

堰处是个消水洞，溪边当时建有碾房。由于水量长年稳定，2015年改造成堰塘，2018年堰塘和组组通公路全面完成，承首人就是杨光军。杨氏是最早入住今茶园山村的徙居族群之一，远比茶园山徐氏为早。其先祖于明代由江西迁于此，自古迄今以农耕为业。全村以杨姓为主，另有罗姓2户，王、吴、贺姓各1户。村子兴旺时，春节可同时出"龙灯"和"茶灯"（花灯的一种）。老堰塘西北隅通九龙洞公路正在硬化。

谈及与茶园山徐氏的关系时，杨光军介绍，徐以暹之所以会上茶园山，是杨氏请他来帮忙看风水，并聘其课读杨氏孩童，为此专门在寨子东隅偏北处修建一栋"七柱七列上下楼"的房子。建房处被后人称为"学堂坪"，现为一片竹林。后来，徐以暹拟在山上修建别业，此举得到杨氏鼎力支持，同意徐以暹在杨氏生产生活范围内任意选址，徐以暹遂得以在今茶园山组修建别业。此说很新鲜，待择机求证徐氏后人。可惜，原有杨氏族谱不存。话别时，偶然提起黄土坡贺文兴，杨光军介绍，其长年在外谋生，是近两年才回到黄土坡的。

村民淳朴友善热情，我们下车伊始，洪涛遇见用背篓背负西瓜的村妇，寒暄中，热情的村妇卸下背篓，从中拿起一个西瓜给他，盛情难却下洪涛又买了一个。杨柱学在堰塘边与一位正在垂钓的村民闲话，得知新塘为近年所修，塘里投放鱼苗，现尚未承包出去，里面的鱼虽已长大，但不准外人钓，仅本村个别人为消遣而钓，且多会放生。说话间正好鱼儿上钩，村民便将刚从堰塘里钓起的一尾不小的鱼赠送我们。

返程时途径烂泥冲，因时间较晚，决定择日再行调查。

晚饭前，2个组就各自一天的工作进行交流。唐秀成的测稿是绘制在平板电脑上的，杨传江负责的"私塾"建筑测稿已完成。

晚上，虽称不上凉爽，白日的暑热已退却。大家坐在房前庭院里，十分惬意。直至安全员"天干物燥，小心火烛""传统村落是我家，防火安全靠大家"的喇叭声由远及近，大家才散去。

晚饭前的交流

（五）大坪、岩牛村民组调查纪事

2020 年 7 月 18 日，星期六

多云转阴，闷热

早起未见晨曦，反倒阴云密布。

早餐是龙嬢帮厨做的，因此比往日较晚。据说老板昨晚下山采购去了。突然想起，到茶园山几天了，除了我们一行外，并没见其他人光顾。

按计划，人文资源调查组上午调查大坪和岩牛 2 个村民组。

8:20 出发，在经过大坪西南向沟谷 1 千米许，公路有个 180°回形弯道，见有路标，停车查看，得知此处地名"大湾"，沿沟谷向西南可通黄土坡和七股水边大河坪，我们在种植的魔芋间尝试走了不到 200 米。临近岩牛，岔路口路标显示，向左走是岩牛方向，向右走是溶溪方向。实际上左面 100 余米就抵达岩牛组西侧，右面道路绕行岩牛南侧后往东去溶溪。

岩牛得名于一座不大的无牛角牛形山头，称岩牛山。但岩牛山不在岩牛，而在东边靠近溶溪处。

岩牛组是茶园山村最东南边的一个村民组，西北距茶园山组不足 2.5 千米。地处山凹处，地势逼仄。无堰塘，田土也不多。民居建筑主体分布在山凹北侧，西南也有零星分布。建筑多为四列三间木结构悬山青瓦顶。五开间的民居建筑较少，仅有 3 栋带厢房的，一般两间。

路上偶有村民可访谈了解当地情况。其中遇见一村民由大坪往溶溪方向赶着十几头黄牛，其中初生的牛犊被保护着走在牛群中，怯怯懦懦。据称出栏后的可期望收入有二十几万元。另一携带镰刀的村妇性格开朗，她姓谭，1962 年生，从漾头镇北面的滑石侗族苗族土家族乡嫁到此地，一直务农，是现今岩牛仅有的 3 户人家之一。问及现今主业及收成时，称目前主要种植魔芋，由外来公司统一收购，由于今年出现病害，收成难以预判。她还提供了一个新的线索，即岩牛贺姓较多，且都是由黄土坡搬来的，已经在此居住两百来年。此情况在黄土坡时，未听老贺提及。

原路返回，9:30 左右抵达大坪。大坪组在茶园山组正东，西距茶园山组不足 2 千米。地处东北西南向两山夹一谷的槽谷地貌，北面有开阔的坝子，坝子沿槽谷一直向西南延伸至大

一早帮厨的龙嬢

岩牛组

村民饲养的牛群

大湾通黄土坡路

大坪组远眺

湾一段呈带状分布。大坪坝子面积总量在茶园山村而言，仅次于龙头组南面的坝子。

村落布局在坝子西侧山湾缓坡处，民居建筑总量仅次于茶园山组，建筑朝向总体上坐东向西偏北。建筑多为四列三间或六列五间木结构悬山青瓦顶，约有10来栋建筑带有厢房。调查时正遇一村民在翻建屋面。据村民介绍，全组基本为韩姓，于明末清初徙居于此。其先祖有称韩天虎者，因镇压农民起义有功，曾做过凤凰知县，但核查信息后得知，凤凰设县是民国年间事，此处存疑。可惜未得见家谱，史实部分有待下一步核实。

村头有一对被称为"石桅子"的桅杆状石杆，是很珍贵的遗存，应予保护。东北隅古井依次分饮用、洗菜和其他3个池子，井北侧修建了文化活动广场，这是文旅示范项目的一部分。堰塘在坝子东南山梁西北侧，体量没老堰塘大，但南北皆有水来，靠东面山脚的消水坑调节堰塘水位。现为了增强坝子防涝效果，在消水坑旁加建排水隧洞，项目正在实施中。其东侧山腰新建有一处十分显眼的刘氏墓地，墓碑上看不出与当地韩姓的联系，令人费解。

堰塘内养有荷花，时值花季，十分养眼。

10:30左右，在前往烂泥冲组途中靠近茶园山组附近，发现路边有一小庙，看似年代不早，庙内塑像也无美感，但庙后的溶洞透出阵阵凉气，相对洞外超过30℃的酷热，这样的天然的避暑场所，着实吸引人。洞口有条石凳，干净光滑，估计劳作后的村民时常在此歇息，坐下后，感觉十分舒爽，不忍离开。

路上偶遇一对村民夫妇，与丈夫交流得知，我们刚才看到的小庙，村民习称"观音庵"，以前由僧人（应该是居士）管理，每年3次观音会都曾非常热闹。

11:00，抵达烂泥冲组。该组由南北2部分组成，相距600米左右，北面部分西南距茶园山组近1千米，居住人户为多，南面部分西距茶园山组700多米，仅有几户，但均选择在坝子附近台地上。北面的民居建筑分布在坝子西侧的山湾台地上，依山就势沿等高线垂直分布。建筑多为四列三间木结构悬山青瓦顶，有几户建筑带有厢房。寨前辟有广场，安装有篮球架。泉井在南面坝子东侧山脚，甘冽清甜。堰塘在东北300多米坝子边缘，平面似弯月。

调查组继续赶往龙头组西端卡子门，这里曾被称为上茶园山的唯一通道，但从这两天调查情况看，似乎远非如此。卡子门砌体保存状况较好。返回时调查了龙头组的古井，该井于20世纪90年代整修过。

建筑法式调查组，上午唐秀成勾画完成大房一栋老宅的测稿。陈燕勾画完成二房二进院的测稿。杨传江开始勾画三房二进院正房测稿。

虽天气转阴，但气温仍高。下午人文资源调查组在堂屋查阅徐氏相关事略，重点放在徐以暹的事略上。陈会协助陈燕获取二房第一进院两个院落的平面测量数据，至此，二房第一

"石桅子"遗存之一

养眼的荷花

与性格开朗的谭阿姨交流

观音庵

烂泥冲组访谈

烂泥冲组（北区）

卡子门

古井

进院勘测工作完成。曾幻协助杨传江获取"私塾"平面、立面和剖面图测量数据后，二人开始获取已经勾画完成的三房老宅平面、立面和剖面图的测量数据。

由于至今仍未获取茶园山村的地形图，曾幻尝试利用"天地图"提供的卫星影像图抄绘茶园山组的村落肌理，但因效果太差而放弃。

测量

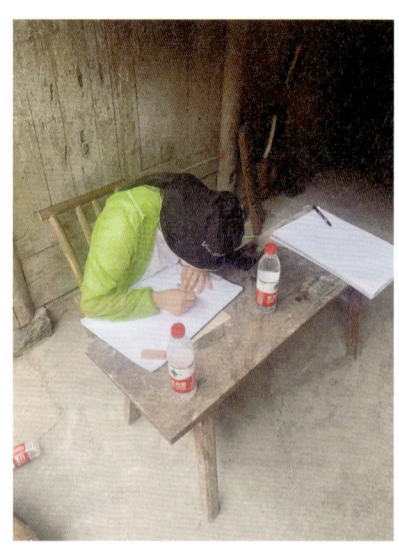
绘图

傍晚，王区与同在碧江区挂职的省文物局罗青松副局长和省交通厅戴顺红处长到访茶园山，看望调查组全体队员，带来《铜仁地名故事》一套三册，并"竹塘小寨"天目湖白茶一盒，大家深受感动。晚餐时王区还专门下厨为大家炒了虎皮青椒一菜。

饭后罗青松、戴顺红二位返回碧江，王区留在山上，与大家坐在房前庭院里畅叙茶园山文化。王区一坐下来就拿出一个笔记本和一支钢笔记录，使有的队员本来放松的状态立马变得紧张起来。龙嬢主动把自家的西瓜端来让大家品尝，队员们热情邀请龙嬢加入我们的队伍，想听听龙嬢当年嫁到茶园山的故事。

22:10，安全员"天干物燥，小心火烛""传统村落是我家，防火安全靠大家"的喇叭声由远及近时，大家意犹未尽，为不致影响附近村民休息，大家转移到堂屋继续畅聊。

亲自下厨炒菜的"王区"王进副区长

茶园山夜话

（六）茶园山组的调查纪事

2020 年 7 月 19 日，星期日
阵雨转阴

一夜狂风骤雨，基站坏了，信号没了。

昨夜这场雨，一扫连日来的热气，凉意袭来。何茂旭称，床尾凳子上的棉被也派上用场，晨起还穿上了行李箱中能套上的所有衣服。曾幻晾晒的衣服被风吹跑，只得重洗再晾。

早餐后雨仍未住，时大时小。人文资源调查组原定探访金鳌峰困龙庵的计划只好放弃，改为对茶园山组的调查。

徐绍勇和王区冒雨陪同我们一起调查，期间按计划与我们一起上困龙庵的市文物局吴文华，区文物局田晓东、贺云也到达茶园山。

10:00，雨渐大，一行只好在绍勇屋前巷口的门楼下躲雨。陈燕也在此处，石斌正好在此处楼上绘图。

这次茶歇听雨，所谈仍然以茶园山徐氏既往为主题。说到兴处，绍勇将其珍藏的清乾隆四十年（1775）榜眼，书画家汪镛书写的"（东）观秘书求有得；（南）华精理契无言"对联向大家展示。对联上款残缺不可全识，下识中汪镛谦称"年愚弟"，应与受赠者同科中举人或进士，这为查询徐氏一门与其关联之人提供了线索。绍勇称，此联是汪镛书赠徐如澍三弟徐如洙的，是其父 20 世纪 60 年代抢救下来的。

雨中茶园山

下雨无忧

茶歇听雨

乾隆时期书法家汪镛手写对联

绍勇还展示了另一件他的珍藏，一个笔记本，所写均是他父亲的诗文手稿，字迹整齐，少有涂改。内容有说丰收的，有夸电灯的，读起来很接地气。向队员展示了在20世纪那个大家不甚了解的年代中，茶园山人是如何在生活中萌发诗意的，这大概就是"诗书传家"吧。

整个上午，大家结合徐氏族谱，梳理茶园山组徐氏新三房的居住范围、发展脉络及对应人物。绍勇还解答了前几日梳理家谱时的问题。

在雨中，我们走走停停，这样的调查，实在是一件趣事。

农谚曰："早雨不过午。"茶园山也如是。

15:00，建筑法式调查组继续绘图与测量。陈燕得到省建院刘兆丰团队成员、刚加入调查工作的陈慧帮忙。工作时遇到龙嬢，龙嬢找来梯子，上树摘下李子给她们吃，非常暖心。

16:00，时间尚早，人文资源调查组一行驱车山南七股水一线，换一个视角看茶园山。

晚上，调查组全体队员应徐氏一族盛情邀请，共进晚餐。席间得知，在座徐氏一众，不仅年龄差别较大，按辈分排列，更是有五辈之多，而成年人中，数绍勇的辈分最低。满桌的乡野时珍，还有老烟刀和包谷酒的标配，让人垂涎。特别是新鲜野生菌，此时正是采摘旺季，当地习惯采回来油煎了，可以存放很长时间。很快，这盘野生菌被大家吃得精光。

龙嬢摘李子

现场调查

七股水远眺黄土坡

雨后庭院观月

雨后庭院，月光隐现，凉风习习。席间及饭后所谈者，均徐氏既往之事。其间弄清楚了蔡湾的碾房是贺家的，洞湾的碾房是余家的，且余家此前兴旺过，很多地方是余家开的荒。烂泥冲黄家也比徐氏进入茶园山早，黄家认定寨后的山梁是龙头。腊溪水出自冷风洞，地名称洞湾。黄土坡则是徐世昌和绍勇父亲当年认为"黄龙庵"（即贺文兴称之"黄土庵"）不好听而改的。说得最多的，是徐以暹、无向与莲池庵之事。娄清转述了黄土坡老贺说到的"莲池庵"是因为"黄土庵"缺水而迁来的，迁此前，黄土庵即香火很盛，"黄土庵点灯能够照亮莲池庵"。针对老贺这个说法，绍勇率先表示决不认同，其余徐氏一门认定，莲池庵是由困龙庵迁过来的。暂且存疑，并决定明日即探访莲池庵。

（七）莲池庵调查纪事

2020年7月20日，星期一

阵雨，有雾

辰时雾起。

根据昨晚席间与徐绍勇的约定，今日探访莲池庵。

早餐后，人文资源调查组全体队员与建筑法式调查组的唐秀成、杨雨燃，以及刘兆丰团队的陈慧、李薇薇，分乘2辆车，在绍勇带领下驱车出发，8:00刚过即抵达莲池庵山脚。莲池庵选址在六龙山七股水南侧山体上部一个岩溶洞穴处，是市级文物保护单位，保护标志牌立在山脚古道道口东侧。

通往莲池庵的古道均以石砌筑，越往上行，越崎岖陡峻。莲池庵建筑遗存已远非旧貌，倒是洞口西侧崖壁上遗存为数不少的诗文壁题，其内容见证了茶园山徐氏与该庵的过往。壁题均以白灰做底，其上勾画出文稿线条，再用毛笔书写诗文。

洞内一池清泉，甘冽清甜，终年不涸。此时看黄土庵，雾霭迷蒙，偶尔依稀可辨。

莲池庵西北隅，有一座利用一柱状天然岩体建成的"三昧塔"，其登临步道更是险峻异常，只让部分同事稍作尝试，攀登几步，体验一下即可，所谓浅尝辄止，一切为了安全。

下得山来，时间尚早，征询绍勇意见后，一行驱车探访七股水源头。

沿七股水右岸公路行至尽头，队员们在绍勇带领下跨越七股水，沿左岸行进，山高谷深，山道虽起伏不大，不足2千米，但仍用了半个多小时才抵达源头。

辰时雾起

登山步道

莲池庵山门　　　　　莲池庵　　　　　墨书壁题

遥望黄龙庵　　　　　　　　　　　三昧塔

　　源头在观音山一悬崖半山上，出水口为一岩溶洞穴，水从洞中涌出，倾泻而下后形成两级瀑布，因出水处岩石密度不同，逐渐形成7个凹槽后，泉水七股涌流，因此得名"七股水"。现为农夫山泉取水点，引水管直入洞穴内，一直通达灯塔社区。也因取水，眼前所见，涌出的不足四股泉水，七股水的面貌怕是再也不得见。

七股水之源

建筑法式调查组曾幻补充勾画总房院落总图。搭档杨传江不到9:00已经把"南州第"门楼的平面、剖面及通道残墙的测稿勾画完成，并接着拍摄三房和总房的建筑、院落环境照片。

陈燕早餐后补测二房测稿的尺寸。工作中发现二房与总房基本在一条轴线上，从总房往下三级台地，每级一个院落，每个院落朝向一样，每级台地规模相当且相对规整。二房各院落的地墁都是青石板，但墁地形式不同，上面院落地面墁地是纵横交错铺装，中间的院落是横向错缝铺装，下面院落是不规则石板铺装，她判断可能是三个院落形成的时间不同，或者是他们的经济能力有差异。完成二房的测绘后，根据领队石斌安排，陈燕继续测绘二房一进院的八字门，时至中午，八字门的测稿勾画完成。

勾画草图

下午，淅淅沥沥小雨再次下起。人文资源调查组一行先往灯塔社区官洲组探访徐如澍墓，再到茶园山村龙头组探访徐以暹墓。前者为土封石围墓，墓碑因早年墓葬被盗，徐氏后人整修时为避免再遭破坏，将墓碑封存于墓内。后者为封土墓，在北面谢家和南面黄家之间的纱帽山南麓台地上，墓碑为石灰石质，圆首，坐北向南略偏西。

雨稍住，乘兴前往位于龙头组谢家西面下垅、被称为"天堂"的一处天然水塘。亲临后深感名副其实，景致堪称人间天堂。白鹭啄鱼、水牛吃草、鹅鸭戏水、雄鸡打鸣，一片祥宁，久久不忍离去。

徐如澍墓

徐以暹墓

"天堂"般的天然水塘

锅巴

勤劳的龙孃

回到驻地，建筑法式调查组的队员们完成任务后已经齐聚龙孃家庭院。

晚上，房东龙孃请我们全体队员吃饭，实在是盛情难却。晚餐的丰盛程度让我们惊愕不已，不但所有菜品双份，而且还有飘香的柴火焖饭和几乎从记忆中抹去的真正的锅巴，除昨日同款炒菌外，居然还有十分耗时的红烧肉。

龙孃，是我们一行对她的称呼，近80岁，本名龙爱玉，20世纪60年代初从滑石（今碧江区滑石侗族苗族土家族乡）嫁到茶园山。现居住在茶园山村北乌龟董大槐树西侧。龙孃勤劳、善良、健谈，是村里的能人，炒得一手好菜。以前，凡遇村里接待来客，均交龙孃料理，至今仍是村里最为忙碌的人之一。

（八）困龙庵调查纪事

2020 年 7 月 21 日，星期二
阴间多云

晨起时，雨已停，天阴沉，雾生起。

上午，按计划探访困龙庵。

原以为只是徐绍勇陪同我们前往，没承想出发时增加了徐续莲和徐慧芬一对姐妹花，特别是续莲，一身"驴友"般的户外装扮，让我们称奇。

金鳌峰在茶园山组西北面，离村口直线距离也就 1 千米左右，二者相对高差 80 米左右。

8:30，人文资源调查组一行从村口出发，道路向南走七股水杨家，西面进山，起初雨后的山路泥泞湿滑，拍照都会有虚焦。绍勇用镰刀给我们每人做了一根竹手杖。进入林中，道路要稍稍好走一些，但不少路段因穿行在密布的竹林中，行走仍然缓慢。徐氏姐妹一路还能拣拾野生蘑菇。

9:30，登临金鳌峰顶时天气大好。西面碧江市区尽收眼底。

困龙庵现今已不存，所能得见者，除了东侧看似入口的遗址，以及西侧悬崖绝壁边缘的残墙，其余均被后来的耕土和再后来退耕还林后生长茂密的竹林所覆盖，不像是寺庙的格局。

困龙庵因周遭茂密的植被显得十分逼仄。然山顶习习凉风吹来，使人倍感舒爽，我们一

茶园山晨雾

穿行林间

穿行竹海

收获野生菌

行各自寻找空间坐下休息,听绍勇讲述困龙庵的故事。

  困龙庵,别称"快乐庵",原称"灵鹫庵"。相传,有和尚称无向者,于明末清初避难于此。无向实为明朝皇室后裔,也有说是皇子之一,故后人将其所居灵鹫庵改称困龙庵。据说无向常与徐以逼在庵内商量反清复明事。后因金鳌峰地势高耸,常遭雷击,不得已,无向迁至莲池庵。这就是徐氏认定莲池庵是困龙庵迁过去的理由。还有困龙庵点灯、铜仁府城就失火的传说,一并记下,备查。另外,经询问印证,当地语言,习惯将所有寺庙庵堂道观等统称为"庵"。

小憩

"困龙庵"遗址

但面对眼前遗址，娄清告诉队员们，他脑海里映射出的却是文献中关于徐以暹晚年时，因"土贼滋事"，其"率众结寨于鳌山以御之"的记载，他认为，从遗址布局分析，怎么看都像是一处营盘遗址，即所谓的"寨"。

10:20 返程，途中陈会在跳下土坎时崴了脚踝，好在还能自主行走，便坚强前行。穿出林子后，此前泥泞小道已经"收汗"，好走多了。绍勇征得主人同意后从地里面选了西瓜，用镰刀杀瓜，西瓜无比甘甜，崴了脚踝的陈会也吃得津津有味。但愿她明日无恙。

临近茶园山组，在绍勇带领下，拍摄到茶园山组全景。

听说前往徐葇墓的路程比困龙庵还远不少，调查组决定放弃，改为明日上午前往调查。在村口，得知秀成一行捶拓徐穆墓志铭失败，准备进城重新购买材料。

建筑法式调查组继续测绘。曾幻原打算叫杨传江一同测量"南州第"门楼、山墙和三房总图尺寸，没料到因巷道铺地石板湿滑摔了一跤，所幸无大碍。曾幻不顾疼痛，爬起后稍事处理便继续投入工作。10:00 后，转入总图的测量和标注，由于建筑和空间关系相对复杂，测量面积较大，工作进度相对缓慢。

陈燕独自测量着"景山第"八字门的尺寸，并观摩了唐秀城和杨雨燃对徐穆墓志铭的拓片。

午后闷热，蝉鸣轰轰更增加了热度。

16:00 过后，三房总图的测量和标注工作结束，曾幻准备着手对茶园山组外围民居的调查登记，由于领队石斌拟安排明日去城里打印调查表格，于是将计划调整为整理图稿。杨传江前往帮助陈燕测量"景山第"八字门的尺寸。

16:00 刚过，龙嬢送西瓜进堂屋，上茶园山这一周以来，队员们随时被淳朴的村民们感动着，龙嬢就是其中突出的一位。

17:00，唐秀成和杨柱学采购拓片用具后回到茶园山。

17:40，"景山第"八字门测量工作完成，杨传江先后去观摩石斌和唐秀成绘图。当时洪涛提供一条信息，顶上一户人家存有一副抱对，于是三人一同前往，将挂在堂屋香火两旁的抱对取下，打扫干净后，在室外拍摄照片。

傍晚，阳光正好洒向茶园山组。娄清赶紧拿了相机奔向对面山腰可以拍摄茶园山全景的地方。拍照等候过程中，他认真观察了茶园山组的环境。

津津有味吃西瓜

茶园山组全景

调查笔记　　　　　　　　一副抱对　　　　　　　　交流

  茶园山组所在台地与龙头组南面的坝子高差约有 50 米，坐东北向西南，因此午后阳光能够直射整个村落。调查得知，早期的民居建筑基本上坐东北向西南沿台地等高线垂直分布，晚期的民居主要分布在北面乌龟董东西一线和东南角山湾较高处。寨子与西南堰塘之间是公路和停车场，堰塘周围新建有临水步道，此时还在油饰中，站在半坡上，都还能闻到浓烈的油漆与香蕉水的混合味。堰塘西南本是茶园山"古树藤萝"一景，从拍照的位置看形似盆景，原来其为独立的存在，薄薄的呈弧形屏立在村落西南。这次不但对拍摄效果满意，还对茶园山山形地貌有了更深层次的了解。返回途中，又得村民赠送的香瓜。

  23:00 后，陈燕告假，母亲电话告知其父生病住院，急需存放在她那里的医保卡。批准后连夜交接工作，订购返程高铁车票，明日随进城打印调查表格的石斌同行。

在金鳌峰顶眺望碧江

（九）徐棻墓调查记事

2020 年 7 月 22 日，星期三

晴

今日大暑

天还未亮，领队石斌需打印民居建筑调查表格，开车下山并送陈燕先返回，祝她父亲一切安好。

人文资源调查组今日的工作目的地是位于周家坡田湾的徐棻墓。

徐绍勇今天有事，另请一位徐姓大哥做向导。徐续莲夫妇参加，续莲姐延续昨天的户外装扮，只是登山手杖变成了塑料桶，看来是想在山上收获更多野生菌。姐夫则魁梧壮实，一身迷彩装束。陈会脚踝虽未伤筋动骨，但也不能攀援山道，故在住处休息，李薇薇也因事未随行调查。

早餐较往日延迟，原以为是沿昨日村口向南走七股水杨家的山路前往，走错路白耽误些时间，让早就在村委会的徐大哥久等了。我们行至村委会西南面分别通往贺家和杨家的古道分道处"茶园山上，户外天堂"的引导标识，只是今天与 16 日不同，我们向西南杨家方向走。

一路直下，路过腊溪沟，队员停下，从另一个角度观察沟谷的环境。过腊溪沟后小路逐渐折向西行，视线更加开阔。原来在东面看黄土庵所在的悬崖峭壁孤峰一仞，而现在从西面看过去则形似驼峰，且山体间更有层次。徐姓大哥介绍，一处地名为"大石板"的地方，应该是七股水贺家上方，此地既可小憩，又能赏景，七股水左岸山体景致极佳。继续前行

今日大暑

万里无云

向徐棻墓前进

徐棻墓

茶园山组全景

至山体外凸山湾处，可以东眺黄土庵驼峰状山体，西望对岸莲池庵，山风拂面，心旷神怡。不经意间，看见不远处路旁的引导标识，抵近细看，已到"徐家古墓"，也就是说，继续前行，山下就是杨家。经徐姓大哥带领，在引导标识南面约200米处，才是我们探访的徐棻墓，需躬身穿行于密布的次生竹林间。

抵达徐棻墓时是9:30。徐棻墓本体和环境都掩藏在密布的灌木丛中，只露出部分墓碑。努力探近墓前观察，墓葬为土封墓，墓碑为石灰石质，方首抹角，用手杖测得高1.18米，宽0.57米，厚0.1米。手杖在测量墓碑大小时派上用场。墓碑显示徐棻卒于清光绪二十二年（1896）。墓葬总体坐北向南。如需得窥墓葬全貌，非认真清理不行。

多日查阅徐氏族人相关文献，对徐棻比较了解。徐棻，为徐钧长子如湛次子，过继徐钧次子如溥，育有元炽、元煜、元煌三子。现在所见二房的上中下三组建筑即为徐棻三子住所。长子在中，次子在上，三子在下。村西南、西北、东南向的堡坎为其所筑。但其葬于田家湾，与族谱描述稍有出入。墓葬所在，是附近山体少有或仅有的一块山腰台地。

查看了一下两步路户外助手记录的轨迹，2个道路引导标识间的徒步距离为2.09千米，初段道路坡度降比最大，640米距离，相对高程83米，从大石板至徐棻墓，1369米距离，相对高程40余米，道路起伏不大，坡度平缓。

六龙山风光

大石板小憩

返程原路返回，轻车熟路，用时减少很多。

在人文资源调查组返程时，领队石斌带回了地形图和登记表，地形图是为了应急，由石斌按照无人机航拍照片描绘的。石斌继续完善测绘图，唐秀成和杨雨燃顺利完成徐穆墓志铭的捶拓任务。他们计划分2组开展这项工作，为了避免工作中出现混淆或遗漏，先在地形图上沿建筑院落分区划一条线，各组在分区内自行编号，最后再统一整理，重新编号。杨传江和曾幻开始着手茶园山组北侧部分逐户填写民居建筑调查登记表的工作。

期间，一队人马浩浩荡荡进入茶园山组。这是调查组进驻茶园山后头一回来这么多人，打破了往日的宁静。

下午，人文资源调查组的娄清、陈会、何茂旭，利用族谱和既有调查所得，梳理茶园山组建筑布局与各时期居住者的关系，效果不错，还纠正之前整理的谱系图中一些错误之处。

唐秀成、杨雨燃在洪涛协助下开始茶园山组南侧部分逐户填写民居建筑调查登记表的工作。

晚饭前，队员们进行交流时认为，通过调查得知，所谓新三房的核心区域内，院落民居多为祖传，而周边大多数民居建筑是20世纪50年代以后新建的。全组除了徐姓村民，还包括刘、贺、张等其他姓氏村民。令人感到有点诧异的是总房这处宅子，现在并非徐氏后裔居住，队员们多认为是，徐氏后人普遍对总房存有敬畏之心。

王区及市区相关部门领导陪同刘兆丰上茶园山，刘兆丰及其在茶园山调查的2位助手先到村委会，与茶园山村党支部书记覃威等进行交流。

入户走访调查

梳理文献资料

设计院刘总同村干部交流

庭院小坐

晚餐后仍在屋前庭院畅叙，兴之所至，兆丰挥毫泼墨。深夜，市、区等部门领导回城，王区和兆丰留宿茶园山。

（十）"补漏"之得

2020年7月23日，星期四
晴

才进大暑，茶园山已开始酷热难耐。

为确保调查组明天顺利返程，调查组安排洪涛在杨柱学的协助下，结清食宿费用，抓紧前往漾头镇开具票据。

早餐后，王区和刘兆丰一行离开茶园山。人文资源调查组已按计划于昨日完成既定的田野调查工作，娄清在堂屋里静心阅读文献，梳理一下此行调查所得，看看能否解除多日疑惑。阅读中确有收获。在周政文所著《黔东茶园山文化解读》一书的茶园山诗文选中，有一篇《补漏庵记》，是徐厚田嘱徐振基所作。细读此文，娄清总觉文内描述之景致似曾相识，在手提电脑里导出照片翻阅，果然有此一穴，是7月18日中午在前往烂泥冲组途中靠近茶园山组附近的观音庙，对这一新发现，娄清很是兴奋。因其余队员各有任务，娄清便带上书自行前往该洞穴，在洞口身临其境地品读诗文，思考如何建议保护、如何在规划中恢复历史上的庵堂。正如文中所言，所谓"补漏"，乃补前人之漏也。

回到住地，娄清抓紧整理一路所想。

从纱帽山到茶园山。此地本是六龙山的一支，因人类活动而产生一些约定俗成的地名不足为奇。初以为茶园山组的靠山就是纱帽山，毕竟文献记载徐以暹"卜筑纱帽山"，在调查徐以暹墓时，得知其墓的靠山是纱帽山。按照中国的传统，择地建房的"卜筑"是非常慎重的，建筑阳宅之所变成阴宅之地，实在蹊跷。这不是徐氏后人认为"先在龙头组纱帽山，后到茶园山"那么简单的事体。而老堰塘杨家的说法，徐氏后人又不认可。

从别业到世居地。自清乾隆三十二年（1767）前后，徐世埁为徐铠、徐镇、徐钧三子分家，长子徐铠一房分居铜仁城南之黄平，次子徐镇一房分居铜仁城中，三子徐钧一房仍居茶园山。至此，茶园山从徐以暹置办的徐氏别业"茶园山庄"，转变为徐钧一房的世居之地。

从徐以暹墓到徐棻墓。祖坟遗存过少，是茶园山区别其他传统村落的特点之一。除创建"茶园山庄"的徐以暹葬在山上外，被徐氏后人津津乐道的徐氏一众先贤，也仅徐棻葬在山上，此人是茶园山现有规模的奠定者。其余未曾提及。出生在茶园山，徐氏一门全国影响力最大的徐如澍，死后所葬之地算是离茶园山最近的了。有必要就徐钧一房世居茶园山后的族人墓葬进行全面摸排，如果确为现状所现，说明徐氏虽然将茶园山作为世居地，但真正的发展空间仍然在铜仁城里。

建筑法式调查组计划于今天完成任务。杨传江和曾幻在完成龙嬢家附近几户的民居建筑调查后，工作基本结束，剩余时间则梳理资料，查缺补漏。

最后一天的中餐，菜品好像比往日丰富，居然有鱼头汤，整个打牙祭的感觉。

下午，石斌、唐秀成、杨雨燃继续未完成的调查，何茂旭随他们一道，利用实物了解民居建筑的柱、瓜、檩、面阔、进深等基本概念。曾幻有意识地对木匠情况进行了调查，当地

补充调查

围炉话别留影

村民有在别处买房子的，有自建的，一户自建房屋者告诉她，房子约是20世纪80年代建的，当时请的是一个湖南的木匠，村里有数家房子都是他建的。总体来看，似乎很少有本地木匠承担整个村子的建房工作。

君子不夺人所好，调查组决定，调查期间所有接手的资料均物归原主。徐绍勇提供的当日奉还，王区提供的请石师傅转交，只是将民国《铜仁府志》点校缩印本先行拍照扫描。但绍勇却将这些资料全部赠送给了贵州省文物保护中心。

晚餐"察院山之恋"老板给大家准备了自助烧烤和啤酒。杯觥交错中，茶园山调查任务顺利完成。

即使入夜后，空气中热度不减。22:00，绍勇邀请大家到他家门口坐坐。领队石斌和娄清应邀前往，借此机会最后与徐氏四辈乡亲围炉畅叙，夜愈深，情愈浓，相互拍照，依依话别。

(十一)茶园山,后会有期

2020年7月24日

晴

不知不觉间,茶园山调查工作组全体队员各司其职,各尽其责,在茶园山徐氏乡亲和各级领导的热情帮助和倾心指导下,基本按计划完成阶段性调查研究工作,队员们整装待发。

自今日起,脱贫攻坚工作进入"国检"阶段。一早听说龙嬢为此要到村里帮忙,娄清赶紧在她临走前,请正准备洗漱的曾幻帮忙,为他们拍下一张合影。

早餐前,洪涛和何茂旭就已经从大坪将小黑狗买回。

早餐后,领队石斌趁早晨阳光适宜而抓紧再补拍些照片。洪涛恋恋不舍地再走了一遍茶园山的巷子和石阶。

待领队石斌拍摄完照片,调查组全体队员在进士第门前与村支书覃威、徐绪莲、徐慧芳、徐绍勇以及"察院山之恋"老板冉小龙合影。

行前娄清电告省文物局罗青松副局长,打算借道瓦屋看望他,因其忙于迎接"国检",无暇其他而作罢。

大家告别送行的村镇领导和茶园山徐氏一众亲友,恋恋不舍地驱车离开茶园山。

茶园山,后会有期。

娄清与龙嬢合影留念

调查组临别合影

附录四　茶园山不可移动文物勘察与测绘手稿与拓片

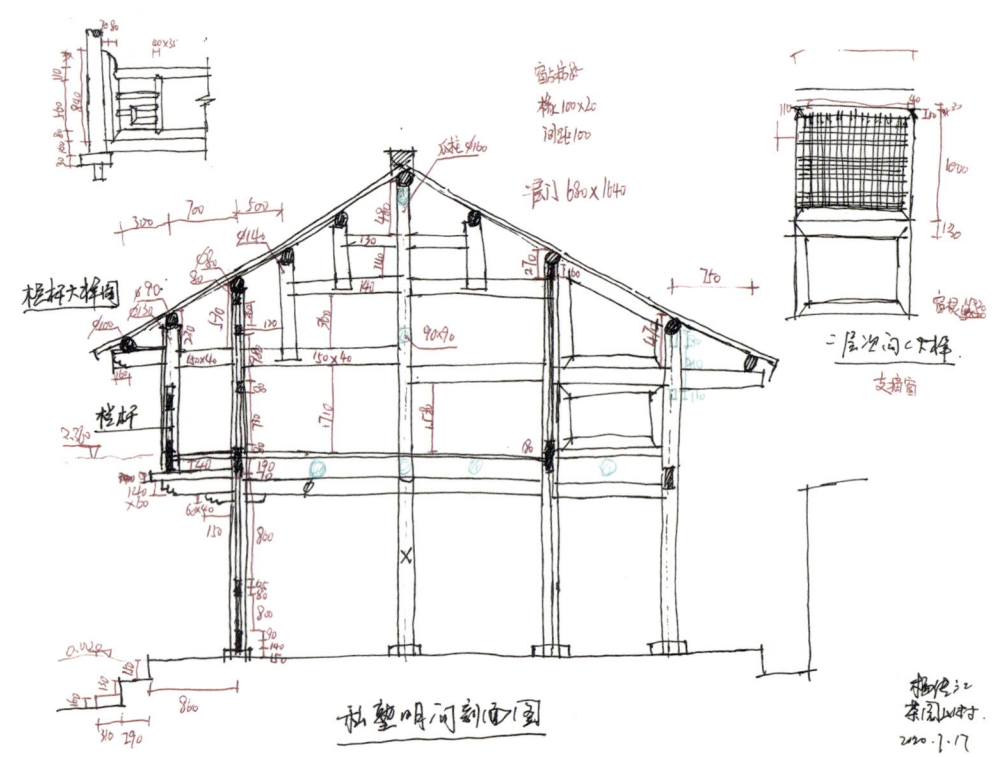

私塾剖面图测稿

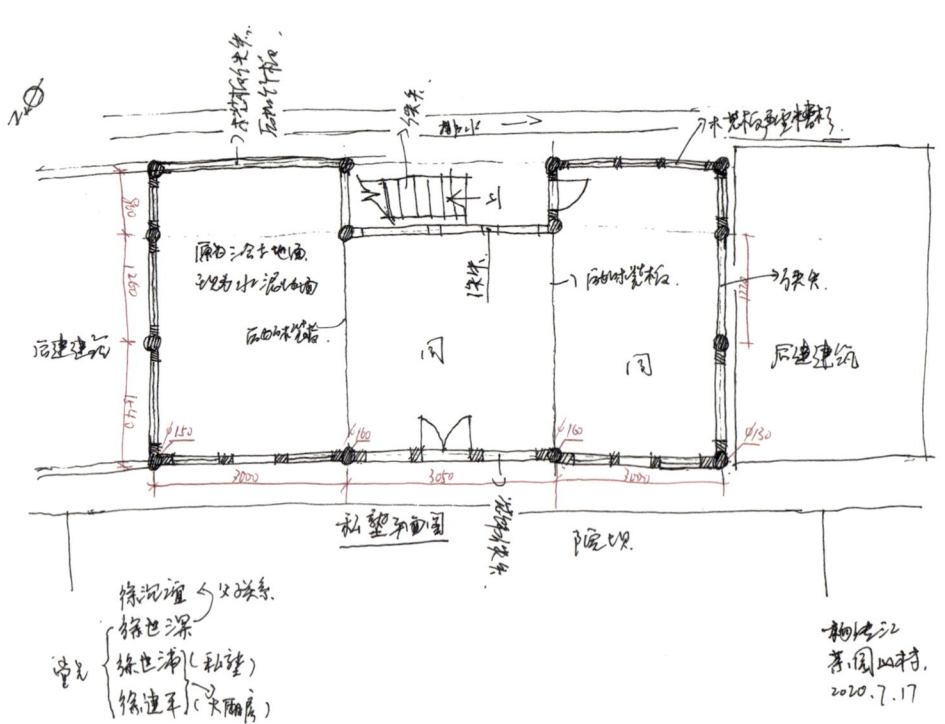

私塾平面图测稿

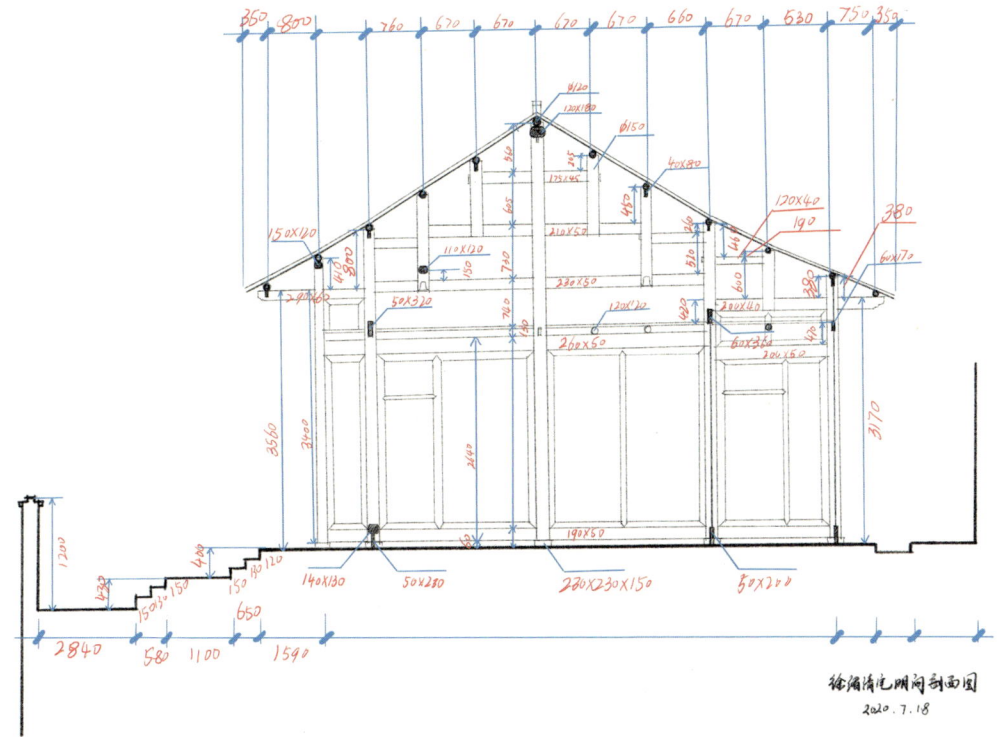

徐绪清宅剖面

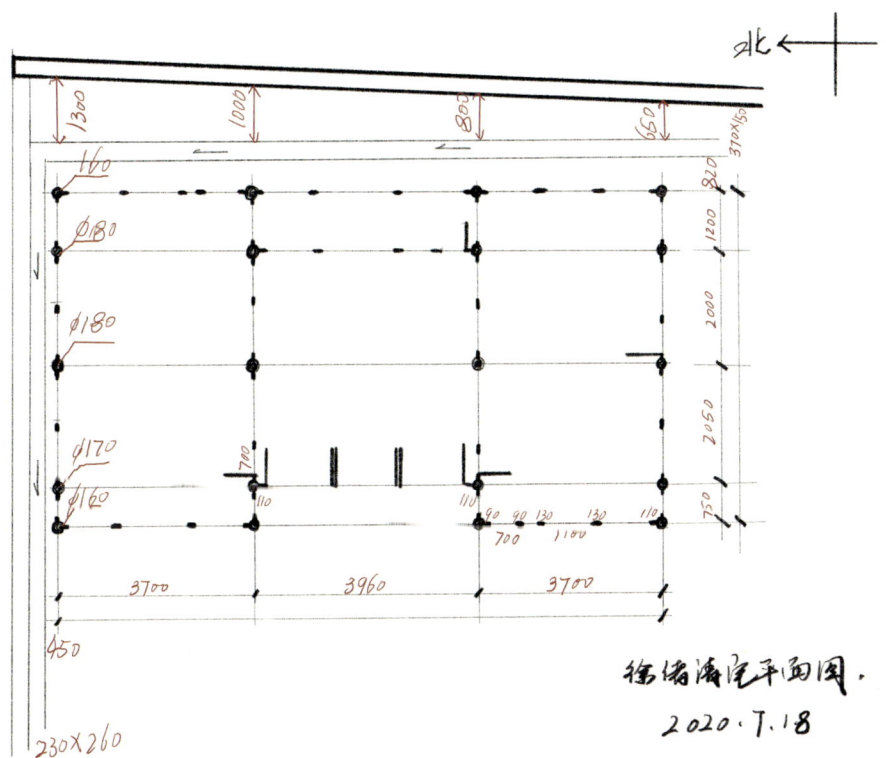

徐绪清宅平面图

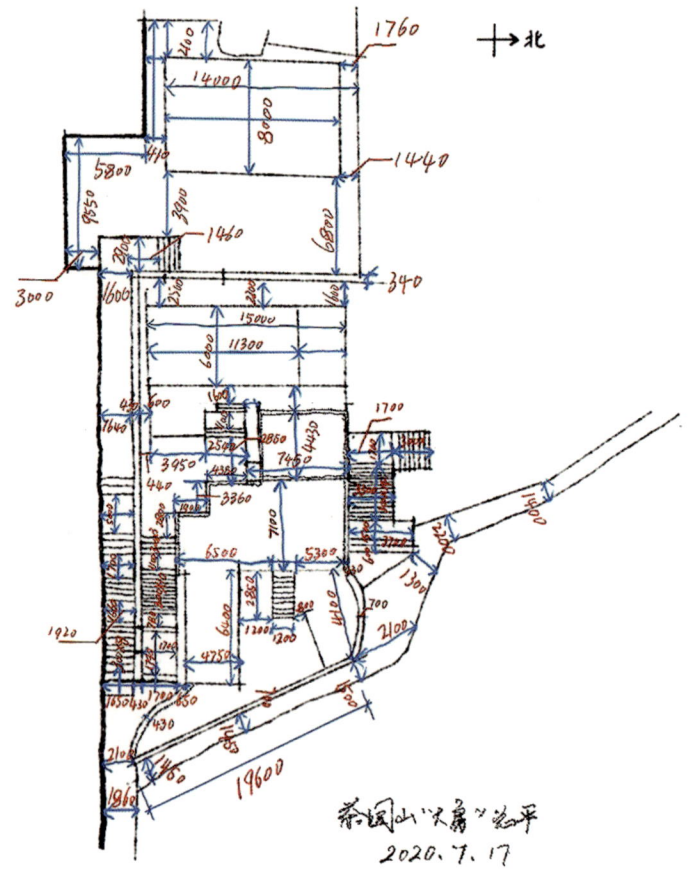

茶园山组大房总平面图测稿

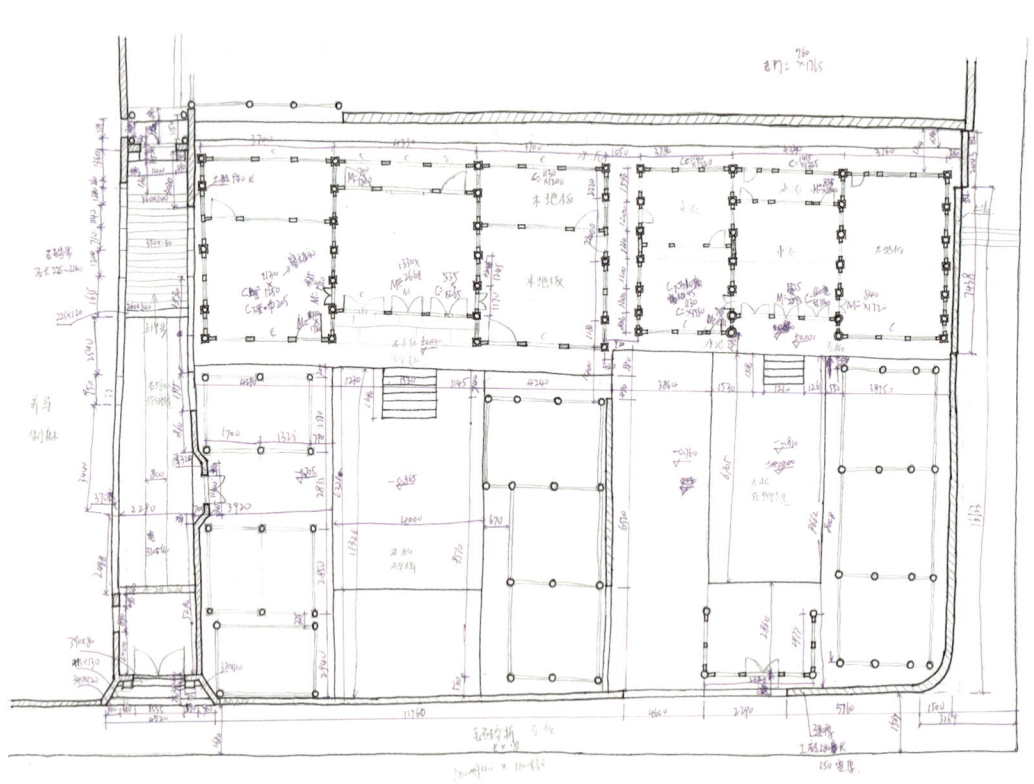

茶园山组二房一进院落平面图

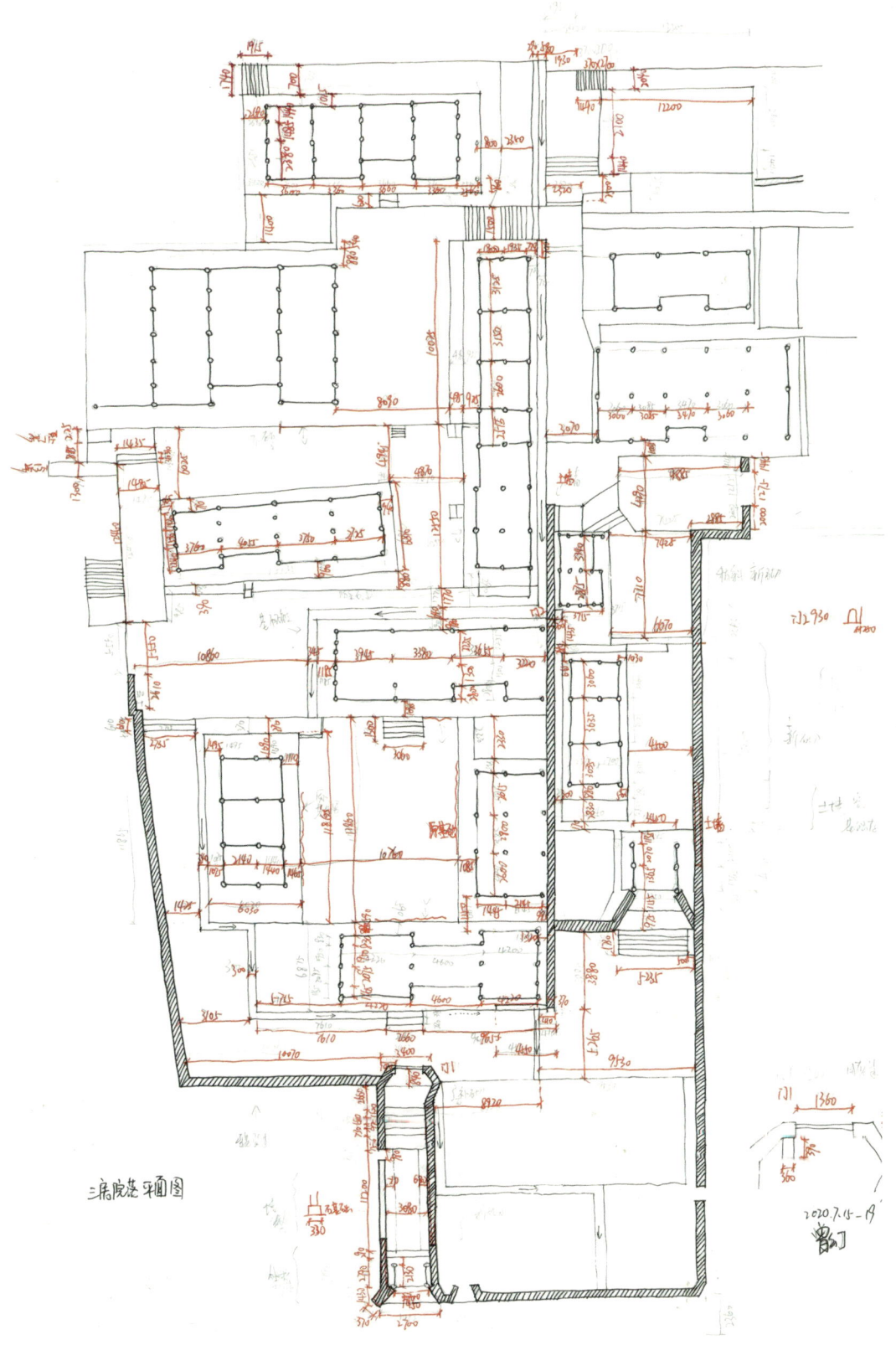

茶园山组三房平面图

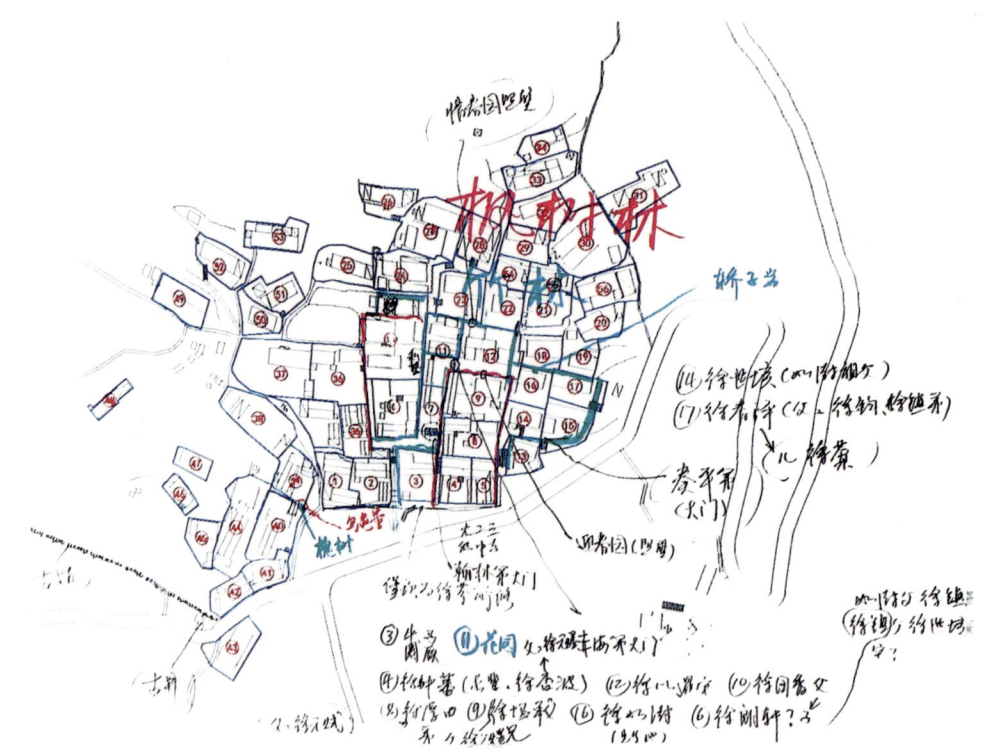

建筑与人物的对应关系调查

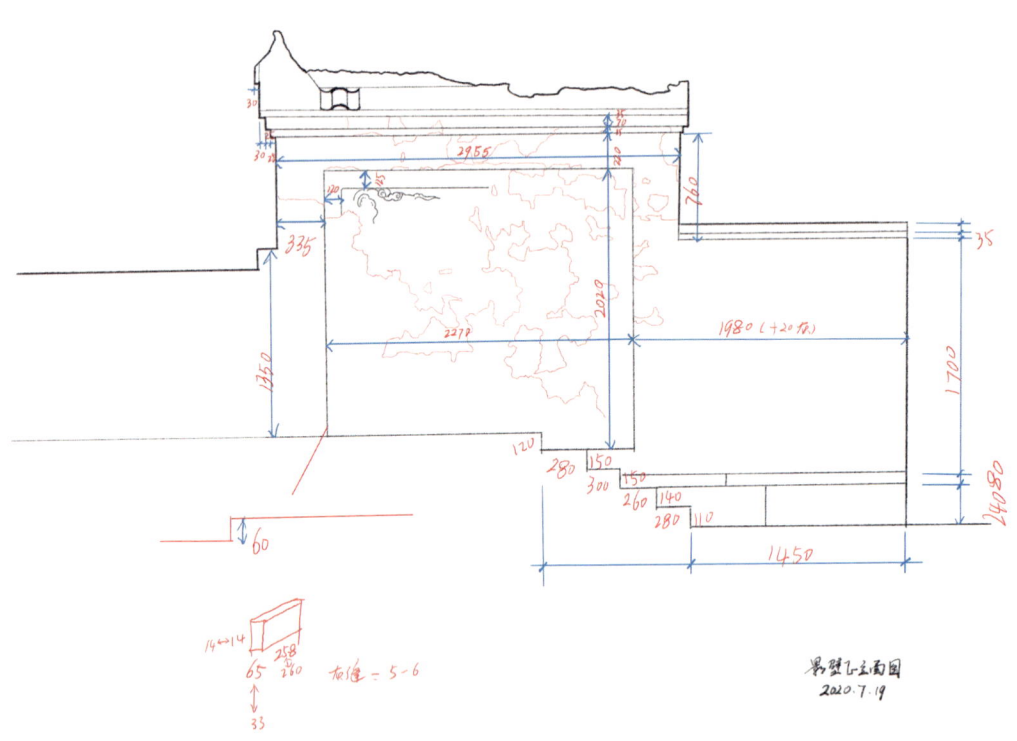

影壁遗存立面图

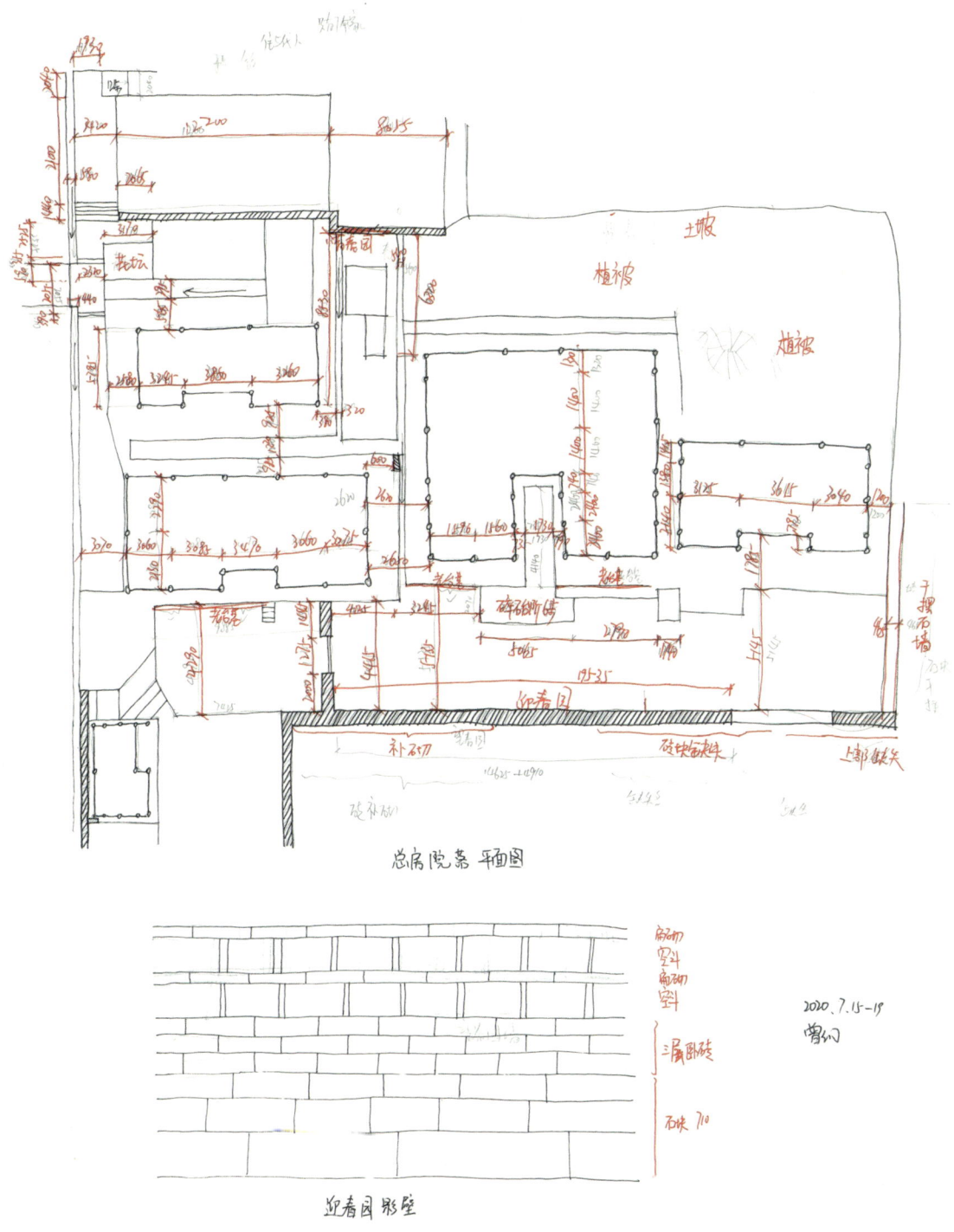

茶园山组总房院落平面图

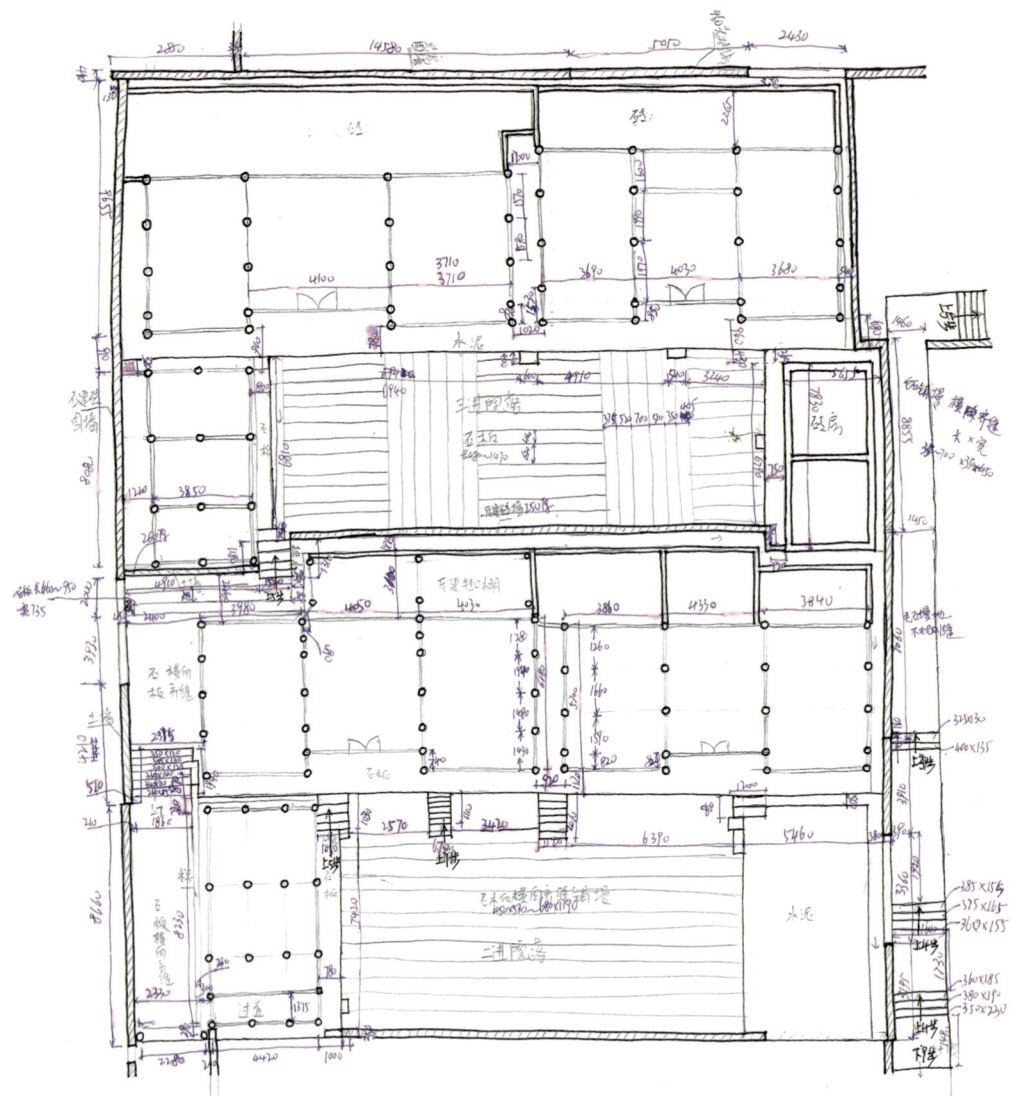

茶园山组二房二、三进院平面图

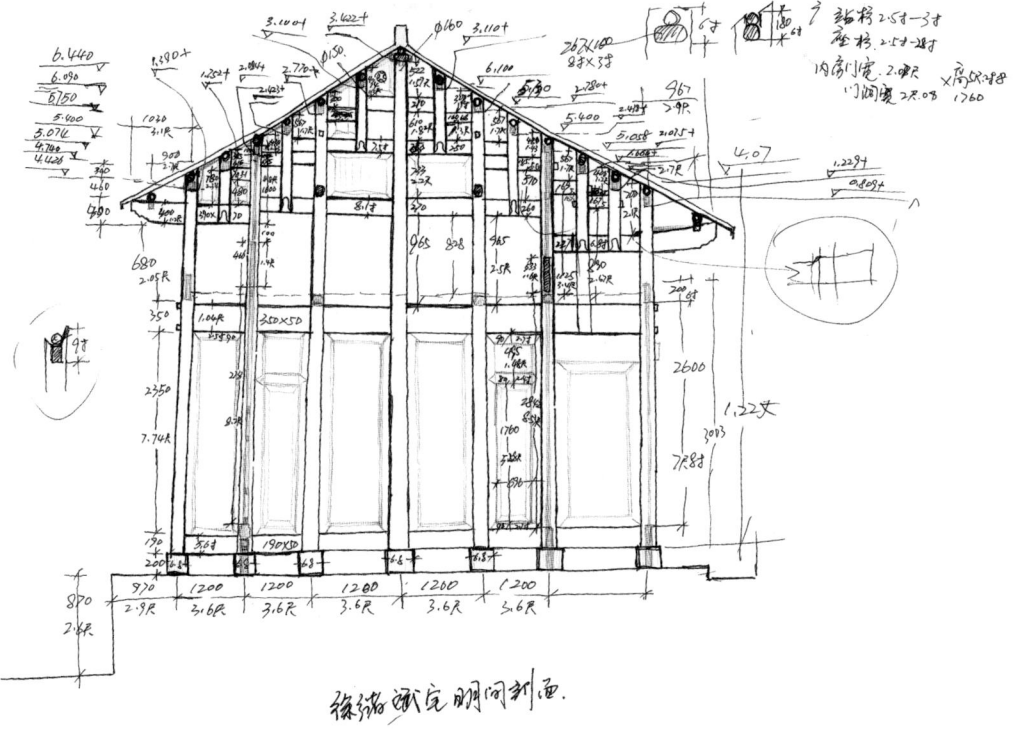

徐绪斌宅明间剖面图

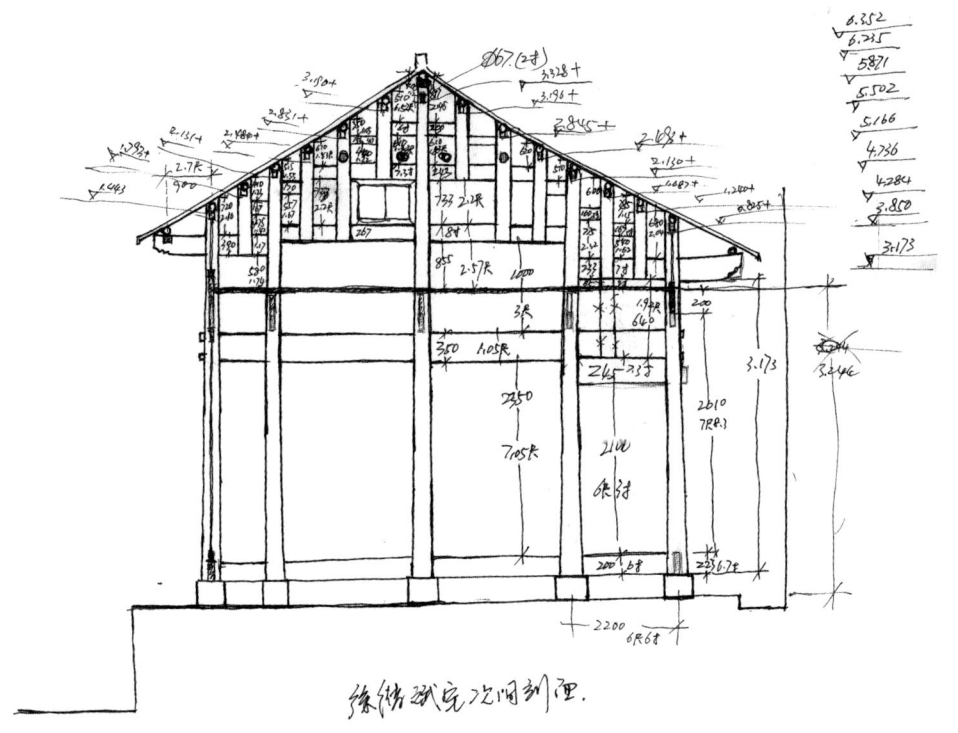

徐绪斌宅次间剖面图

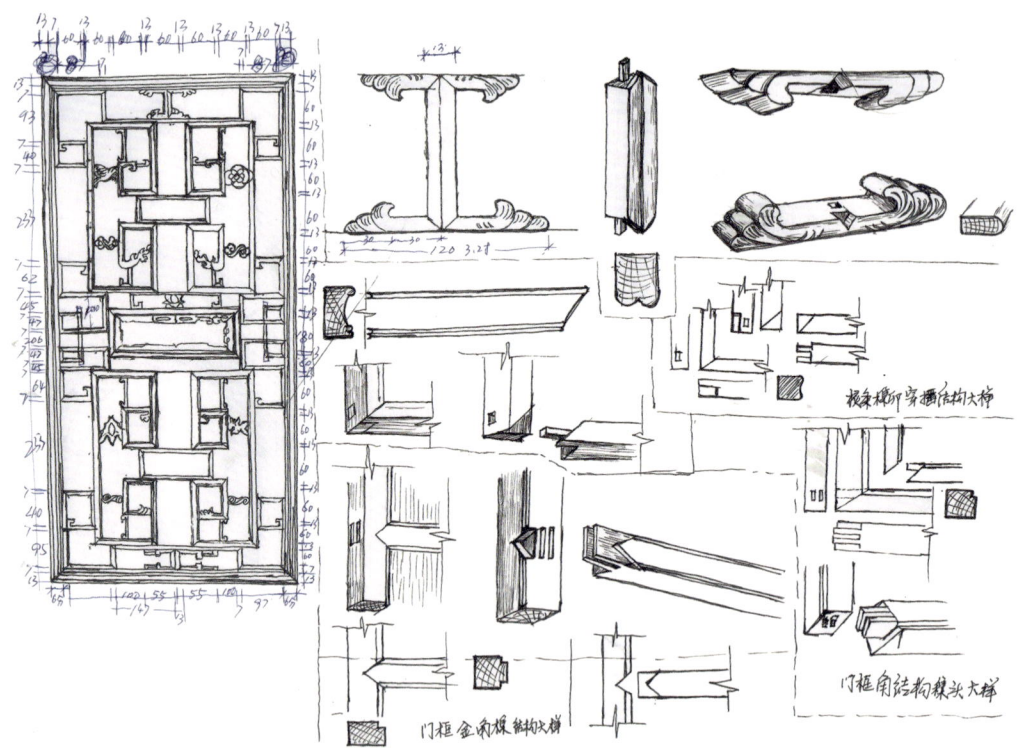

徐绪斌宅窗详图

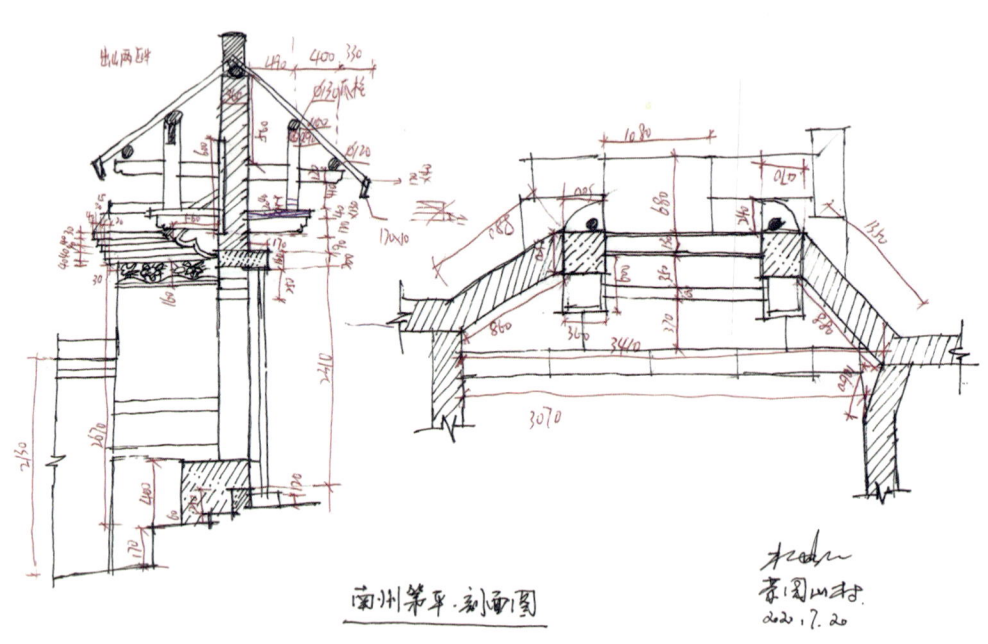

南州第平面与剖面图

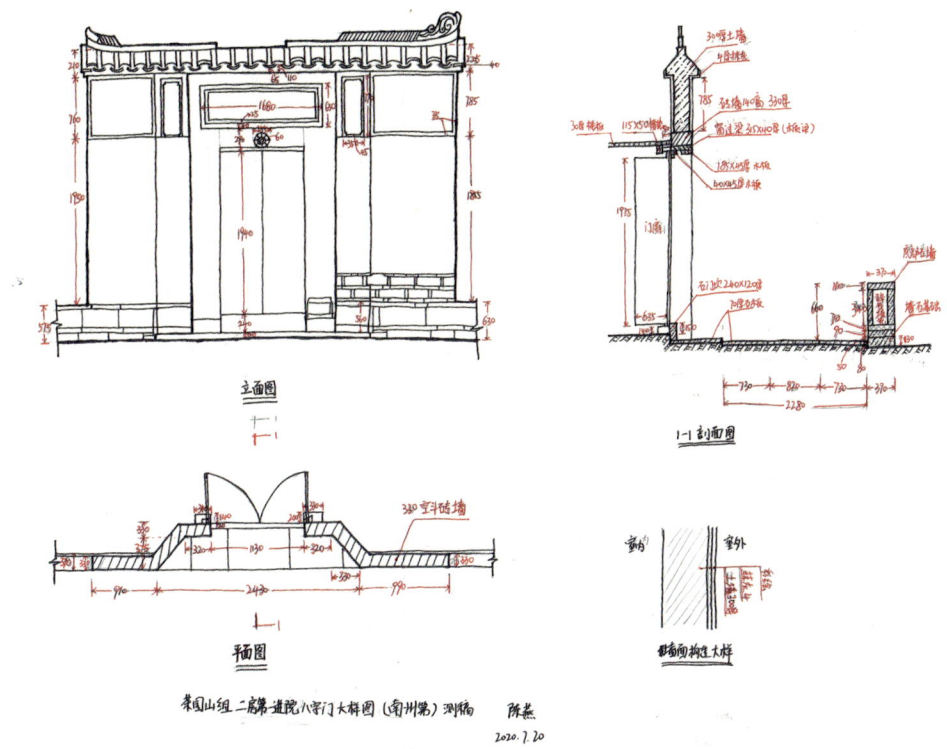

茶园山组二房第一进院八字门

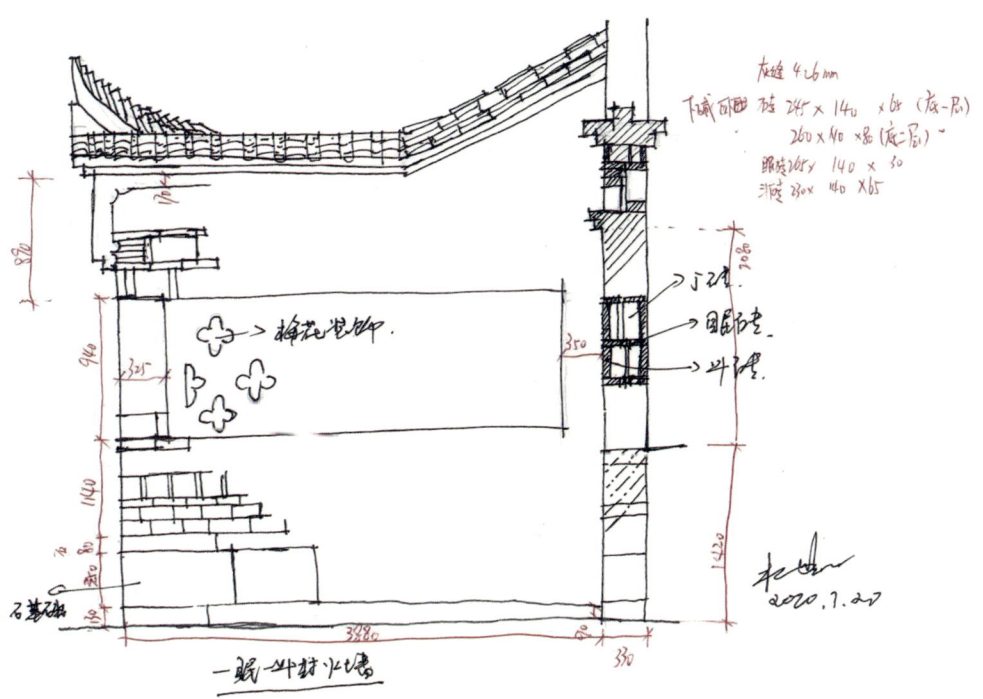

封火墙

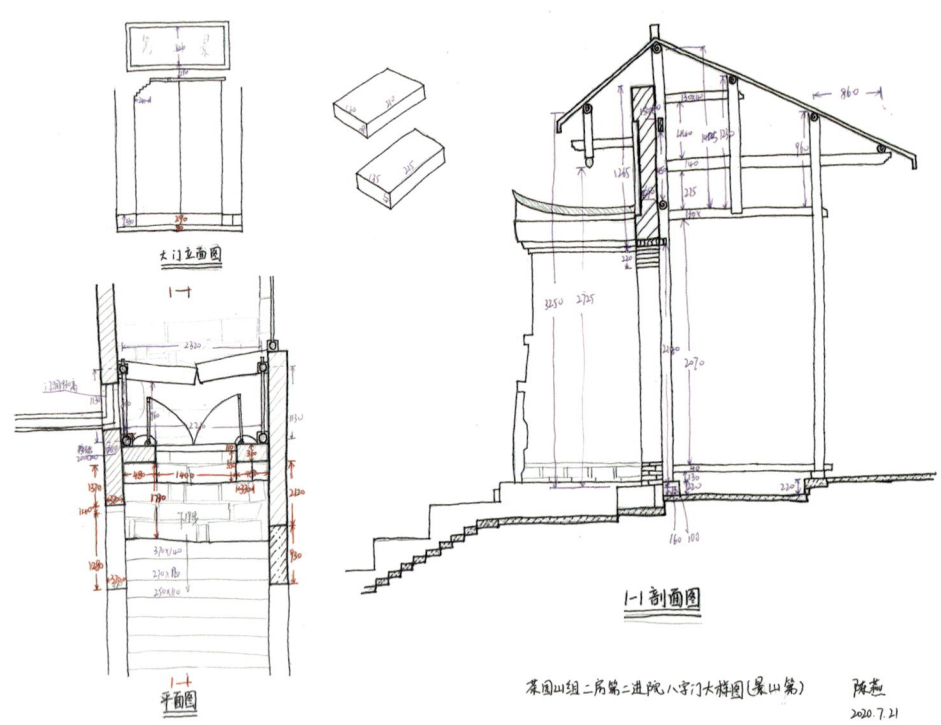

茶园山组二房第二进院八字门大样图（景山第）

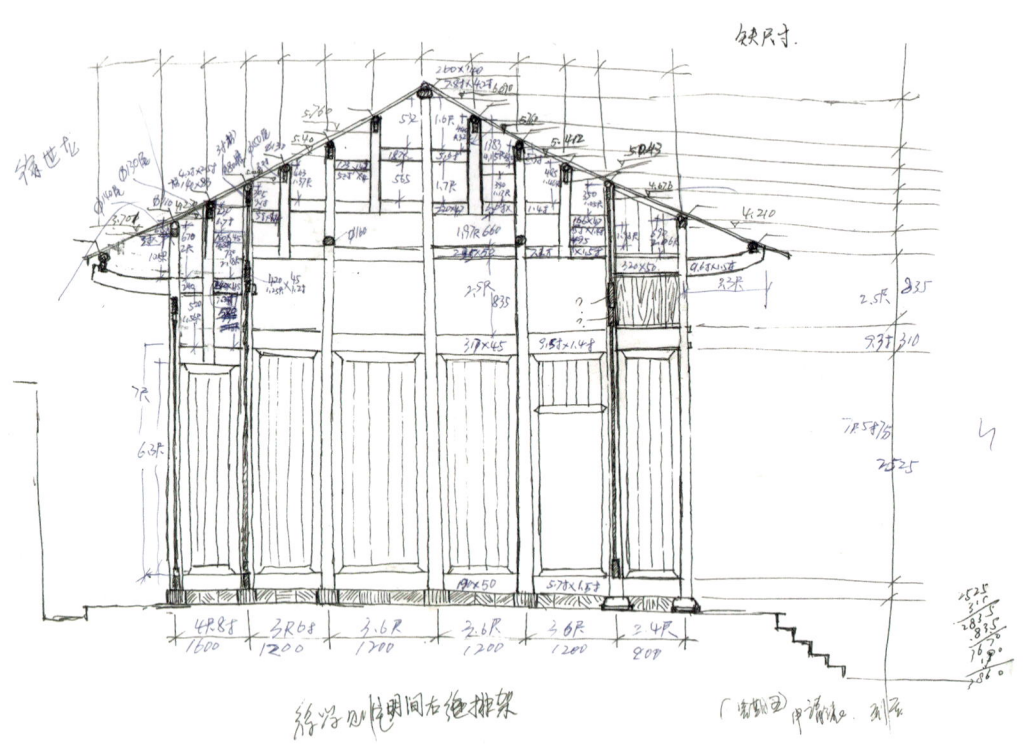

徐学则宅明间剖面图

附录

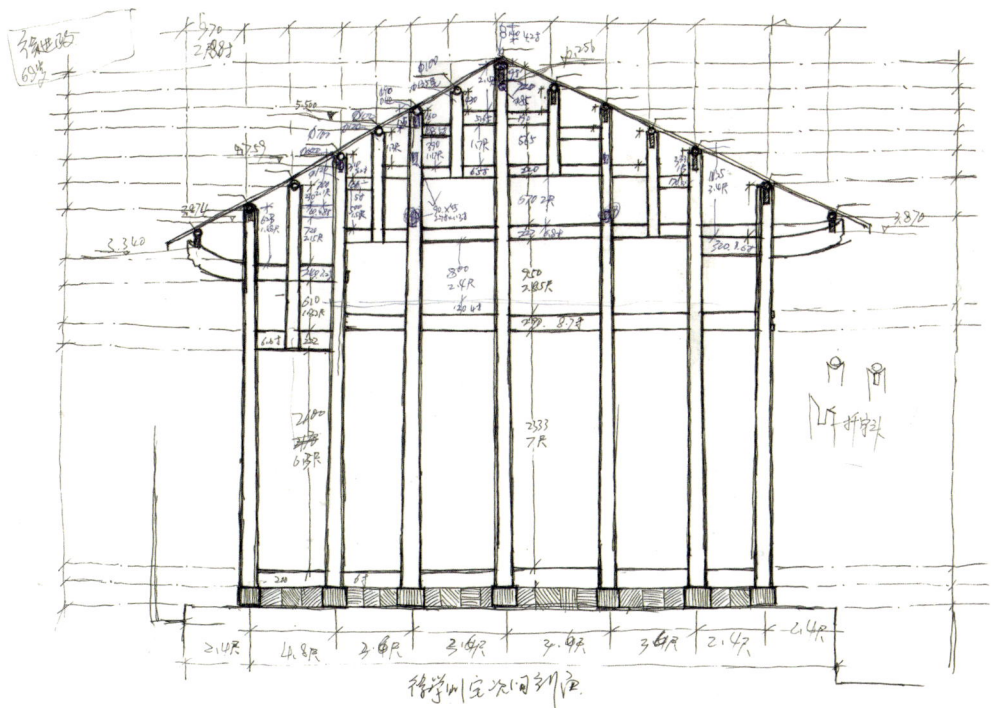

徐学则宅次间剖面图

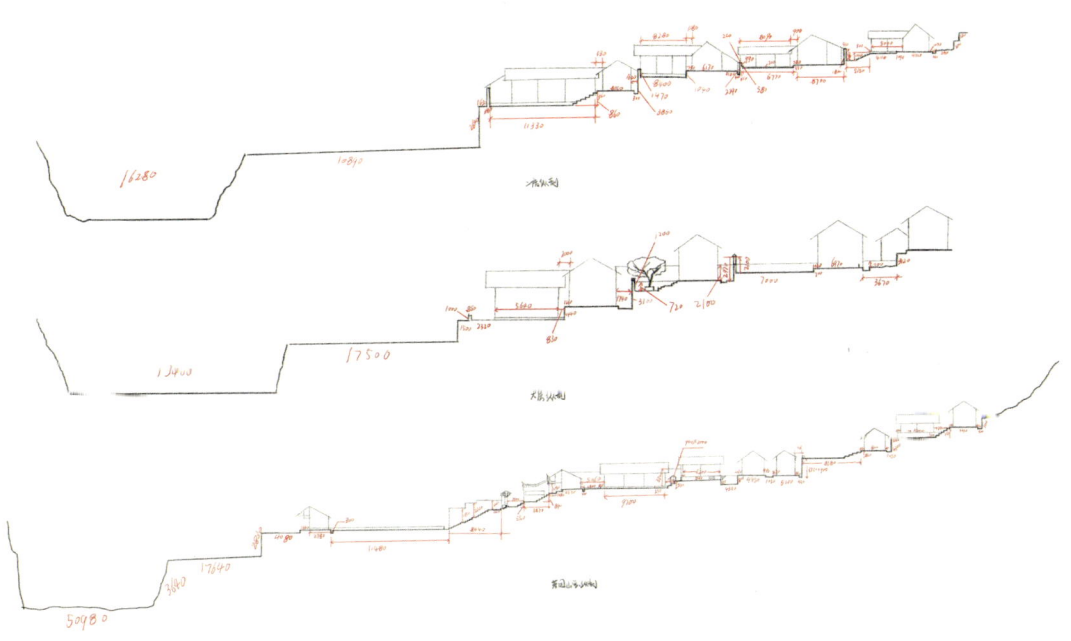

茶园山总剖面图

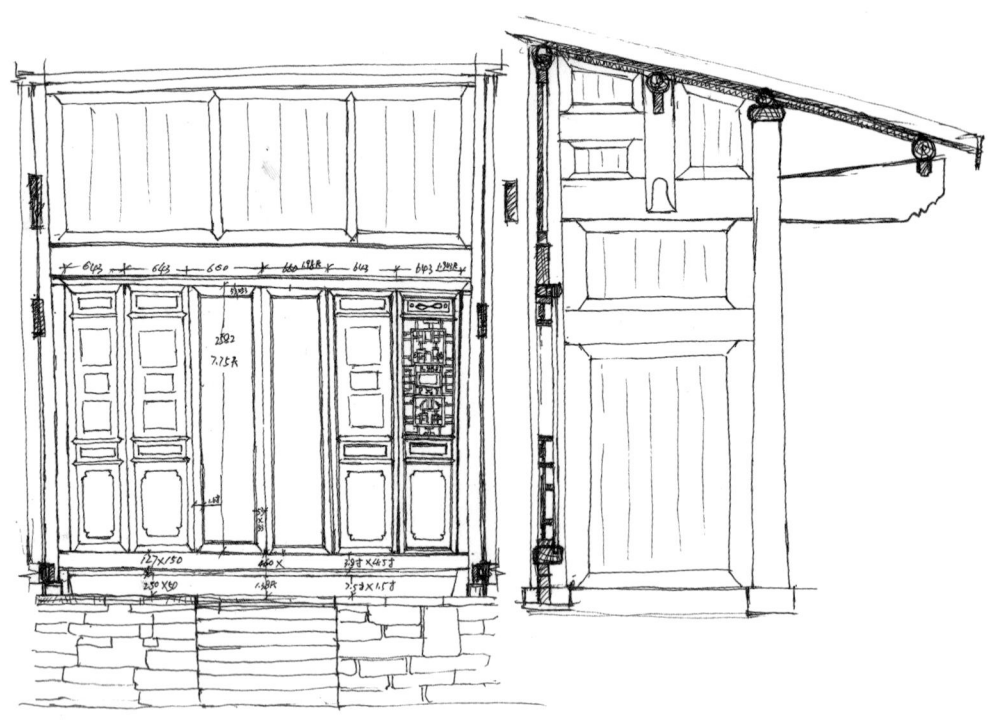

徐绪斌宅大门详图

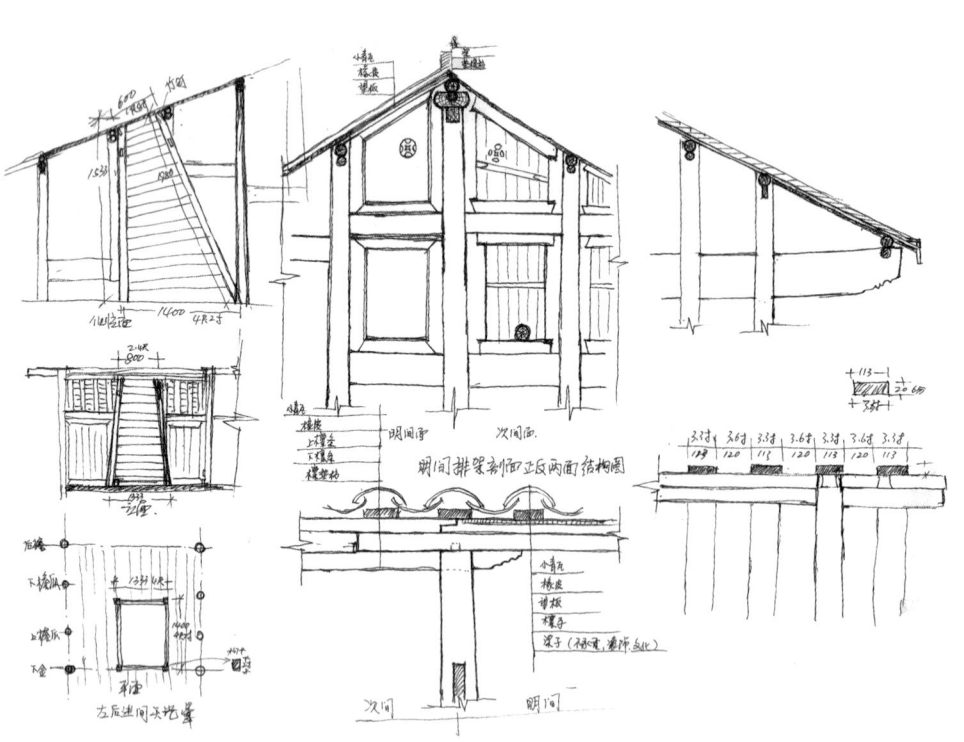

徐绪斌宅详图

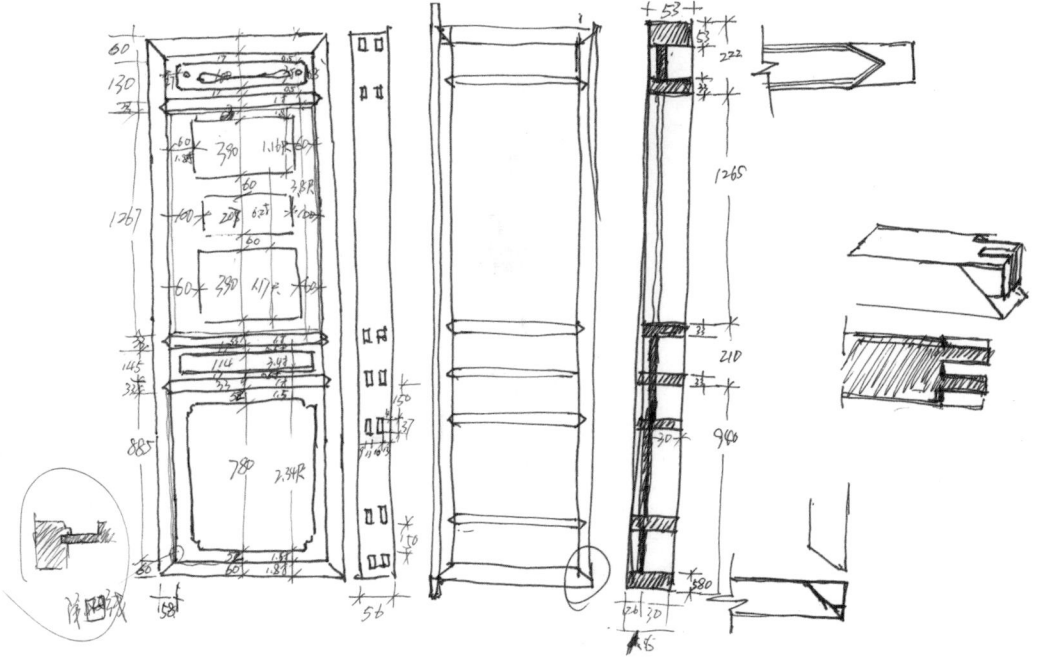

徐绪斌宅门详图

徐穆墓志铭拓片

参考文献

[1] 贵州地方志编纂委员会. 贵州省志·地理志（上）[M]. 贵阳：贵州人民出版社，1985.

[2] 贵州省德江县地方志编纂委员会. 德江县志[M]. 贵阳：贵州人民出版社，1994.

[3] 德江县地方志编纂委员会. 德江县志（1978—2005）[M]. 北京：方志出版社，2010.

[4]《中国气象灾害大典》编委会. 中国气象灾害大典：贵州卷[M]. 北京：气象出版社，2006.

[5] 德江县民族志编纂办公室. 德江县民族志[M]. 贵阳：贵州民族出版社，1991.

[6] 贵州省文史研究馆，贵州历史文献研究会. 贵州图经新志点校本[M] 贵阳：贵州人民出版社，2015.

[7] 贵州省文史研究馆. 贵州通志点校本[M]. 贵阳：贵州人民出版社，2015.

[8] 王耒贤，许一德.（万历）贵州通志[M]. 北京：书目文献出版社，1991.

[9] 伍孝成，吴声军.《黔记·舆图志》考释[M]. 贵阳：贵州人民出版社，2013.

[10] 罗书勤，贾肇华，翁仲康，等. 黔书 续黔书 黔记 黔语[M]. 贵阳：贵州人民出版社，1992.

[11] 思南县志编纂委员会办公室. 嘉靖 道光 民国 思南府、县志（点校本）[M]. 铜仁：铜仁地区人民印刷厂，1991.

[12] 任可澄. 黔南丛书 第5集 第3册 都濡备乘[M]. 贵阳：文通书局，民国.

[13] 任震，黎民怡. 贵州省德江县志（全）[M]. 台北：成文出版社，1974.

[14] 万士英，黄尚文. 万历铜仁府志[M]. 长沙：岳麓书社，2014.

[15] 郭子章. 黔记[M]. 成都：西南交通大学出版社，2016.

[16] 敬文，徐如澍. 道光铜仁府志[M]. 清道光四年刻本. 贵阳：贵州省图书馆，1965.

[17] 余上华，喻勋，等. 光绪铜仁府志[Z]. 清光绪十八年刻本. 贵阳：贵州省图书馆，1979.

[18] 关贤柱. 黔诗纪略[M]. 贵阳：贵州人民出版社，1993.

[19] 贵州省文史研究馆. 续黔南丛书·第八辑（下册）·黔诗纪略后编 黔诗纪略补[M]. 贵阳：贵州人民出版社，2014.

[20] 冯楠. 贵州通志·人物志[M]. 贵阳：贵州人民出版社，2001.

[21] 贵州省文史研究馆古籍整理委员会. 贵州通志·金石志·古迹志·秋祀志（外一种）[M]. 贵阳：贵州大学出版社，2010.

[22] 铜仁市地方志编纂委员会. 铜仁市志（上册、下册）[M]. 贵阳：贵州人民出版社，2003.

[23] 贵州省地方志编纂委员会. 贵州省志·地理志（上册）[M]. 贵阳：贵州人民出版社，1985.

[24] 贵州省地方志编纂委员会. 贵州省志·地理志（下册）[M]. 贵阳：贵州人民出版社，1988.

[25] 贵州省地方志编纂委员会. 贵州省志·名胜志[M]. 贵阳：贵州人民出版社，1987.

[26] 贵州省地方志编纂委员会. 贵州省志·文物志[M]. 贵阳：贵州人民出版社，2003.

[27]《中国气象灾害大典》编委会. 中国气象灾害大典·贵州卷[M]. 北京：气象出版社，2006.

[28]《中国大百科全书》总编委会. 中国大百科全书[M].2版. 北京：中国大百科全书出版社，2009.

[29] 周政文. 黔东茶园山文化解读[M]. 北京：学苑出版社，2010.

[30] 刘沛林. 古村落：和谐的人聚空间[M]. 上海：上海三联书店，1997.

[31] 王者香，徐世汪，徐承钦. 黔东文化古村茶园山庄与铜仁徐氏[J]. 贵州文史丛刊，1993（6）：22-26.

[32] 王者香. 南明抗清重臣黔东茶园山庄开辟者徐以暹行状考[J]. 铜仁师专学报，2002，4（2）：1-10.

[33] 肖光明. 古村落旅游资源的区域开发与经营管理：以广东省肇庆市为例[J]. 国土与自然资源研究，2008（1）：68-70.

[34] 李文兵. 国外传统村落旅游研究及对我国的启示[J]. 地理与地理信息科学，2009（2）：104-108.

[35] 祁嘉华，郑晔梅. 新农村建设语境中的古村落保护与发展：以陕西为例[J]. 西安建筑科技大学学报（社会科学版），2011（6）：36-41.

[36] 周其厚. 桂林古村落旅游的开发与利用[J]. 社会科学家，2014（3）：89-93.

[37] 商博雅. 水碾的科技含量及历史影响[J]. 卷宗，2019，9（10）：277-278.

[38] 朱金，陈可石，诸君靖. 德国乡村竞赛计划发展及其对我国大陆乡村建设的启示[J]. 规划师，2015，31（12）：145-149.

[39] 张建忠，刘家明，柴达. 基于文化生态旅游视角的古村落旅游开发：以后沟古村为例[J]. 经济地理，2015，35（9）：189-194.

[40] 李锦伟. 黔东察院山徐氏家族文化中的人文精神[J]. 铜仁学院学报，2019，21（1）：90-99.

[41] 汤蕾. 新农村建设背景下的古村落群整体保护策略：以苏州西山镇古村落为例[C]// 中国城市规划学会. 和谐城市规划：2007年中国城市规划年会论文集. 2007：2003-2010.

[42] 胡彬彬. 我国传统村落及其文化遗存现状与保护思考[N]. 光明日报，2012-01-15（7）.

[43] 铜仁市人民政府办公室. 铜仁行政区划[EB/OL].（2019-09-21）[2021-10-10]. http://www.trs.gov.cn/zjtr/trjj/xzqh.

[44] 中华人民共和国住房和城乡建设部，中华人民共和国文化部，国家文物局，等. 关于切实加强中国传统村落保护的指导意见[EB/OL].（2014-04-25）[2021-10-10]. https://www.mohurd.gov.cn/gongkai/zhengce/zhengcefilelib/201404/20140429_217798.html.

[45] 徐寿生. 铜仁徐氏宗谱[Z].

[46] 铜仁徐氏先世事略（前编、后编两册）[Z].

后记

本书由2018年7月完成的《黔东特区革命委员会旧址保护展示利用调查研究报告》、2020年8月完成的《德江楠杆土家族乡文化遗产资源调查报告》、2021年9月完成的《茶园山村——基于传统村落保护与发展利用的调查报告》节选编写后形成。《贵州传统村落文化遗址保护与发展研究：铜仁遗珍》一书，第一章"贵州传统村落文化遗产田野调查项目之缘起"由唐秀成完成；第二章"枫香溪黔东特区革命委员会旧址保护展示利用研究"中第一节"枫香溪概况"由洪涛、陈会、娄清根据文献和调查资料完成，第二节"枫香溪文化遗产资源构成与分析"由唐秀成、洪涛、陈会整理完成，第三节"枫香溪文化遗产的特点及价值"和第四节"枫香溪文化遗产保护展示利用建议"由娄清整理完成，拓片由唐秀成、洪涛、邓义镔、赵三能、娄经伟、李健完成，碑文句读由娄清完成，建筑制图由邓义镔、刘映、李健、赵三能、娄经伟、洪涛、唐秀成完成；第三章"贵州省德江楠杆土家族乡文化遗产资源研究"中第一节"德江楠杆土家族乡概述"由洪涛、娄清承担完成，第二节"楠杆土家族乡文化遗产资源的类型及特点"由娄清、石斌、唐秀成完成，第三节"楠杆土家族乡文化遗产资源价值评估"和第四节"楠杆土家族乡文化遗产保护利用建议"由娄清完成；第四章"茶园山村传统村落保护与发展利用研究"中第一节"茶园山村概述"由洪涛、陈会、娄清根据文献和调查资料完成，第二节"茶园山村村落布局"由洪涛承担完成，第三节"茶园山村村落建筑"由陈燕、曾幻承担完成，第四节"茶园山村村落保护"和第五节"茶园山村的发展与保护"由石斌承担完成；附录一"楠杆土家族乡田野调查纪实"由杨雨燃、陈会整理，附录二"楠杆生漆割漆技艺调查实录"由洪涛整理，建筑制图由石斌、唐秀成、陈燕、曾幻完成，附录三"茶园山不可移动文物田野调查纪事"由娄清根据调查队员工作日志进行整理，附录四"茶园山不可移动文物勘察与测绘手稿与拓片"中的建筑制图由石斌、唐秀成、杨传江、陈燕、曾幻承担。

编撰脱稿，即将付梓，不禁回顾起贵州省文物保护研究中心在贵州铜仁持续开展文化遗产资源调查工作的点点滴滴，黔东特区革命委员会旧址保护展示利用调研组组长彭银，已调任贵州省图书馆馆长，副组长娄清即将退休，成员有邓义镔、石斌、冉启超、付加凤、刘映、李健、杨柱学、陈会、赵三能、娄经伟、洪涛、徐艳慧、唐秀成等，其中，石斌现任中心副主任，唐秀成为规划设计室主任，洪涛已调动到贵州省图书馆，刘映、李健、赵三能、娄经伟也离开中心另谋高就；楠杆土家族乡文化遗产资源调研组成员有洪涛、唐秀成、陈会、杨雨燃、杨雪、邓义镔、杨传江、杨柱学、叶洋、张健等，其中，中心技术室主任杨雨燃至今仍在楠杆楼房村驻村任第一书记；茶园山村文化遗产资源调查组成员中，人文资源调查组由娄清、洪涛、陈会、何茂旭组成，现何茂旭在博士毕业后通过人才引进计划入职贵州省社会科学院，建筑法式调查组由石斌、唐秀成、杨雨燃、杨传江、陈燕和曾幻组成，曾幻也已离开中心。

在本书出版之际，在为贵州省文物保护研究中心同仁倾力付出感到欣慰的同时，深深感谢枫香溪镇、楠杆土家族乡、漾头镇党委政府干部职工在队员开展调查时提供的有力支持，也深深铭记父老乡亲在我们躬耕村野时给予的热诚帮助。最后还要感谢同济大学出版社编辑由爱华、朱笑黎的支持与督促，谢谢各位！期望此书可为未来铜仁乃至全省各地文化遗产资源调查梳理、不可移动文物保护展示利用、历史文献搜集整理、地方传统文化记录等工作提供些许参考。

唐秀成　洪涛　娄清
2024 年 10 月